THE HOUSING DEBATE

イギリスはいかにして持ち家社会となったか

住宅政策の社会学

スチュアート・ロー［著］　祐成保志［訳］

ミネルヴァ書房

THE HOUSING DEBATE
by
Stuart Lowe

刊行にあたって

これまで、住宅政策の批判的検証は軽んじられることが多かった。ハウジングと、人間の福祉にふくまれる他の諸側面との相互作用については、十分な注意がはらわれてこなかったのである。住宅は、基本的には市場で供給される商品であり、たとえ何らかの政策が必要だとしても、住宅市場にアクターとして参入することが困難な人々を対象とした、ごく限定的なものにとどまるとの見方が主流であった。このような周縁化は、有力な政治的・経済的アクターの視点を反映したものである。官僚機構の内部でも住宅政策の責任主体は定まらず、長らく、ホワイトホール〔ロンドンの官庁街〕の諸省庁の間を行ったり来たりしてきた。結局のところ、ハウジングに関する重大な政策決定の多くは、経済と税制を担当する省庁によって下されるのが常であった。

社会政策研究者のなかには、右のような主流の見方を批判してきた人々がいる。彼らは、住宅市場へのアクセスと市場内での機会が、われわれの生活の豊かさの基礎であるとともに、さまざまな側面で社会的不平等を強化していることに着目すべきであるという認識を共有している。スチュアート・ローは、このグループの一翼を担う人物である。彼は、住宅政策とハウジング・システムの力学の全体像を把握し、その知見を幅広い社会政策の分析へと統合するために、主流の社会政策研究にはまだまだなすべきことが残されていると考えている。

これは、きわめて現代的な意義の大きい視点である。ただし、ハウジング・システムの現状を理解するには、どのようにしてそうなったのかを分析する必要がある。スチュアート・ローは、不動産の寿命の長さと〔英国のシステムではとくに）所有権がもつ重みを前提としつつ、なにゆえ現代のハウジング状況がその歴史の産物と見なされねばならないか、そして、ハウジングがいかに変化しにくく、変化するとしてもいかに緩やかであるかを説く。にもかかわらず、変化が求められている。この課題に取り組むためには、住宅市場と他の経済領域の相互作用を、より注意深く観察しなければならない。

二〇〇七～〇八年の金融危機により、この種の分析の必要性がいやがうえにも高まった。危機をまねいた過剰融資についての弁解のひとつは、融資のおかげで、かつては持ち家から締め出されていた人々にまで住宅ローンが拡大され、資産《アセット》蓄積の可能性が広がるというものだった。破綻によって、そうした夢は潰え去った。そして必然的に、貧しい借り手ほど苦境に立たされることになった。現実には、資産蓄積（住宅に関しても）は、不平等の拡大を助け、おそらくは促進し、まさに深く根づかせたのである。従来、政策的対応といえば、住宅価格の下落――多くの中流英国人《ミドル・イングランド》がいだく資産蓄積の夢を打ち砕く――についての対策と相場が決まっていた。しかし、英国の住宅が法外に高価であり、個人貯蓄としての住宅資産形成への依存が経済の総体にとってはマイナスであるとの主張には、かなりの説得力がある。

持ち家の世界の外に目を転じると、借家人に対する英国政府の支援は、しだいに給付金制度を介したものになった。本書は歴史をふまえた分析をつうじて、いかにしてこうした変化が起きたのかを明らかにする。現在、政府は貧困世帯向けの家賃補助給付を縮小しつつある。この削減は、昨今の危機のうちの公共支出にかかわる側面に対処する諸手段のひとつであり、「犠牲者批難」の典型例である。スチュアート・ローによる比較分析は、この問題、すなわち低所得世帯がいかにしてハウジング・システムに参画しうるかという問題に対処するための、よりよい手段がありうることを示唆している。

以上の理由から、私は本書を歓迎する。本書で展開される切れ味するどい議論は、公共政策および社会政策のなかで、現在危機的な段階をむかえている領域の理解に役立つ。この領域では、まさにスチュアート・ローが提示するような、斬新な思考こそが必要とされているのだ。

シリーズ編者　マイケル・ヒル

はしがき

ひとつの議論には、いくつかの異なった水準の主張がふくまれている。事実や「何が起きたのか？」という問いについての主張もあれば、より根底的な理論や「なぜそれが起きたのか？」という問いに関連する主張もある。このような、経験的な議論の層と概念的な議論の層の分離がむずかしいことも少なくない。ここ数年、ヨーク大学の私が所属する学科の、政策形成過程、とくに新制度論を専攻する学生の間では、この点に関する議論が重ねられてきた。社会変動はどのように生じ、何を引き起こすのか？　われわれはいかにしてそれを知るのか？　その考察の核心部分は、ジョン・ハドソンとともに教えてきた政策分析モジュールに凝縮されている。この一筋縄ではいかない複雑な領域について、文章に書いて説明するよう学生から催促されるうち、われわれは『政策過程入門』（Hudson and Lowe 2004）とその改訂版（Hudson and Lowe 2009）を執筆することになった。同書に組み込んだのは、マクロ、メゾ、ミクロという三つの水準の素材である。グローバル化の力は、街頭レベルに降りてくるまでに、それらの中間にある政治的・社会的制度という層によって濾過されている。われわれはこれを「ビッグマック」アプローチと名付けた。まるごとかぶりつかないと本当の味はわからない！　この考え方は、われわれが教えている内容のかなりの部分をよく説明するものなので、自然のなりゆきとして、学部生向けの住宅政策教材にも反映された。本書『イギリスはいかにして持ち家社会となったか――住宅政策の社会学』もまた、多くの異なる「層」をめぐって構成されている。学生たちはまたしても、この考え方についての、文章による説明を望んだので、本書が書かれることになった。

私は、これらのアイデアが教室の壁をこえて「現実世界」に広がることを強く望んでいる。われわれの学科の修士課程の学生には、実務家として経験を積んだのちに大学に戻ってきた人も多い。彼らは、政策過程について考えることが、いかに自分たちの仕事にとって有益であったかを語る。彼らはより多くのものを求めて戻ってくるのだ！ このことをふまえて、そしてマイケル・ヒルによる本シリーズの狙いでもあるが、本書は多岐にわたる実務家の世界に届くことを目指している。理論と実践の相乗効果は、両者の単純な合計をはるかに上回る。

*

ジョン・ハドソン以外の同僚にも感謝を記したい。草稿の一部を読んでコメントをくれたり、さまざまな論点についての議論の相手となってくれたりした学生諸君、その他の友人・同僚は数知れないが、そのうちの何名かには言及しておきたい。ポール・キーナン、ダン・ホースフォール、ベス・ワッツ、ジョー・ジョーンズ、ホ・ヨンチャン、ステファン・クーナー、キャロライン・ハンター（順不同）は、本人たちは意識していないかもしれないが、私にとって大きな位置を占めている。スーザン・スミスとビヴァリー・サールは、最近になって議論に刺激を与えてくれた。ジム・ケメニーから受けた影響は、私の思考の深い部分に作用している。彼が学者人生を締めくくろうとしているいま、私は次のような私見を述べてもよいと考えている。すなわち、彼の仕事はもっと正当に理解されるべきだ。なぜなら、そこには一部の評者たちが理解しているより、ずっと繊細で豊かな内容がふくまれているからである。

オックスフォード・ユニオンをはじめとするディベート部では、特定の意見とその対抗意見が示される。本書の提議は次の通りである。「わが陣営の信ずるところによれば、ハウジング・システムと福祉国家の類型の間には密接な関係がある。さらに、近年における、持ち家とこれに関連する住宅ローン市場の拡大は、アセット・ベース型福祉の基盤を形成してきた。そこでは、家族が、福祉の混合経済に参入するために、主に住宅から得られる私的な富を利用する」。本書で用いる素材については、違った意見もありうるだろう。しかし、違った意見を述べるからこそディベートが成り立つ。さあ、次はあなたの番だ！

二〇一一年三月

ヨーク大学社会政策・ソーシャルワーク学科　スチュアート・ロー

ヨーク大学社会政策・ソーシャルワーク学科創設者
キャサリン・ジョーンズ教授（一九二二～二〇一一）の追憶に

イギリスはいかにして持ち家社会となったか——住宅政策の社会学【目次】

図表一覧

【凡例】

一、本書の底本は、以下の通りである。

Stuart Lowe, *The Housing Debate*, Policy Press, 2011.

一、文中の（　）内は原著者による記述であり、引用文中の（　）内は原著者による補語である。

また、〔　〕内は訳者が補足した語句である。

一、原著でのイタリック表記は傍点で示し、書名・雑誌名やテレビ番組のタイトルは『　』で示した。

第1章
議論の土台

《キーワード》
必要のフロー
「住まい」
持ち家
世帯
ハウジングと人口統計
住宅ストック
住宅保有形態
統合的賃貸市場

序章にあたる本章では、本書の中核的なテーマを概観し、住宅政策とハウジング・システムの分析に用いられるいくつかの概念と専門用語を導入する。ハウジングと、福祉国家の発展パターンの結びつきにとくに注意が向けられ、両者の間には共生的な関係があるとの主張がなされる。二一世紀の福祉国家について考え、理解するうえで、持ち家の興隆が、とりわけ重要な論点であることが示される。グローバル化された住宅ローン市場（mortgage market）の拡大が、この議論の肝である。住宅ストック、住宅の「フロー」、世帯数と住宅数のバランス、住宅保有形態などの概念の定義が示され、それらが現代のハウジング政策を解釈するための基礎を提供する。さらに、ハウジング・システムの諸類型、とくに「社会的市場」をもつ国と持ち家が優勢の国の区別が導入され、これらの区別が、ハウジングと福祉の結びつきをとらえるうえで有力な手がかりとなることが明らかになる。

1 はじめに

人々の福祉と質の高い生活にとってハウジング——雨露をしのぐ屋根があること——が欠かせない条件であるとの主張は、ほとんど反論の余地なく受け入れられている。世界人権宣言の第二五条は、健康と質の高い生活にとって不可欠の本質的な権利として住宅を挙げ、第一二条は、住まい（home）がプライベートな聖域であり、市民はプライバシーの不当な干渉から自由でなければならないと記している（UNGA 1948）。住まいは多くの人々の生活において中心的な焦点であり、われわれはこの住まいという場に暮らしの道具をたくわえ、他者との親密な関係を築き、さまざまなやり方で、個人としての自分が何者であるかを定義する（コラム1-5）。この理由だけをもってしても、住宅政策は政府の主要な関心事とならざるをえない。本章の目標は、多くの近代国家が、この公共政策の一分野において焦点を当てる主要な問題群を概観することである。ハウジングにかかわる政策領域は、典型的には以下の内容をふくむ。

- 現状および予測される世帯数に応じて建設が必要とされる住宅（集合住宅をふくむ）の数量
- 現代家族の諸類型の要求に見合う特性をそなえた型とサイズ
- 受容可能な居住水準の確保

しかし、これでは事の半分しか語ったことにならない。なぜなら住宅は、国連憲章の条文が示唆しているように、きわめて私的な性質の強い場所である。それは、大半が政府によって供給され、基本的には政府の官僚機構によって管理される所得移転としての性質をもつ教育、所得保障、あるいは保健サービスのような、福祉制度の「柱」のひとつにとどまるわけではないからである。

大きな違いのひとつは、住宅は、保健や教育に比べると、民間部門によって供給される割合が相当に高いことである（もっとも、ヘルスケアが主に民間によって供給されるサービスである米国のような国では、これがあてはまらない）。ハウジングについては、〔公的な〕サービスよりも、「住宅市場」の観点から語られる方が一般的である。政府による住宅供給の割合が高い社会や、政府が賃貸住宅市場の監督に前向きな（ドイツやスウェーデンのような）社会においてさえ、持ち家と民間賃貸住宅（民間市場の二大構成要素）が住宅の過半を占めている。さらに、国有であろうと市場ベースであろうと、住宅の大部分は、民間建設会社によって作られている。

・多くの国々では、住宅のかなりの割合、およそ六〇～八〇％が自由市場によって供給されている。
・住宅に投じられる資源の大部分は、「レンガとモルタル」〔＝建造物〕および建設用地の取得のための資本支出の形をとる。福祉制度の他の柱——社会サービス、学校教育、ヘルスケア——は、主として個人に手渡されるもので、きわめて労働集約的である（すなわち、多くの支出が人件費のかたちをとる）。所得保障はその原理からして、官僚制によって促進される所得移転である。

ハウジングと福祉国家の結びつき

ハウジングはこうした性質ゆえに、「福祉国家のぐらついた柱」と呼ばれてきた。とくに、政府の住宅供給計画が、公共支出の抑制や緊縮予算のもとで削減を被りやすいことが理由である（Torgersen 1987）。じっさい、英国の場合にそうであるように、ハウジングは公有から民有への揺るぎなく体系的な転換や、建設補助金の大幅な削減をつうじて、政府の福祉ポートフォリオから締め出されてきた。最近では、二〇一〇年の包括的歳出レビューを受けて、連立政府は、社会住宅供給計画の三分の二をカットした。さらに、二〇一一年ローカリズム法〔地域主権法〕において、政府は、公営住宅が歴史的に担ってきた、低所得世帯のために恒久的で安定した住まいを供給する法令上の役割を事実上放棄した。

「ハウジング」――公共経済部門か民間経済部門かにかかわらずあらゆる住宅供給を意味する――と社会、そしてさまざまな福祉制度との間には、微妙な結びつきがある。これを明らかにし、二一世紀における論点として、ハウジングについて何を考えるべきかを理解すること、それこそが本書の主眼である。ぐらついた柱のたとえが厄介なのは、こうした多岐にわたる、ときには複雑な結びつきについては、じつのところ何も解明していない点である。たとえば、住宅供給をもっぱら政府の一部門であると考える立場――住宅は義務教育と同様に政府が保障しなければならない社会権であるという考え方――がある。他方で、住宅は市場で売り買いされるものであり、住宅を私的性質の強い商品とみなす立場がある。この立場の人々にとっては、政府の機能は、もしあるとすれば、取引や、住宅の購入を支える金融産業を規制することである。住宅が社会権なのか、それとも商品なのかという不毛な論争は、ハウジングというテーマにつきまとってきた。じっさいには、どちらかではなく両方なのである（Clapham et al 1990）。

比較福祉国家論もまた、ハウジングを不当に軽視してきた。住宅供給が自由市場に依存してきたことがその主な理由である。ハウジングは、福祉国家のいくつかの主要な柱に関するいささか古びた研究の伝統とは相性がよくない。たとえばウィレンスキーは、「住宅供給に対して直接に影響を与える財政・金融をはじめとする一連の複合的な諸施策」（Wilensky 1975=1984: 43）が存在するがゆえに、ＯＥＣＤ諸国の比較にハウジングを組み入れるのはむずかしすぎると主張したが、あまり説得力がない。また、一九九〇年代以降に登場した、福祉国家の「類型」や「レジーム」に関する新しい世代の研究をみても、ハウジングは、せいぜい周縁的な変数として用いられるにすぎない。福祉国家の変化について画期的な説明を行なった諸研究（Esping-Andersen 1990; Heidenheimer et al 1990; Castles 1998; Swank 2002）が、いずれもハウジングの役割を過小評価している。現代の民主主義における公共政策の性質について書かれたここ数十年でもっとも著名な書物といえば、所得保障、保健、教育という福祉国家の柱を精査したエスピン＝アンデルセンの『福祉資本主義の三つの世界』（Esping-Andersen 1990=2001）であろう。同書においても、「ハウジング」の語はほとんど登場せず、索引にも載っていない。

こうした流れをくむ諸研究においてハウジングが軽視されていることは、もはや批判されてしかるべきである。英国に関していえば、社会住宅供給計画においてきびしい削減がつづくと見込まれること、生涯賃借権保障の終焉、民間賃貸部門における双務的賃借協定の促進、公的家賃補助の適用基準の厳格化、民間部門における住宅建設の記録的な低迷といった「現実」をふまえると、公共政策論におけるハウジングの軽視は、いっそう不釣り合いなものになった。さらに、昨今の金融危機は、広義の「ハウジング」が、いかに二〇〇七年から〇九年にかけて起きた出来事と共振していたかを白日の下にさらした。なぜなら、この危機の引き金を引いたのは、米国のプライム住宅市場の一部に蓄積された巨額の不良債権（Mian and Sufi 2009）であり、なかでも、格付け機関による債権評価の深刻な誤りにともなって積み上がった、サブプライム市場の不良債権だったからである。かつてない住宅価格の上昇期の後に訪れた世界規模の金融バブルの崩壊は、ＯＥＣＤ加盟国のすべてではないものの多くの国々に波及し、経済および社会に多大な影響を与えた（Hennigan 2008）。これを下支えしたのが新しい金融取引形態の発明であり、主に「証券化」と呼ばれるプロセスである。これは、住宅ローンを束ねて債権にする方法で、銀行はこの債権を投資家に販売し、他の機関に長期リスクを分散しながら新しい資本供給を創出する。この過程で、基本的に国内に閉じていた債券市場は真の意味でグローバルな制度となった（Renaud and Kim 2007; Kim and

Renaud 2009）。多くの国々で持ち家が増えつつあるが、それらは何らかの新自由主義的策略の産物ではなく、近年の債券市場のグローバル化の影響を受けつつも、福祉国家レジームの展開のなかで、それぞれの国に特有の制度構造によって調整された政策選択の結果なのである。そして、債券市場への新しい資金供給方法と、持ち家を世界中から調達された資本と結びつける数多くの〔金融〕商品に影響を受けた住宅所有者たちは、自宅という財産を、住まいや居場所というよりも、商品や投資と考えるようになった（Smith et al 2010; Lowe et al 2011：本書第7章参照）。

最近まで、福祉制度におけるハウジングの位置づけについて考察する研究者は、ジム・ケメニー以外にはほとんどいなかった。彼の先駆的な業績は、「ハウジング」という特定の変数が福祉国家の発展に与える影響を分析するための方法を明らかにした。近年の著作だけでなく、彼の研究には、かなり前からそうした結末をもたらす過程が暗示されていた。ケメニーの指摘のうち、ここでとくに重要なのは、課税と公共サービス支出について、持ち家居住者が独特の態度をもつというものである。住宅の購入費用の支出パターンは、かなりの程度、ライフサイクルの前半にかたよる。自宅所有者は頭金のために貯蓄しなければならず、収入が低くなりがちな〔若年層の〕時期にローン返済が重くのしかかる。負荷は居住経歴《ハウジング・キャリア》の初期に集中し、通常二〇～二五年後に訪れるローンの完済によって軽減される。これに対して賃貸居住者は、住居費を〔ライフサイクルのなかで〕ほぼ均等に支払う。育児期には住居費は上昇するだろうが、基本的に、家賃は生涯にわたって支払われる（Kemeny 1995）。

ケメニーのテーゼは、ハウジングと福祉国家についての重要な論争を喚起した。彼とキャッスルズは、ハウジング〔の変化〕が福祉国家の縮小をみちびくのか、それとも後追いするのかについて論争した。この議論は、持ち家と老後の資金計画の関係を検討するとともに、ハウジングと福祉国家論をどう理論的に結びつけるか、という重要な問題を提起した。ケメニーとキャッスルズの「重大なトレードオフ」論争は、自宅購入にともなう前倒しのコストをめぐって展開された。この論争が示唆するところによれば、高齢の自宅所有者の住居費が相対的に低くなるがゆえに、政府による充実した年金の提供に対して逆インセンティブが働く（Kemeny 2005参照）。つまり、自宅所有者の一部にとって、高齢期の低い住居費、そしてより安価な住宅への買い換えをはじめとする売却の可能性が、年金の代替手段となるとともに、引退後の収入の支えになることから、年金とハウジングの間には「トレードオフ」の関係があるというのだ。

このように考えるならば、「ハウジング」は、福祉国家研究の重要な構成要素としてまじめに取り上げられねばならない。しかし、それ以上に大事なことは、「アセット・ベース型福祉（asset-based welfare）」と呼ばれる考え方の萌芽が、ケメニーの初期の著作にみられることである。彼は、低税率／低支出の福祉国家と、高税率／高支出の福祉国家〔とハウジング〕の結びつきを指摘している。つまり、福祉国家支出に対する政治的態度が、人々が住宅資産を所有しているか否かに左右される可能性が示唆されている。ただし、本書のアプローチにとって重要な手がかりは、この論争と、二〇〇七年までの三〇年以上にわたって世界中に大量の資本をまき散らした金融市場のグローバル化――その大部分は、先に述べた不動産担保証券による取引がもたらしたものである――を接続させることによって得られる。アセット・ベース型の福祉国家という構想にとって政策課題の転換をもたらしたのは、こうした資本のフローと個別世帯の支出との直結である。多くの家族にとって、持ち家はたんに重要な長期資産であるだけでなく、消費財やサービスを購入するための手っとり早い資金源となったのである。ひかえめに見ても、それは、スーザン・スミスとビヴァリー・サールが述べたように、家族がその時々に、必要に応じて〔現金を〕引き出すことのできる「金庫」の役割をもつようになった（Smith and Searle 2008）。のちに明らかになるように、住宅資産に頼るのは相当に危うい戦略である。しかし現在のところ、英国政府の社会政策の発想は、かなりの程度、この戦略によって支えられている。

こうしたことが起きる文脈、その規模、ならびにグローバルな広がりをふまえると、ハウジングと福祉国家の関係についての考えを刷新することは喫緊の課題である。この課題に応えることこそが本書の主要な狙いである。

2　制度と変化

このような劇的な変化がなぜ生じたのかを説明するためには、歴史をさかのぼる必要がある。歴史の遡行によって「ハウジング論」の第二の次元が開かれる。その作業は、政策の形成における制度の役割という主題を中心に構成される。新制度論の諸文献で発展させられた考えにもとづく議論には厚い蓄積がある。この学派は主に公共政策研究の分野で活動しているが、ここ数十年の社会科学のなかでもっとも重要といえる、いくつかの発見をなしとげた。新制度論は一九八〇年代に生まれ、それ以来、社会変動の分析においてとくに大きな影響を与えてきた。セーレンとスタインモが指摘するように、新制度論は「政治闘争が、それが生じる制度的状況によって、どのように調停されるのかを明らかにすること」（Thelen and Steinmo 1992: 2）を目指している。言いかえれば、彼らは制度が政治的行為者の影響力を構造化する点を強調する。

この学派の主要な発見のひとつは、政策の変化を長期的視点でとらえることの決定的な重要性である。一連の事例研究において、いわゆる「歴史的制度論者」たちは、過去が現在の政策におよぼす効果を示し、のちの研究に大きな影響を与えた。社会保障制度と社会政策という領域では、とくに成果が上がっている（Baldwin 1990; Immergut 1992; Skocpol 1992; Pierson 1994, 2001; Castles 1998）。残念なことに、「ハウジング」を事例とする研究はまだない。その理由は、ハウジングが比較福祉国家研究において軽視されてきたのと同じである。もっとも、「ハウジング史」に関しては、図らずもその代替となりうる、かなり良質の研究が少なくない（Merrett 1979; Holman

コラム1-1　制度の定義

セーレンとスタインモ（Thelen and Steinmo 1992）は、制度の重要な特徴として、以下の三点を挙げている。

・政策を構成する、広範囲におよぶマクロレベルの諸力（グローバル化や人口構成の変化など）とミクロレベル（個別の行為者や、政策が最終的にどこで、いつ実行されるか）の中間に位置するメゾレベルの諸構造

・フォーマルな次元とインフォーマルな次元がある――規則と法、または、慣習と規範というかたちをとりうる

・安定性と正統性を提示するとともに創出する――それ自体として価値あるものとされる

具体例

・選挙規定と投票システム

・政党のシステムおよび構造

・政府の各部門間の関係

ハウジングにかかわる諸制度とは、たとえば以下のようなものである――「公営住宅」、不動産業者、民間家主とその組織、住宅建設業者、賃貸借契約、住宅金融組合。

1987; Ravetz 2001）。

歴史的制度論の核心にある考えは、諸制度が安定を助ける働きをしており、社会的・政治的変化は複雑なプロセスをたどる、というものである。社会政策（言うまでもなくそこにはハウジングもふくまれる）がいかなるものであり、また、それはなぜかを理解するためには、長期持続を視野に入れ、かなり長い時間幅のなかで政策がどのように発展してきたかを見渡すことが、ぜひとも必要である（コラム1-2参照）。歴史的制度論者は、政策はきわめてゆっくりと、そして少しずつ変化すると主張する。これは、制度が「粘着的」な性質をもつからである。ひとたび制度が成立すると、既得権と、ピアソンのいう収穫逓増現象が生じるために、それを変えることはむずかしい。たとえば、いったんあるタイプの年金政策――政府直営の賦課（ＰＡＹＧ）方式であれ民間部門に傾斜し

たものであれ――が推進されると、時間がたつにつれて方向転換が困難になる（Myles and Pierson 2001）。これと密接にかかわる「経路依存性」の概念については、近年も議論の的になっている。とくに、安定しているように見える状況において、いかにして、そしていかなる環境のもとで変化が生じるのかという点に注意が向けられている（コラム1-2参照）。いったい何が、主要な社会的／政治的パラダイムの転換を引き起こすのだろうか（たとえばHowlett and Cashore 2009参照）。ここでの主張は以下の通りである。すなわち、変化は、戦争や急進主義的な新政権といった外側からの衝撃だけでなく、しばしば制度の内側から起こり、その過程は相当に込み入っているので、容易には評価できないのである。

制度論の諸研究に一貫して登場する第二のテーマは、政策の形成において、マクロレベル、メゾレベル、ミクロレベルの諸制度がどのように連携しあうのか、という点である。制度論者は、マクロレベルの諸要因とミクロレベルの間をメゾレベルが橋渡しすると考えている。ここでの焦点は、個々の政策立案者と、現場レベルでの政策の遂行である。鍵となるのは、マクロレベルの諸力に対するフィルターとしてはたらき、安定性を助長する傾向があるメゾレベルの諸制度である。たとえば、ＯＥＣＤ諸国を分析したスワンクの結論は、福祉国家に対するグローバル化の強力なインパクトは、各国の政治制度――選挙システム、有力な労働組合および市民社会の影響力、広い適用範囲と強力な給付をともなう普遍主義に立脚した福祉国家――によって媒介されている、というものだった（Swank 2002）。つまり、グローバル化が、巷間言われているような、新自由主義の発想や政策をめぐる収斂を必然的にみちびくかどうかは、まったく不確定である。住宅ローン市場のグローバル化について論じる第7章の結論も、これと同様のものとなるだろう。（一九八〇年代における銀行システムの規制緩和を経て）いまや世界に広がった金融取引システムへの巨額の資本フローの流入や、国際ローン産業の創出にもかかわらず、住宅ローン市場のグローバル化は、国ごとに特徴的な制度構造によって調整されたのである。

ハウジングの制度構造

異なった政策領域が互いに異なった制度構造をもっており、同じルールで統治されているわけではないという事実、つまり公共政策と社会政策の分野における複合性は、これまでの議論の例証となる。保健政策にあてはまることが、住宅政策にあてはまるとは限らない。すでに見たように、トルゲルセンは、ハウジングのコストの多くは土地と建物に対する資本投資であり、こうした性質が、支出削減に対する抵抗力を弱めるドミノ効果をもつことを示した（一方、保健においては、コストの大半は給与であり、医療専門職による強力なロビー活動と利害関係が形成される）。また、ハウジングの変化のパターンは長期にわたることが多い。一九八〇年代にサッチャー政権によって公営住宅に導入された買い取り権（Right to Buy）のような急激な転換でさえ、売却は一斉に行なわれたわけではなく、数十年かかっている。じっさい、ハウジングは基本的にきわめて緩慢にしか変化できない。なぜなら、ハウジングの既存ストックは、新しく追加しうる資産の割合と比べてあまりに巨大だからだ。政府は、数十年にわたる投資を見越して計画された住宅建設目標を公表する。こうした性質もまた、ハウジングが、制度論者のいう「立法者の注意持続期間」の気まぐれな変化にさらされやすくなる要因である。住宅建設目標と建設のスピードについては、政府はいとも簡単に方針を変える。英国の場合、二つの世界大戦という劇的な出来事が、住宅供給計画に著しいペースの変化をもたらした。人類が月の上を歩いた時でさえ、戦後の住宅不足への対処が続行中だったのである！

厳密に理解すれば、内生的な制度構造のうち、鍵となるのは「住宅保有形態」である。これがハウジングの構造プレートである。このプレートはきわめて緩慢にしか動かないが、時々起こる衝撃――いわば地震――の影響を受けて古い地形から新しい地形が生まれる。社会科学の用語を用いるならば、長期にわたる歴史において文化に埋め込まれた諸力は、高度に「経路依存的」であり、簡単には変化しない。ただし社会は「岐路」――大戦争のような政治的衝撃――に立たされる時がある。それが、政策の方向を転換し、社会の姿を変える。本書は、歴史的制度論についての議論を全面的に展開することを意図していないが、歴史に重点を置いた前半の各章は、たんなる場当たり的な歴史的説明ではなく、英国住宅政策のパターンと発展に大きな影響を与えた要因のタイプを示すような構成になっている。これらの章がなければ、現代の論争や政策変化のパターンを正しく理解することはできない。長期持続（コラム1-2参照）に着目するならば、持ち家社会の種がまかれたのは一九世紀の民間家主制度の危機においてである。その後、戦間期の社会構造に組み込まれ、一九八〇～九〇年代に起きた英国のポスト工業化に向かう第二の変化の波に反応し、二〇〇七年の金融危機にいたるローン市場のグローバル化の影響のもとで離陸した。このような時間的経緯は、諸要因のランダムなぶつかり合いではなく、既存の制度、新しい勢力基盤、二度の大戦の衝撃、そしてグローバル化のインパクトの相互作用をつうじて形を成してきたものである。ここにはある種の複雑さがあるが、制度論者は、何が、なぜ起こるかを理解することは、けっして不可能ではないと主張する。

本書で描かれるのは、歴史以外のなにものでもない。とはいえ「歴史」そのものが主題というわけではない。本書の目的は、これまで何が起きたのか、そして、二〇世紀から二一世紀にかけて、なぜ住宅政策が社会政策の重要な領域になりつつあるのかを明らかにすることである。本書の全体をつうじて検討されるのは、「ハウジング論」という目的に沿って希釈されてはいるが、制度論の主要なテーマと主張である。とりわけ、現在の政策と、それが進みつつある方向を理解するうえで、長い歴史の物語を述べることが不可欠であるという命題である。この変化の過程は、多岐にわたる福祉制度のあり方にまで影響をおよぼし、しだいに深く新しい社会の地形を刻みつつあるのだ。

コラム1-2　変化のとらえ方

本書の主なテーマのひとつは、政策分析者をふくむ社会科学者にとって、フランソワ・シミアンのいう長期持続、「出来事の歴史」に着目することの重要性である。彼が注意をうながしたのは、多くの社会的過程が展開するまでには長い時間がかかるという事実である。ピアソンは近年の政治学が、ある選挙から次の選挙までの期間、すなわち四、五年という短期的な時間幅に注目しすぎであると指摘している。そうした研究が陥りやすいのは、すばやく展開しているものこそが重要であると思い込んで、本当に起きていることを理解しそこなうという罠である。われわれの目に入らず、そしてしばしばわれわれの分析では説明できないもののなかにも、重要なことがらが含まれる。ピアソンは、事態の複雑さを説明するために、地質学のアナロジーを用いている。たとえば、何が地震を引き起こすのだろうか。

〔地震の要因についての〕説明は、きわめて緩慢に動くプロセスに注意をうながす。それは、相当長期間にわたって断層線に蓄積した圧力である。説明のための根拠として、地震の直前数日間または数週間に起きたこと――すなわち、最終的にこの〔地震という〕出来事の引き金を引いた、微小な圧力の増加分――に焦点をあてることは、きわめてまれである。(Pierson 2004: 78–80)

同様のことは地球温暖化についてもいえる。人間が引き起こす長期にわたる影響が、気候に温暖化の効果をおよぼす。こうした気候の変動は、予期せぬ「天候」の異変の引き金をひき、ときに地域住民に深刻な結果をもたらす。「天候」は「気候」と同じではない。

社会科学の用語を用いるならば、長期にわたる歴史において文化に埋め込まれた諸力は、高度に「経路依存的」であり、簡単には変化しない。ただし、社会は「岐路」――大戦争のような政治的衝撃――に立たされる時がある。それが、政策の方向を転換し、社会の姿を変える。このアナロジーには、とりわけ政策の起源に注目すべきであるとの考え方もまた、ふくまれている。あらかじめ定められた「経路」は、まかり間違えば、引き返すのがきわめて困難である。それはちょうど木登りに似ている。木登りをする人が、ひとたびある枝にのぼってしまうと、最終的にどこにたどり着くかはほとんど決まってしまい、逆戻りはむずかしい。さらに、同じ場所からスタートしたとしても、別の枝にのぼった人は、まったくちがうところにたどり着くだろう（Levi 1997: 28）。最初の決定が、最終的な結果を左右するのである。

3　ハウジングにかかわる概念・専門用語

本章の後半では、もっとも広い意味での住宅政策を記述、評価、設計するのに役立つ、いくつかの基礎的概念と分析ツールを導入する。これらは、ハウジングを分析する人々、とくに中央および地方政府の政策立案者たちの作業の出発点となるものである。第一の要素は、住宅「ストック」の概念——戸建てであれフラット（アパート形式の集合住宅）であれ、歴史的に累積された構造の全体——であり、これと密接に関連する、政府による住宅供給に関する評価全般の中心に据えられた問い、とりわけ、世帯と住宅のバランス——「世帯」に分割された人口に比して十分な居住空間が存在するかどうか——である。政府は多くの場合、居住水準にも関心をもつ。建造物として安全な住宅が最低条件で、現代社会ではさらに進んで、居住者の健康に資する住宅を保障する。つづいて、ハウジングの「保有形態《テニュア》」についてごく簡単にふれる。保有形態は、文字通り、ハウジングがどのように「保有」（ラテン語の動詞 teneo、tenure は保有するという意味である）もしくは占有されているかを意味している。通常は、自分の持ち家に住んでいるか、または家主から住宅を借りているかが区別される。のちに見るように、この区別は、より広範な公共政策の諸領域、とりわけ社会保障制度と「ハウジング」がどのように結びついているかを検討する際にきわめて重要である。

コラム1-3　本書の構成の概要

本書は大きく分けて二つの部分からなる。前半（第1章から第4章）は、英国の住宅政策の発展、そして、それが福祉国家とどのように関連してきたかを解説する。後半（第5章から第9章）は、金融市場のグローバル化と持ち家の拡大に着目しながら、ハウジングと福祉国家の関係についての近年の議論を検討する。

第1章　議論の土台　本書の核となるテーマを概観し、住宅政策を記述・分析するための重要な分析ツールを紹介する。ハウジング、ハウジング・レジームの概念、それらと福祉国家との関係について、予備的な考察を加える。

第2章　住宅政策という発想　ヴィクトリア朝の公衆衛生への関心から、「住宅政策」の考え方が登場してくる過程を解説する。増大する人口圧力と、第一次世界大戦の衝撃がもたらした住宅市場の危機により、大規模な国家介入計画に向けて舵が切られた。

第3章　持ち家社会の誕生　その後の方向を決定づけた戦間期について論じる。この時期の巨大な投機的住宅建設プログラムにおいて、持ち家についての現代的な考え方が形づくられた。さらに、勤労者に対する住宅の供給に際して、なぜ「公営住宅」という解決策が採用されたのか、という論点についても検討する。

第4章　持ち家社会の成長　第二次世界大戦中と戦後の時期に何が起きたのかを概観する。ここで焦点を当てるのは、ハウジング、経済構造、そしてそれらが福祉国家に与える影響の三者のつながりである。

第5章　経済のポスト工業化とハウジング　グローバル化が、サービスを基盤とする経済に向けて、英国経済にいかなる再構造化を強いたのか、そして、それが一九八〇年代および九〇年代の福祉国家にどのような帰結をもたらしたのかを検討する。

第6章　ハウジングと福祉国家　比較福祉国家論においてハウジングが軽視されてきた理由を考察し、なぜハウジングが福祉国家の評価にとって中心的な位置を占めなければならないのかを概説する。

第7章　住宅ローン市場のグローバル化　一九八〇年代に行なわれた銀行の規制緩和の後、住宅ローン市場がいかに抜本的な変化を被ったか、そして、同じグローバル資本の波を受けながらも、異なった住宅ローン市場ではいかに異なった結果が生じるかを明らかにする。

さらに、住宅資産と、世帯の福祉にかかわる意思決定への態度の間に「真に重大なトレードオフ」が存在するのはなぜかを明らかにする。

第8章　アセット・ベース型福祉国家に向けて　アセット・ベース型福祉という主張について検討し、ひとつの例として英国の事例を取り上げ、日常生活がいかに「金融化（financialise）」されているかを示す。

第9章　結論　二〇一〇年総選挙後の英国住宅政策を概観し、ハウジングと福祉国家の変化の意義についての議論を総括する。

住宅ストック

住宅ストックは、過去に建設された全住宅の集積であり、さまざまな様式の建造物、デザイン、そして住宅建設計画を反映している。たとえば、第二次世界大戦（一九三九～四五年）後、多くの欧州諸国では、新規供給住宅のかなりの割合が高層集合住宅団地として建設され、都市景観に長期にわたる影響を与えた。巨大な集合住宅のなかには、それらと結びつけて考えられるようになった社会問題を理由に、のちに取り壊されたものもある。とはいえ、ストックホルム、ブタペスト、ウィーンなどの都市では高層住宅が主流であり、もはや伝統と化している。歴史家のなかには、こうした傾向は中世の城壁をもつ都市に顕著であると指摘する者もいる。

産業革命を最初に経験し、その結果、急速な都市化が最初に起こった国であるイングランドでよく見られたのは、工場を取り囲む低層家屋である。市街電車の発明後は「郊外」に建設されるようになった。出発時点が早かったために、英国では住宅ストックに占める古い建物の割合が高い。スラムクリアランス計画や第二次世界大戦中のロンドン大空襲にもかかわらず、現存のストックのうち二五％以上が一九世紀に建設されたものである。

コラム1-4 定義

・「ハウジング」(housing) という語は名詞でもあり、動詞でもある。集合名詞としてのハウジングは、人々が居住するすべての建造物を指しており、戸建てだけでなくフラットもふくむ。動詞の to house は住宅供給のプロセス〔=住まわせること〕を指している。

・「住宅・住まい」(dwelling) という語は、人が暮らす/住むあらゆるタイプの物理的な建造物を示すときに用いる。

・「世帯」(household) は、同じ住所に恒常的に生活する独立した単位を構成する人(たち)の集団を意味する専門用語である。当然ながら、家族のみならず一人暮らしの人もふくむ。

・「住宅保有形態」(housing tenure) は、世帯が住宅をどのように保有しているかを示す。ラテン語の「保持する」(teneo) という語に由来する。もっとも主要な保有形態は、所有と借用(家主からの賃借など)である。

・「住まい・家」(home) は、ある場所への帰属の感覚を指しており、きわめて強力な感情的含意をもっている。それは、われわれが自分自身になる場所である(結婚の誓いのときに述べられる、「良いときも悪いときも……」のように)。

忘れてはならないのは、英語以外の言語が、これらの概念を共有していなかったり、「ハウジング」の複雑さをあらわす別の語をもっていたりすることである。たとえば、ハンガリー語では「住宅政策」に該当する語は lokacs politic であるが、これには集合住宅のみがふくまれ、戸建てはふくまない。

収入の増加と新技術の導入により、住宅ストックと居住水準は時間がたつにつれて向上した。このため、かつては標準的で受容可能だったものが、きわめて短期間のうちに受容できなくなる。たとえば、北半球(とりわけアルプス以北の欧州)の住宅のかなりの割合は二重ガラスと集中暖房を備えているが、三〇~四〇年前にはそれほど一般的ではなかった。居住水準を測るその他の重要な特性は、住戸の規模——何平方メートルかなど——、部屋数（とくに寝室数）、地理的位置――住宅の立地と近隣施設へのアクセスのしやすさは、住宅の価値と居住経験を大きく左右する――である。

修復と維持

ハウジングに関する国の主要な機能のひとつは、建築時に居住水準をみたす（構造計画の認可義務づけが典型である）だけでなく、長期間にわたって居住に適した状態の維持を保証することである。産業化が進んだ社会の政府は、通例、ストックの定期的な調査をつうじて住宅の状態を監視する。これが、更新・改築計画の立案、必要なときには不適合物件の除去につながることもある。たいていの場合、「スラムクリアランス」は地方政府によって遂行される国の事業である。取り壊し計画は、民間家主によって所有されていることが多いこれらの建物を、新たな公共住宅――地方自治体、連邦を構成する政府（たとえばドイツの「州政府」）、ないしは国から財政支援を受けた住宅協会（housing association）／住宅協同組合（housing cooperative）が所有・運営する住宅――に置き換えることを意味する。

こうした歴史的ストックの存在は、福祉国家の他の柱とハウジングの間に違いが生じる、もうひとつの理由である。住宅は土地に固定され、長期にわたって存続する。そして、ストックが付け加わるペースはきわめて緩慢である。通常、毎年新しく付加される住宅は（既存ストックの）一％未満である。その結果、住宅の変化は他の公共サービスに比べると遅く、ハウジングをめぐるさまざまな問題は、この歴史的遺産から生じる。住宅供給にかかわる問題は、新しい建造物をつうじてではなく、価格によって表現される。需要が新たな供給によって充たされないときには、住宅価格が上昇するのである。

コラム1-5　「ホーム」の概念

ホーム（住まい・家）の概念については、誰もが直感的に理解している。外国に住んでいた人々は、「故国に帰ること」について語る。われわれがホームを実感するのは、扉の向こうに広がる「外」の世界と対比させるときである。この概念は、われわれ自身の自己アイデンティティ――われわれがもっとも「自分自身」になれる場所――の創出と密接に結びついている。社会学者アンソニー・ギデンズは、ホームは、社会生活が維持されるとともに、何にもましてそれらの再生産において重要な場所であると指摘している（Giddens 1989）。フランスの科学哲学者バシュラールは、ホームが人間の心理的な充足に欠かせないものであり、家のなかの部屋、家具、片隅、隙間――その匂い、音の響き方、自分だけの思い出――などが、ホームを聖なる場所にしていると考えた。バシュラールが言うように、「家は、人がやすらかに夢を見ることを可能にする」（Bachelard 1997: 87）のである。

ホームの概念の恰好の例は、一九世紀のイングランドで発明された家庭生活（domesticity）という概念である。ヴィクトリア朝の家庭文化には、ホームは、敵意に満ちた外界からの避難所であるという感覚が浸透していた。この文化は、強力な道徳的目標をともないながら、大英帝国の各地に多大な影響を与え、あらゆる英語圏諸国に根を下ろした。二〇世紀になってからも、室内への関心は衰えることがなかった。数々のテレビ番組で見られる、室内装飾や、部屋と庭の「大改造」への飽くことなき熱中がそれを示している。BBCのテレビ番組『チェインジング・ルーム』（隣人や友人と部屋を交換して、プロのアドバイスを受けながらDIYでリフォームする）は一九九〇年代に熱狂的な人気を集め、毎週一一〇〇万人以上が見ていた。こうした、それなりに流行に追いつこうとする感じは、けっして目新しい考えではなく、家庭の形成をつうじた（主流の価値観への）順応の現代的表現である。

二一世紀、デジタル革命とインターネットの発明により、「在宅ワーク」の増大、新しい余暇活動の形態（ホームシネマ）、「ホーム・バンキング」などにともなって、ホームの使われ方が変わった。グローバル化の時代にあって、われわれはみな、時間と空間が新たな意味をもちつつあるひとつの惑星に暮らしている。このとき、ホームが人々の社会的・心理的充足にとってよりいっそう重要になることは明らかである。ホームはいつの時代も人間生活にとって焦点となってきたが、それは二一世紀においてもあてはまる。洞窟で暮らしていたわれわれの先祖にとってそうであったように。

ストックとフロー

これはやや技術的な論点ではあるが、住宅の既存ストックだけではなく、住宅に対する必要（housing need）もまた重要であるということは注意しておくべきである。いま住宅を求めている世帯、とりわけ第一次購入層や、初めてフラットを借りようとしている若年層に、住宅建設をつうじた新規供給が追いつかないことがある。問題は、適切な型式や価格の住宅が、人々が住むことを希望している地域で不足する可能性があるというものである。じっさい、住宅政策上の重要な問題の多くは、新しく生じた必要のフローの処理にかかわっている。それは、新しく生じた必要（そして過去にみたされなかった必要）をみたすために既存ストックに追加すべき住宅の量だけでなく、通常の住宅市場に参入できない人々のために供給すべき住宅の量をも左右する。多くの国は、程度の差はあれ、「社会住宅」（social housing）を供給する。言いかえれば、社会住宅は、市場を通じた供給と、すべての人に住宅を与えるために真に必要な供給の間のギャップ（不足）をおぎなう。さて、住宅に対する必要のフローを、湯船に流れ込むお湯のようなものだと考えてみるならば、社会住宅とは〔お湯があふれないようにするための〕栓なのである！　住宅に対する必要の一つの極として、ホームレス状態（homelessness）もまた「フロー」ととらえることができる。毎日、新たに家をうしなう人々が生じる一方で、簡易宿泊所に収容されて政府の事業による支援を受けはじめる人々や、主流の社会住宅セクターまたは住宅市場をつうじて居宅を確保する人々もいる。つまり、ホームレス状態に陥ったり、抜け出したりする、家なき人々のフローがつねに存在する。このことは、ある特定の一時点における野宿者数の計測を困難にする。そしてホームレス状態はさまざまな形態をとりうるので

――文字通り、雨露を防ぐ屋根がない状態から、過密居住や、粗悪で不健康な水準の不十分な居住施設の共有を強いられる状態まで――、どこまでがホームレス状態で、どこからがより一般的な住宅ニーズなのかを区別することは困難である。

世帯と住宅のバランス

次に考えるべきは、世帯がいくつあり、全世帯が各自の独立した居住空間を確保できるだけの十分な住宅があるかどうかである。ここでの出発点は、どんな社会でも、単純な供給不足に加えて、人々の手に届く価格の物件の不足によって、安心して暮らせる住まいのない人々がいるということだ。過密住宅、路上生活者、欠陥住宅、極端な高家賃は、すべて、世帯と住宅のバランスがどこかで崩れている徴候である。そこで多くの政府は、適切な水準の住宅の十分な供給を進めようとする。何を適切な水準と考えるかは、その国の全般的な経済状況に大きく左右される。水準をみたすために何が行なわれるかは、各政府の政治信条の違いによってかなり異なる。多くの政府は、経済の成長にそって居住水準の向上をはかる。より一般化すれば、のちに概観するように、程度の差はあれ住宅の供給・需要過程への介入を支持する政治的・文化的伝統が、さまざまな国で長期にわたって存続してきた。

ある国がどのような対応をとるかは、その国には制御しようのない環境にも左右される。たとえば、あらゆる中欧諸国は、二〇世紀の二度にわたる世界大戦の結果、住宅供給計画の大幅な後退を余儀なくされた。住宅建設がほとんど行なわれない期間がのべ一〇年以上におよんだだけでなく、大量の民間物件が破壊され、新世帯の需要は急増した。第二次世界大戦によって、英国でも世帯数に対して二〇〇万戸近くの住宅不足が生じた（一九四五年当時の住宅ストックは一二五〇万戸にすぎなかった）。ほとんどすべての欧州諸国において、戦後住宅政策をとり

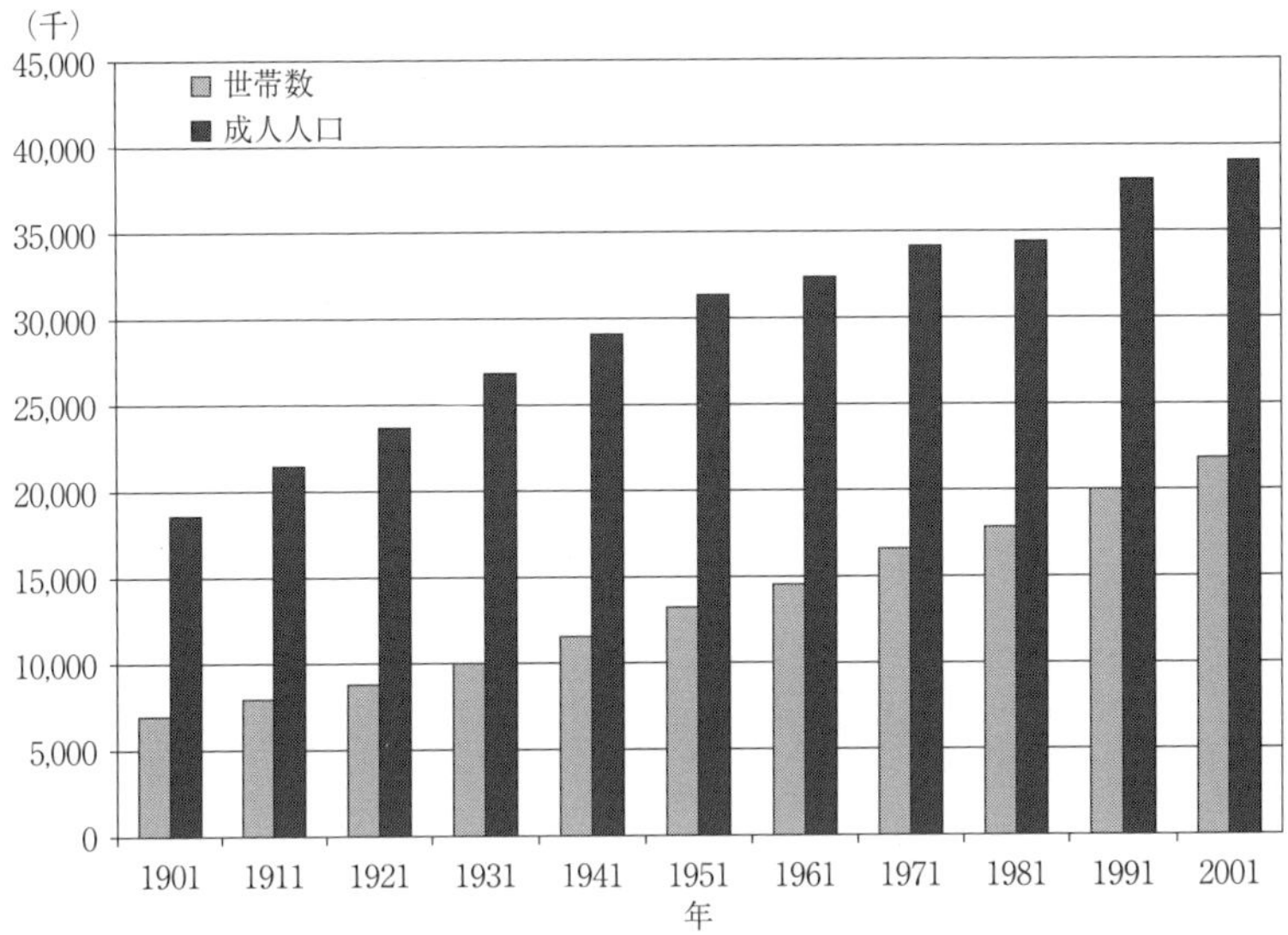

図1-1　20世紀，英国の世帯数は人口よりも速いペースで増加した

出典：Holmans（2000: 13）

まいていたのはこのような状況であり、その解決には数十年を要したのである。

世帯数は人口より速く増加する

この世帯と住宅のバランスという問題の重要な特徴のひとつは、先進社会では、平均寿命の延びと収入の増大にともない、世帯数が人口より速く増加するという事実である（英国については図1-1参照）。とりわけ、人口のなかの成人数の増加は、潜在的に世帯形成を望む人々の増加をまねく。一人暮らしの独身者や、さまざまなタイプの家族、一軒家をシェアする学生のような同居集団も世帯になりうる。また、実際にその数は少なくない。

このほかにも、世帯と住宅のバランスの達成を目指す政府が注意を向けなければならない基礎的な人口学的変化がある。たとえば、単身世帯数の急増である。欧州では、この傾向はすでに第二次世界大戦中のいわゆる戦争未亡人にはじまるが、現在は主に離婚率の上昇と、一人暮らしというライフスタイルを選択する人々が増えた結果である。

これらの変化はすべて、人口よりも速いペースで世帯数が増加する〔あるいは人口が減っても世帯数は増加する〕こと、そして、その構成が変化——全体的に、「伝統的」家族から、より小規模の、そしてより非永続的な関係へ——していることを意味している。これは、サービス業を中心とする「ポスト工業的」経済とひきかえに製造拠点が縮小されてきた国々（米国、英国、スウェーデンなど）に典型的に見られる傾向である。これらの変化が、住宅供給の量的拡大と形態の多様化への必要を高めることは明らかである。従来の住宅ストックは、こうした家族ユニットに向けて建設されたわけではないので、産業化の歴史が長い諸国では戸建て住宅を集合住宅に改築する傾向が見られる。また、人々が豊かになるにつれて、あえて空間を過剰に消費する——リスニングルーム、書斎、備え付けのバーのあるリビング、娯楽室、ホームシアター、ゲストルームといった用途別の部屋がある住宅を求め、また実際に住む——ようになることにも注意しなければならない。

ここまでに述べたことをまとめると、ある一国における世帯と住宅のバランスは、以下に示すような諸要因の産物である。

・人口学的要因——人口に占める単身世帯の増加、離婚率、再婚率、純移民数（出国者と入国者の差）
・各政府が制御できない環境要因——戦争、世界規模のテロリズム、経済危機
・既存住宅ストックの遺産——規模、立地、新しい必要に合わせて改造できるかどうか
・住宅市場への介入に関する政府の態度——公営住宅の建設、土地利用計画制度をつうじた住宅生産の促進・抑制、住宅の補修および改築への補助

ある社会において住宅ストック拡大の原動力となるのは、世帯数の増加である。もし世帯数が新しい物件の供給を上回ると、過密、（親との同居を強いられる若者をはじめとする）シェア、極端な場合にはホームレスというかたちをとってあらわれる。持ち家社会では、住宅市場の健全度と世帯と住宅のバランスをはかる重要な指標は、住宅価格である。それは経済一般と同様に経済循環にしたがって変動するとはいえ、アフォーダビリティ（＝入手可能性）の限界を左右する住宅価格は、供給不足の有力な指標である。

住宅金融

住宅の生産には、平均的な世帯収入と比べた場合、かなり多くの費用がかかる。その結果、政府は、十分な量の住宅が建設されるかどうかだけでなく、「消費者」（所有者と借家人の双方）がこの大きなコストを負担できるかどうかを考慮せざるをえなくなる。一戸あたりの建設コストは、戸建てであれ集合住宅であれ世帯収入の五倍から一〇倍程度となるから、長期にわたってコストを分散するための何らかの仕組みが必要である。住宅ローンと呼ばれる長期貸付が、これにあたる。貸付は二〇～三〇年以上かけて返済される。ただし、返済金には元金のほかに多額の金利が上乗せされている。契約書には、もし世帯が返済不能となった場合には貸し手（通常は住宅金融組合 building society または銀行）が物件を差し押さえ、未返済額の補填のために売却すると書かれている。

一九八〇年代に銀行の規制緩和が行なわれて以来、こうした従来型の住宅金融モデルは、歴史のゴミ箱に処分されたと言ってもよい。なぜなら、住宅ローン市場が完全にグローバル化され、銀行が機関投資家向け国際通貨市場をつうじて資金を調達できるようになったからである。とりわけ、「証券化」と呼ばれる手法の発明は、巨額の新たな資本の供給源を創出した（第7章のコラム7-1参照）。住宅ローンは債券――不動産担保証券（Mortgage-Backed Securities）――にまとめられ、長期的な安全資産を求める投資家に売り出された。将来にわたって長い時間をかけて果実をもたらす投資先を欲していた保険会社や、目立ったところでは年金基金が、この証券化された債券を購入した。この仕組みが発達した結果、基本的に国内に閉じた制度であった住宅ローン市場は、世界規模の債券市場という新しい段階に足をふみ入れた。そこでは、新たな資本が大量に創出され、債券を組成した銀行は、たえず資本を回転させ、長期リスクを投資家に移転できるようになった。この注目すべき展開については第6章でくわしく考察するが、住宅ローン市場ががらりと姿を変え、グローバル化されたことだけは、ここで理解しておいてほしい。なぜなら、この変化が社会政策に与えた影響は甚大だからである。とくに、自宅所有者は「リモーゲジング〔＝抵当再設定〕」（自宅を担保に新たなローンを組み、転居することなく資産を現金化し、その時々の支出に使えるようにすること）によって、自宅の正味価値《エクイティ》を利用することが可能になった。住宅エクイティの引き出し（HEW〔housing（または home）equity withdrawal の略〕）は、ハウジングが現代福祉国家の形成と再編におよぼしつつある影響の重要な側面である。なぜなら、自宅所有者が福祉サービスを民間市場経由で購入することで、国家への依存という循環から抜け出ることが可能になったからである（Lowe 2004; Smith and Searle 2010）。それが福祉国家の転換というテーマにどんな結果をもたらすかという点については、本書の後半で論じることにしよう（とくに第8章参照）。

英国の公的賃貸部門における住宅金融の全体像についてはマルパスが論じてきたので（Malpass 1990参照）、ここではくり返さない。のちに各章で示されるように、この点に関して重要なのは、一九世紀終盤に確立した〔住宅建設〕補助金という考え方である。これによって、公営住宅に対する「建設時原価」（historic cost）方式の支援が行なわれるようになった。つまり、公営住宅の建設と土地取得にかかる費用が軽減され、家賃を市場水準より引き下げることが可能となったのである。この制度は、一九二三年住宅法にさだめられた地方自治体財政制度に組み込まれ、サッチャー政権下の一九八〇年住宅法で撤廃されるまで存続した。このときの撤廃の趣旨は、手ごろな家賃の住宅を供給できるよう自治体を支援する——いわゆる「レンガとモルタル」補助金——かわりに、〔個々の世帯を対象とする家賃補助〕給付金制度を導入するとともに、家賃を市場水準まで引き上げることだった。これにより、ハウジングへの補助金は基本的に所得保障制度の一環となったのである。

住宅保有形態

これまで住宅ストックの概念とその状況、そして世帯と住宅のバランスについて検討してきたが、次にとりあげる公共セクターと民間セクターによる住宅供給のバランスも重要なテーマである。すでに説明したように、住居費不足は、補助金によって家賃が引き下げられた公共住宅によって、ある程度埋め合わせられる。持ち家と借家は二つの主要な住宅保有形態である。保有すなわち「テニュア」の概念は、住宅というものは、玄関扉の向こう側で、個別世帯によって私的に住まわれている（消費されている）という見方に由来する。ここに、福祉国家の他の柱とハウジングの大きな違いがある。保健と教育は、主として集合的に供給されるサービスである——病棟しかり、教室しかり。これに対して住宅については、タイプのちがいを表現する際に、物件の所有を指す独特の言い回しが用いられる。言いかえれば、その物件の所有者こそが問題なのである。所有には主として二つの種類がある。

・持ち家居住者（あるいは「自宅所有者」）は、建物およびそれが建っている土地を完全に所有している、または、住宅ローンと呼ばれる特殊な枠組みにもとづいて取得の途上にある人々である。実際には、二〇〜三〇年以上後にローンが完済されるまで、貸し手（銀行や「住宅金融組合」など）が権利証書を保持する場合が多い。
・物件の所有者から部屋、住戸あるいは建物を借りている借家人〔もしくは賃借人〕。定期的な家賃の支払いとひきかえに、借家人は一連の権利義務関係のもとで住宅を合法的に占有する。持ち家に対する借家の長所は、借家人が物件そのものの維持について煩わされずにすむこと、そして、転居がかなり容易なことである。

これらの主要な保有形態には、それぞれ特有の権利義務関係が生じるが、厳密な意味での法的差異は、想像されているほどには大きくない。国によっては借家権がかなり強く保護されており、借家人が、親族による借家権の相続など、通常は所有権に付随すると思われるような管理権まで有するところもある。世界各国の法制度では、多くの場合、賃貸借契約は、物件の所有者（家主）の占有権を賃貸借期間に限って停止することを意味する。とはいえ、家主は物件を依然として「自分のもの」と思っていることが多く、その建物または住戸に自分の管理がまったくおよばないことは受け入れがたいと感じるだろう。

4　ハウジング・システムの諸類型

持ち家と借家のバランスは、ある国にどのようなハウジング・システムが存在するのかを示す重要な指標である。そして、のちに示すように、それはその社会に広範囲にわたる影響をおよぼす。多くの国々では、所有主体を異にする賃貸住宅が混在している。つまり、民間個人（または民間企業）、公共団体――たとえば、地方自治体、連邦諸州、場合によっては中央政府そのもの――、小規模機関――政府から補助を受けた住宅協会または協同組合――など。これについては第6章で詳しく論じる。それを理解することが、二一世紀という時代においてハウジングが社会の性質に与える影響を考えるための土台となるからだ。

欧州モデル

欧州では工業化と、その結果としての都市化の歴史が長い。住宅問題、なかでも疾病の源泉となるスラム住宅の問題は、これらの弊害を収拾するために政府介入が求められたことを示している。資本主義のもとでの自由放任市場には、その野放図な拡大がもたらす結果に対処する能力も意欲もなかった。一九世紀における欧州諸都市の居住水準はかなり低劣であったが、住宅の生産にふくまれる多大なコストに比べて賃金の低いことが、劣悪な住宅の要因であるということは理解されていた。中欧の多くの国々は、何らかの「住宅政策」を採用するようになった。それは、良質の住宅を建設する家主に補助を与えたり、地方自治体、政府出資の住宅供給団体などが所有する「公共」住宅を直接建設したりするものだった。

二〇世紀の二度にわたる世界大戦は、住宅市場に対する政府介入にも重大な影響を与えた。住宅建設は一〇年〔戦争期間の合計〕にわたって停滞した。さらに中欧では、第二次世界大戦中に大量の住宅が破壊された。とくにドイツとソ連の間で激しい戦闘が展開された東部戦線では被害が甚大であった。生活は混沌状態に陥った——数百万の市民が犠牲となり、数千万人の難民が生まれ、世帯が分断され、結婚件数が増加する。英国では爆撃のダメージや市民の死者数はそれほど大きくなかったが、戦争中、世帯数が急増した。〔戦後〕あらゆる場所で、破壊された住宅の再建が求められ、約六年間にわたる中断期間に積み上がった未処理分の建設が急がれた。これが数十年にわたる欧州住宅政策の背景状況であり、多くの国々では「社会住宅」の建設に向けた大規模な政府介入が実行された。

もちろん、具体的にどのように実行するかという点については、各国が受け継いできた伝統、とりわけ政権を掌握した政党の違いを反映して、さまざまなアプローチがとられた。多くの中・東欧諸国では共産主義政党が政権についたので、理論上は、住宅市場は国営建設企業と国営住宅供給制度に置き換えられることになった〔実情はかなり複雑ではあったが——コラム1-6参照)。英国では、労働党の地すべり的勝利の結果、公有公営の「公営住宅」が大量に建設された。一方、戦争による甚大な被害を受けたドイツのように、政府資金による住宅建設および復興が、より多元的なハウジング・システム——地方自治体、連邦/州政府、政府出資の住宅組合・協会などに加えて、補助金を受けた民間家主をふくむ——によって実施された国もある。

その結果、欧州の多くの国々では、住宅政策において政府がきわめて積極的な役割を担うようになった。ドイツ、スウェーデン、オランダ、デンマークなどでは、政府は公共賃貸と民間賃貸の双方に補助金を交付しており、両者の分断はそれほど顕著ではない。家主——公共あるいは民間——は、借家人の獲得をめぐって、価格というより(住宅の)形態によって競い合う。というのも、各地域の家賃については地方当局の監視下にあるからである。このようなハウジングのモデルは、北欧のコーポラティズム諸国ととりわけ関連が深く、ジム・ケメニー(Kemeny 1981)によって独特の「ハウジング・レジーム」であると指摘されている。彼は、公共および民間賃貸の密接な結びつきに着目し、このシステムを「統合的賃貸市場」と呼んだ(第6章参照)。なお、このハウジング・モデルのもうひとつの特徴は、持ち家が優勢ではないという点にある。人々は、自宅が金融資産であるという、持ち家社会に特有の考え方にはあまりとらわれることなく、どのような住宅を必要としているか、そして、どの程度の支払い能力または意志があるかによって持ち家か借家かを選択する。もちろん、「欧州モデル」と言ってもおおざっぱなくくり方にすぎず、多くの欧州諸国がこのような考え方をそのまま採用しているわけではない。とくに、スペイン、イタリア、ギリシャなどの南欧諸国では、住宅の確保は市場と家族に頼っている。

ハウジングの概念的基礎については、次章以降、掘り下げてゆく。ここでは、中欧・北欧諸国に独特の歴史的背景をもつハウジングのモデルがあることに留意するだけで十分である。のちに見るように、近年、このモデルは攻撃——とりわけ欧州連合からの——にさらされてきた。ただし、ここで重要なのは、住宅政策の変化および展開の様相とその要因を理解するうえで、これらの制度構造が鍵となること、そして、制度的なルールのちがいに応じて異なったタイプのハウジング・システムが作動していることを示すことである。欧州にはめずらしく、二〇世紀の間に、民間家主が多くの住宅を所有する圧倒的な借家社会から、いまや知らぬ者はいないほどの持ち家社会へと変貌を遂げた英国は、とりわけ興味深い事例である。

米国と持ち家社会

ひとくちに持ち家社会と言っても、米国と中国のように共通点をほとんどもたない社会をふくんでおり、その制度構造は多様である。米国の強大な経済のもとでは、「欧州型」の社会的市場モデルのハウジングは発展しなかった。住宅供給に対する政府の関与の度合いは低く、とても欧州諸国にはおよばないものだったからである。米国では伝統的に、自由市場と個人主義の護持が図られた。このことは、人々は自分の住宅を、多くの場合は所有者として、ときには民間賃貸部門において、市場をつうじて入手してきたことを意味する。政府による住宅建設の伝統は発展しなかった。その大きな理由は、有力な社会主義政党が存在しなかったことである。さらに、米国は二度の世界大戦中に住宅の破壊を経験しなかった。それどころか、米国経済は第二次世界大戦中も着実に成長していた。再建の必要がなく、個人主義のイデオロギー的遺産を継承し、政治上の左派と右派の違いが小さかった（いまでも小さい）米国では、住宅政策は多くの欧州諸国とは異なる道をたどった。（大恐慌後の）一九三〇年代、公共住宅がニューディール政策の一環として建設されたが、貧困家族の収容という役割を有していたために、つねにスティグマ化された。そのかわりに発展したのは「持ち家社会」である。住宅ローンに対する税控除に加えて、家賃統制による拘束を受けることも政治論争の焦点になることもなかった賃貸システムがこれをささえた。持ち家を推進するために、きわめて強力な制度的支援が導入された（第7章参照）。

英国の旧植民地としての共通の文化的・言語的遺産によって結びつけられた、「持ち家社会」というべき独特の国家群がある（米国、カナダ、オーストラリア、ニュージーランド）。これらの国々では、欧州の「社会的市場」モデルに比べると、公的賃貸と民間賃貸の区別がかなり明確である。民間賃貸は補助金を受けない自由市場で、家賃は物件の時価を反映している（「市場家賃」）。他方で、公共賃貸住宅──微々たるものであるが──には、ふつうは（所得に関する）ミーンズテスト（＝資力調査）をはじめとするお役所的な手続きを経なければ入居できず、その対象は最貧世帯に限られる。ローン支払いの税控除という一種の給付金以外に何らかの政府給付金があるとすれば、低所得家族の住居費負担を軽減する趣旨で、所得保障制度の枠内で運用される傾向がある。このなかでは英国は例外的で、英語圏諸国に共通する文化的源泉を有しながらも、ハウジングに関する欧州「モデル」とより深く結びついており、二度にわたる世界大戦という〔負の〕遺産を〔欧州諸国と〕共有している。

少なくとも一七世紀のイングランド内戦の頃までさかのぼる「所有個人主義」(possessive individualism) (Macpherson 1962) の伝統に根ざした歴史的遺産を受けつぐ英国は、完全なコーポラティズム国家になったことはない。しかし、二〇世紀後半、英国は住宅保有形態の構造において革命的な変化を経験した。すなわち、七〇％の世帯がいまや自宅所有者となり、公営住宅は取り壊されたり払い下げられたりし、近年は民間賃貸の復活が目立つ。英国は持ち家社会の諸国の一員となり、この点に関しては、あまり「欧州的」ではなくなってきた。

また、一九八〇年代末の欧州における共産主義の崩壊以来、新しいタイプの持ち家社会が登場しつつあることにも留意しなければならない。そして、これとよく似た出来事が中国において進行中である。中国では住宅の自由市場が、共産主義国家という枠組みのもとで奨励されてきたのである（コラム1-6参照）。

表1-1　OECD諸国にみる持ち家率の変化（%）

	1960年代前半	1970年代	1990年代後半	増減
オーストラリア	63	67	70	+7
カナダ	66	60	64	−2
英国	42	49	68	+26
スウェーデン	36	35	42	+6
（西）ドイツ	29	36	38	+9
フランス	41	45	54	+13
スイス	34	28	30	−4
日本	71	59	60	−10

出典：Castles（1998: 251）

二つのハウジング・システム

多くの先進工業国のハウジング・システムは、たいてい、以下の二つのうちのどちらかに分類できる。

・混合的／多元的システム。公共賃貸と民間賃貸は明確に分離されているものの、両者は、地方当局による監視を受けながら、より調和のとれた家賃設定制度のもとで運営されている。多くの場合、家主にはさまざまな種類があり、どれかがとくに優勢というわけではない。持ち家は重要であるが、決定的な力はもたない。概して、バランスのとれたハウジング・システムが機能している。北欧および西欧で一般的にみられる。

・持ち家優位社会。公共賃貸と民間賃貸の間に、明確な分断がある。民間賃貸は補助金を受け取らず、家賃設定は完全に営利的になされる。公共賃貸は低所得世帯向けで、政府が運営する残余的な官僚機構である。ハウジング・システムは持ち家に偏重しており、多くの世帯は購入を選択せざるを得ない。英語圏諸国によくみられるシステムである。

ここ数十年、持ち家は英語圏諸国以外でも、いくつかの国々で拡大してきた。もっとも、変化はそれほど劇的ではない（表1-1参照）。〔持ち

コラム1-6　ポスト共産主義のハウジング

近年でもっとも劇的な政治的変化のひとつは、ソ連その他の欧州共産主義諸国の崩壊である。共産主義体制のもとでは、住宅生産の大部分は政府によって組織・管理されていた。とはいえ、政府と民間の住宅供給のバランスにはかなりの幅があった。たとえばハンガリーでは、一九四六年から一九九〇年までに新しく建設された住宅のうち約八〇%は自力での建設だった（民間の建設企業は認められていなかった）。人々は自分自身の資源と労働力を用いたのである。公営住宅は、重要労働者――医師、教師、技術者など――を必要な場所へ確実に移動させるための手段として用いられた。〔共産主義諸国では〕一般に、きわめて低賃金の経済のもとではあったが、政府は安価な食料を提供し、住宅をかなりの低コストで供給した。じっさいには、住宅は闇市場での現金および「強い通貨」〔米ドルなど〕による取引をつうじて、大々的に取引されていた。これらの諸国では、農村部の住宅の多くは依然として持ち家だった。

一九八〇年代末に共産主義政権が崩壊したとき、多くの国で経済が破綻した。公営集合住宅は、地方政府が管理・維持能力をうしなったため、売却された。低価格で売却された公営住宅は、これらの経済圏がグローバルな市場価格に適応する過程で生じていた急激な変化に際して、「衝撃吸収材」の役割をはたした。共産主義政権下では、民間賃貸は事実上廃止されており、さらに、多くの公営賃貸集合住宅が売却されたために、これらの諸国では「極度に持ち家が多い」状態となった。ハンガリー、ルーマニア、ブルガリアのような国々では、九〇%超の世帯が持ち家となった。他の国々では賃貸ストックの一部が維持されたものの、重点は急激な民営化に置かれてきた。

一九八八年以来、中国は共産主義国家という体制を維持しつつも、経済を自由化してきた。欧州の旧共産主義国と並行して、住宅供給を緩やかに民営化するための政策が実行されてきた。公営集合住宅は段階的に売却され、中国経済全体の市場化にあわせて、不動産の自由市場が発達しつつある。

欧州の旧共産主義国と中国では持ち家が優勢となった。これにより、まったく新しいハウジング・システムが成立したが、それが社会や形成途上の福祉制度にどのような影響を与えるのか、現時点では定かではない。

家率が）低い水準から上昇した国もあれば、日本やスイスのように低下した国もある。持ち家拡大の一因は、政府が戦後復興以来の住宅供給から退却したことである。戦後の住宅不足が解消したことにより、政府は一九七〇年代中頃より直接の供給から手を引き、その結果、持ち家が増加しはじめた。英国民は、持ち家が「標準」であり、どこでも増加してきたと考えがちである。実際には、表1-1に見られるように、英国は例外的なケースであり、保有形態の構成に、他国に類を見ないような変化が起きている。同じように劇的な変化が生じたのは、一九九〇年の共産主義崩壊以降、急激な市場経済化《プライバタイゼーション》を経験した欧州の旧共産主義諸国のみである（コラム1-6参照）。過去三〇年間の持ち家率にもっとも大きな影響を与えたのは、すでに論じた住宅ローン市場のグローバル化である。低金利の持続という状況のもと、新たな融資が容易に利用できるようになったことで、あらゆる地域で住宅価格の急上昇が起きた（第7章参照）。この変化こそが、福祉国家の性質に大きな影響を与えたのである。少なくとも、人々の自宅に対する見方は大きく変わった。それはたんに住む場所というだけでなく、有力な金融資産となったのだ。

5　ハウジングと福祉国家の諸制度

ここではくわしく論じることはできないが、「社会的市場」モデルのハウジング（前述の「統合された賃貸」システム）を維持してきた多くの欧州社会は、高税率／高支出モデルのもとで福祉国家を形成する傾向がみられた。こうした社会では、税率は高いが福祉供給の水準も高く、保健、年金、教育などにおいて民間による供給への需要や必要が小さい。その背景のひとつは、住居費が上がりにくく（つまり税率を上げやすく）、費用は高いが質も高い福祉供給を支持する伝統が確立されたことである。これらすべてについて、ある国でどんな結果が生じるかは、その国の歴史や文化によって左右される。そして、この中核モデルの周辺にはさまざまな変種が存在する。「ハウジング」と福祉国家の諸類型にどのような関連があるのか、その概略については本書の後半で論じる。すでに述べたように、比較・国際福祉国家論においてハウジングはほとんど無視されてきた。本書の第一の目的は、これを修正することである。ハウジングが、福祉国家の重要な柱のひとつであるだけでなく、いわば土台をなしていることを示す、数多くの証拠がある。すでに述べたように、とりわけ一九八〇年代の銀行規制緩和と金融構造改革によって、世界中の膨大な資本の流動性が高まった。住宅と再構成された住宅ローン市場を介して、これらの資金は個々の世帯と接続されたのである。

持ち家社会で重視されてきたのは、ある特徴をもったタイプの福祉国家の確立である。つまり、低税率／低支出モデルの福祉が支持される傾向がある。自宅所有者たちは、政府サービスの供給のための課税に抵抗する。彼らは金融資産としての自宅を使ってそうしたサービスを自分で用意できるからである。自宅所有者が年金基金への払い込みに抵抗する背景には、次のような計算がある。すなわち、退職後はそれほど住居費がかからないだろうし（住宅ローンは払い終えている）、もし必要になればもっと安い住宅に買いかえて、資産を収入に転換すればいいと。この皮算用に示されているように、住宅は年金にまさる貯蓄の手段である。また、住宅に富を貯め込むことで、家族は、生活に困ったとき、または支出項目の前倒しが必要なとき、この資産に頼ることも可能である。住宅エクイティと現代福祉国家の展開過程の関連は、本書の中核的なテーマである。ただし、ここで述べたいのは、持ち家が福祉供給のための望ましい、またはより効果的な手段であるということではない。統合された賃貸市場を維持してきた社会においてさえ、そして、住宅価格バブルが二〇〇七年に崩壊したにもかかわらず、事実として、このような変化がますます明白になってきたということである。

6　結論

導入部にあたる本章では、なぜ公共政策におけるハウジングの役割を再検討しなければならないのか、そしてとりわけ、より広範な福祉制度との関連においてどのように理解すべきか、その概略を述べた。そのために、本書の主要なテーマを取り上げるとともに、議論のための概念枠組みを構成した。さらに、住宅政策について考えるうえで基礎となる概念・用語を解説した。ここまでで、「ハウジング論」の中核部分が、けっして（国連人権宣言が唱える）社会権としての住宅にとどまるものではないということが明らかになったはずである。住宅はたんなる住み処ではなく、世界に広がる経済と個別の世帯を結びつける手段である（第8章参照）という点を理解する必要がある。この過程は、これまで十分に理解されてきたとは言いがたい。比較福祉国家論は、ハウジングをその複雑さやむずかしさゆえに隅に追いやってきた。それゆえに、ハウジングがおよぼす広範な影響についての探求をはじめる前に、一種の救出作業が必要であるというのは、すでに提案した通りである。その第一歩は、比較福祉国家論のなかにハウジングを正当に位置づけることである。この軽視を明るみに出すことで、二一世紀の社会と福祉国家を考えるうえで、ハウジングがいかに重要かがはっきりする。

本書のもうひとつの中心テーマは、（他の政策領域と同じく）現代の住宅政策の由来をとらえ直すことの重要性である。このアプローチにおいて強調されるのは長期持続、すなわち、個々の出来事をこえた、根の深い文化的・歴史的パターンである。第2章から第4章が、英国を事例に、住宅政策の起源や持ち家社会の形成過程を振り返るのはこのためである。これらはわれわれのハウジングにとっての「構造プレート」であり、それがどういう経過をたどっていまの姿になったのかを考えることなくして、現在の状況や全体像——福祉国家が構築される社会的地形《ランドスケープ》――の把握は困難である。この〔歴史的〕制度論のアプローチによれば、社会編成と政策の起源が、その後の進路を方向づけ、のちに見るように、それぞれ異なったタイプのハウジング・システムをもつ先進諸国の間に大きな違いをもたらすのである。そこでわれわれは、どのような方向づけがなされたかを知るために、住宅市場への政府介入がはじまった時期に注目する。本書で焦点を定めるのは英国の事例であるが、その論じ方は本質的に比較社会論的である。一九世紀末、少なくとも欧州では、いかにして労働者にハウジングを提供するかという共通の問題が存在し、各国の出発点はかなり似ていた。しかし、たとえそうだとしても、のちの展開にはそれぞれ独自の物語がある。第2章では、まさにこの起源から話をはじめる。はたして「住宅政策」は何に由来するのだろうか。

要約

⊙住宅は基本的人権――雨露を防ぐ屋根、そして快適な住まいを手にする権利――である。しかし、それは生活に欠かせない商品でもあり、多くの人々にとって経済上の最重要項目である。住宅市場は「ハウジング論」の中心に据えられる。

⊙ハウジングには、福祉国家の他の柱から区別される特徴がある。とくに、住宅供給にかかるコストの大部分は建設時の資本投下であり、たとえば人件費がコストの大部分を占める保健サービスとは対照的である。その結果、住宅供給は公共支出の削減に対して脆弱である。

⊙住宅政策の重要な特徴は、住宅のストック、新たな必要のフロー、居住水準、世帯と住宅のバランス、国全体の住宅保有形態の構成である。

⊙住宅ローン市場――住宅購入時の借入れや追加借入れの源泉――の構造は、住宅市場の機能の仕方を左右し、社会に重要な相補的効果を与える。

⊙理論派のハウジング研究者たちは、二つのかなり際だったハウジングのモデルあるいはレジームを区別してきた。持ち家社会モデルは、われわれにとってなじみがある。しかし、あまりよく知られていないのは、欧州にみられる統合的賃貸市場である。そこでは持ち家はさほど突出していない。

⊙ハウジングと福祉国家の発展の間には、重要な相乗効果がある。しかし、このことは比較・国際福祉国家論ではほとんど無視されてきた。本書の目的は、これまでなおざりにされてきたハウジングを、現代福祉国家について考える際の中心的な焦点へと位置づけ直すことである。

【読書案内】

ジム・ケメニーの二冊の本、すなわち『持ち家の神話――住宅保有形態における公・私の選択』(Kemeny 1981)、『ハウジングと福祉国家――居住空間の社会的構築』(Kemeny 1992=2014) は、本書で取り上げる幅広いテーマについて、すぐれた概観を提供する。彼がその後に書いた本はより複雑である (後の章で推奨する)。ブレイムリー／マンロー／ポーソン『ハウジングの主要問題――二一世紀の政策と市場』(Bramley, Munro and Pawson 2004) は、住宅市場と計画制度に関する有益な論集である。本章の内容については、筆者が『住宅政策の分析――文化と比較の観点から見た英国のハウジング』(Lowe 2004) でより詳細に論じた。英国に関して、世帯と住宅のバランスと住宅ストックの発展について最良のデータ源を提供し、くわしい議論を展開しているのは、A・E・ホルマンズの『英国の住宅政策』(Holmans 1987) である。本章のテーマに関する論文は、*Housing Studies*, *The International Journal of Housing Policy*, *Urban Studies*, *Housing, Theory and Society* といった学術雑誌に掲載されている。

第2章

住宅政策という発想

——ヴィクトリア朝後期の住宅市場危機

《キーワード》
「公営住宅」
「住宅政策」
住宅補助金
自由放任市場
都市化

歴史には、それまでのパターンが新しい政策や社会の方向に取って代わられる転換点がある。こうした「誕生」の瞬間は、新しい形態が有する性質や、長い目で見たそれらの展開を理解するうえで決定的な意味をもっている。ヴィクトリア朝〔一八三七〜一九〇一年〕後期の住宅市場危機と、のちに生じた、第一次世界大戦という予想もしなかった悪夢のような出来事が、その頃までの標準的な制度構造――民間家主からの賃貸――が崩壊するきっかけとなり、二つの新しい形態――公営住宅と持ち家――への道が切り開かれた。本章は、「住宅政策」という発想をみちびいた社会的、人口学的、政治的、経済的な諸力について説明する。とくに、なぜ地方自治体が賃貸住宅の主要な供給者となったのか、そして、なぜ民間家主が増大する住宅需要に対応できなかったのかを概観する。一九一四年までの数十年の間に、萌芽的なかたちではあるが、第一次世界大戦後に何が起きるかを暗示する重要な変化が生じた。ハウジングに関する新しい発想が生まれつつあった。それは英国型持ち家社会の形成期であり、他の欧州諸国とはかなり異なる新しい生活形態が姿を表しつつあった。

1　はじめに

本章は近代住宅政策の由来について、制度論のアプローチを用いて説明する。そして、住宅政策が社会の形成に与えた影響を示す。その狙いは「歴史」の記述というよりも概念の提示である。社会はどのように、そしてなぜ変化するのか。それは、社会科学にとって最大の難問である。第1章で概観したように、近年の諸研究は、いま・ここを理解するためには、われわれの社会システムの基礎にある根深い文化的起源を探る必要があることを示唆している（Pierson 2004）。こうした研究の系譜はまた、最初の決定が与える影響を明らかにしている。政策が生み出された時点でのごく小さな違いが、大きな、長期にわたる効果をおよぼすのである。さらに今日では、出来事のタイミングが政策の転換の主要な原動力であることも知られている。これらの要素はすべて、現在われわれがいるこの地点において作用している。一例を挙げよう。やや唐突に始まった第一次世界大戦はエドワード朝（一九〇一〜一〇年）の余韻にひたる英国をはげしく揺さぶった。そして「ハウジング」について言えば、戦争がこのタイミングで勃発したことによって、政策に避けがたい方向づけが与えられた。それまで住宅政策は、いまだ不定形で、折り合いのつかない諸構想が並存している状態であった。誤解されるといけないので付け加えると、この頃に何が起きたかを語るうえでは、数多くの重要人物たちの努力と献身があったことも事実である。

ヴィクトリア朝およびエドワード朝における住宅危機の性質と戦争の衝撃についてどのように考え、解釈するかが、二〇世紀から二一世紀にいたる住宅政策の形成を理解するための鍵となる。当時なされた決定が、今日にいたるまで尾を引いている。すなわち、二〇〇七年に始まった米国の住宅市場危機とそれにつづく「信用収縮」以来、「国家」と「市場」に関する初期の論争がふたたび脚光を浴びている。これこそが、これからの二つの章で英国のハウジングを決定づけた時期、すなわち一九世紀末から第二次世界大戦が始まる一九三九年までに着目する理由である。この期間に、「住宅政策」が公衆衛生――「疫病の流行地点」と不衛生物件の取り壊し――から区別される領域として登場し、「公営住宅」と新しいタイプの「持ち家」が発明されたのである。ヴィクトリア朝時代の都市では、民間賃貸住宅が標準的な住宅供給形態であった。これが停滞しはじめたときに生じたのが、当時広く知られた「住宅問題」という危機である。もし民間家主が新たな住宅を供給しないとすれば、誰が供給するのか。この問いに対する答えが、やがて英国をわれわれが今日知るところの「持ち家社会」へとみちびくことになる政策上の静かな革命を引き起こし、社会全体の性質におよぶ変化につながった。そして、変化がそのようにして始まったという事実こそが、長期にわたってつづく影響の「原動力」であった。のちに明らかになるように、それは同様の問題――とりわけ労働者住宅の供給――に直面した他の欧州諸国とはかなり異なった回答だった。この時期における、他の欧州諸国からの英国の分岐は、現代における「ハウジング論」にまで尾を引いている。この決定的な局面で何が起こり、それはなぜだったかを明らかにすることがきわめて重要である。

ここでは、英国の事例に焦点を定める。本章の狙いは、話のあらすじを示すだけでなく、第1章で述べたハウジングの基本条件、とくに世帯構造の変化、住宅保有形態の静かな革命、そして何よりも住宅と世帯のバランスという問題が、この物語の展開にどう作用したかを明らかにすることである。これらはいずれも、当時の状況を背景として進行したのである。

2　都市化と民間賃貸中心の住宅供給

英国は、工場生産にもとづく産業革命とこれにともなう都市化を最初に経験した国と言ってよい。数百万世帯を巻き込む巨大な人口移動が一八世紀末にはじまり、一九世紀前半までつづいた。人々が田舎から都会に向けて移住するにあたり、住宅は工場主によって与えられるとともに、投資家によって民間市場をつうじて供給された。今日とは対照的に、階級にかかわりなく、約九〇％の世帯が民間賃貸セクターで暮らしていた。この状況は一九二〇年代まで変わらなかった。新たに登場した「労働者階級」の大群にとって、このことは職場に歩いて通える範囲にある住宅に住むことを意味したが、テネメント、「ツーアップ・ツーダウン」、「棟割」のように、一般に居住水準は劣悪だった。出入口と窓は正面にあり、居間がひとつで道路から直接入るようになっており、むき出しの暖炉や焜炉で煮炊きする。上下水道は引き入れられていない。排泄物とゴミは「汚物用荷車」によって収集される。裏庭はないことが多く、これらの換気の悪い、臭気のただよう家屋は、多くの場合、過密状態である。通常、家族規模は平均六名程度であり、それを上回ることもあったのを想起してほしい。そのうえ複数世帯による混住が行なわれるならば想像を絶する事態が生じるのだが、のちに見るように、それは決して珍しくなかった。労働者住宅の様式と形式は地方ごとに異なっていたが、状況はどこもひどいものだった。何がこうした惨めな居住水準をもたらしたか。それは、住居費に比べて低すぎる賃金である。ここで考慮すべきは、住宅市場が、投入した資本からの収益を求める投資家たちによって構成される、補助金なしの自由市場だったことである。しかも、これらの資本家には労働者に賃金を支払う実業家たちがふくまれていた。彼らは雇用主であると同時に家主でもあったのだ。低い賃金は低い居住水準に転化された（Gauldie 1974）。

一九世紀末まで、民間賃貸住宅は手ごろな投資手段だった。文字通り「この上なく安全な資産」（as safe as houses）だったからであり、一九〇〇年までの数十年間にわたり、小規模投資家にとって、これにかわる選択肢が存在しなかったからである。貸家所有はさまざまな社会層にひろがり、わずか数戸を所有するだけの小規模かつ素人の家主が何十万人も誕生した。貸家からの収入はおおむね頼りになるものであった。家主たちは賃貸仲介業者を利用した。賃貸形式の種類が違えば、付随するリスクも異なる。たとえば、市場の底辺部において標準的な契約は週単位の賃貸であった——賃料は給料袋から支払われる——が、管理と維持（家主の責任である）に手間がかかることが多かった。一方、長期契約にもとづきミドルクラス向けに貸し出される良質の不動産は、より安定した投資であった。こうした物件のメンテナンスは借家人の義務であった。当時も、現在と同じく家主は原資を借金でまかなうことが多かったが、借入先は主としてトラストや民間の個人であり、銀行や住宅金融組合からの借入れはきわめて少数であった（Kemp 2004）。市場はまた、周期的に到来する好況と不況の波にさらされた。それらは経済全般の状態に起因するものであったとはいえ、好況期の過剰な新規建設が主な要因だった。

ヴィクトリア朝後期からエドワード朝にかけて、さまざまな問題が住宅市場を揺さぶりはじめた。とくに市場の底辺部において、投資家たちはより慎重になった。一九世紀最後の住宅建設ブームは世紀の変わり目を境に終息に向かい、つづいて空前の長期不況が始まった。この不況は一九一四年の第一次世界大戦の勃発によって状況が一変するまでつづいた。ここに、英国における民間賃貸の、長期にわたる崩壊過程が始まった。それは一九八〇年代の後半に民間賃貸がほとんどその歴史的役割を終えるまでつづいたのである。この衰退の運命をどう解釈するかが、分析にとってきわめて重要である。この分析は、政府の賃貸住宅が隆盛を誇るにいたった静かな社会革命、そして、何にもまして重要な、英国が本格的な「持ち家社会」になる過程〔の分析〕につながる。もしもヴィクトリア朝時代の住宅市場が異なった外部環境と制度構造のもとに置かれていたならば、他の多くの欧州諸国と同じく、現在の英国とはかけ離れた事態が生じたであろうことは疑う余地がない。それらの諸国では、いまだに持ち家は支配的とはいえない（第5章参照）。では、英国において民間賃貸住宅への投資が衰退した理由は、どのように説明できるだろうか。

ヴィクトリア朝後期の住宅危機

一九世紀後半、都市のインナーエリアに集中した低賃金労働者において、総じて過密が進み住宅の質が低下したことは、きわめて明白であった。チャールズ・ディケンズの風刺小説『ハード・タイムズ』（一八五四年）では、これらの人々の窮状が、イングランド北部の架空の町「コークタウン」の光景として鮮やかに描かれている。ページをめくれば、あたかもあばら屋から悪臭が漂ってくるかのように感じるだろう。明日の見えない惨めな暮らしと産業革命の恩恵を受けることのない貧困によって社会の他の部分から隔絶された数百万もの世帯において、そうした家屋は常態であった。それが長続きするはずはなかった。しかし、国家介入がせいぜい及び腰で発動されるにとどまり、多くの場合、敵意をもってむかえられる自由放任経済という条件のもとで、何をなしうるか、あるいは何をなすべきかを知ることは困難であった。それこそが、平均所得が倍増したこの五〇年間についての分析が明らかにすべき状況である。

博愛主義的な工場主たちは、自らのもとで働く労働者のための住宅供給計画案を練り、米国の実業家ピーボディのように先見の明のある開発業者は、斬新なデザインを用いて、いわゆる「五％フィランソロピー」の原則のもと、営利的でありながら人道的な事業を行なう「モデル住宅会社」を設立した。これらのプロジェクトは進むべき方向を示した——良質の住宅と、パターナリスティックではあるが改善された管理方法——という点では有益であった。とはいえ、問題の大きさに比べれば焼け石に水にすぎなかった。労働者階級の住宅に関する王立委員会（一八八四年）、および一八八五年に公刊された同委員会の報告書にみられるように、支配層は、対処すべき問題が存在する——少なくともロンドンには——ことを明確に認識していた。皇太子をもメンバーにかかえる同委員会は、居住状態の悪化がもはや看過できない域に達していることを根拠とともに示した。さまざまな職業集団の中でも、港湾労働者と行商人（果物・野菜を手押し車に載せて売り歩く人々——「バロー・ボーイ」）は、収入がブースの貧困線を大きく下回るなかで、かなりの部分を家賃に費やしていた。結論は言い逃れを許さないものだった。これらの人々は無能でどうしようもない連中などではなく、彼らに責めを負わせることのできない住宅問題の犠牲者であるとされた。報告書では、住宅市場の景気循環における一時的な落ち込み状況が原因とされたとはいえ、これは驚くべき、そして有益な認識であった。この問題についてはモートンが簡潔にまとめている。

都市インナーエリアの貧困層は、都心部が公共・商業用地に転換されるにつれて外延部に拡散しつつあったが、新たに〔外延部に〕建設された安価な住宅――一九世紀中盤には、同じような過密と高家賃の緩和に一役買った――と都心部をつなぐ交通手段がなかったために足止めされていた。(Morton 1991: 14)

すでに述べたように、一九世紀後半には平均所得が顕著に増大した。しかしながら、富の不均衡な分配により、数百万人の貧しい労働者家族は多少の程度の差はあれ困窮状態にとどまった。実質所得の上昇、新たに制定された住宅関連法令、郊外住宅の新規建設の効果によって、良質な住宅が貧困世帯にトリクルダウンしていたことを示す証拠はほとんどみられない。依然として、最下層の賃金労働者が極度の貧困のなかに暮らす状況はつづいており、良質の住宅の家賃を支払う力がない人々は、荒廃した過密状態のあばら屋に同居せざるをえなかった。住宅市場には空き室が出回っていたものの、場所が合わなかったり、家賃が高すぎたりした。一九一四年までの標準的な一日あたり労働時間は一〇時間におよび、交通費は賃金に比べると高額であった。厚い層をなしていた低賃金労働者家族にとっては、自宅から仕事場に通勤するための時間も金もないというのが実情だった。移動能力の欠如ゆえに、彼らはインナーシティから脱出できなかったのである(Holmans 1987)。必然的に、過密状態と住宅由来のストレスが生じた。たとえ実質賃金が上昇しても、新しい交通手段が幅広く利用可能になり料金が下がるまでは、人口集中、過密、複数世帯の同居、さらにはこれにともなう疾病率の高さ、平均寿命の短さ、苦渋に満ちた暮らしを改善するのに十分ではなかった。低所得だけでなく、利用可能な宅地が不足していたことが、ディケンズが描いたようなスラムがインナーシティに居座りつづけた大きな理由である。

3　「住宅政策」の誕生

一八八四年王立委員会による報告（一八八五年）に盛り込まれた知見の具体化に向けて動き出すための政治状況がととのったのは、一八八六年に保守党のソールズベリー首相が自由統一党の閣外協力により政権に返り咲いてからであった。支援の見返りとして、自由統一党は地方政府改革のための予算を要求した。この改革によって州議会は代議制となり、従来の衛生担当機関をもとに都市部および農村部の郡議会が指定された。それは、権限が確定された現代的な地方自治制度を初めて全国的に創出するものであったと言ってよいだろう。それまで都市サービスの供給枠組みは場当たり的なものであったが、しだいに地方行政機構に編入されていった。この頃に作られたシステムは、基本的に一九七〇年代中盤まで存続した。住宅供給が逼迫するなか、一部の地方自治体ではすでに建設事業を試みていた。こうした背景のもとで、一八九〇年七月には労働者階級住宅法が成立した。進歩的傾向の強いロンドン州議会は、同法の成立を要求する動きのなかでとくに大きな影響力をもった。そしてほとんど間髪を入れず、スラムクリアランスおよび改善計画により立ち退きを迫られた家族の転居先を提供するため、ロンドン市内に新しいテネメント街区の建設を開始した。たとえばポプラーでは、ブラックウォール・トンネルの建設のため、広大な土地が買収された。このトンネル工事の影響を受ける世帯には新しい住宅が与えられ、残った土地には住宅団地が建設された。一八九〇年住宅法は、この種の住宅危機に対応する事業において、地方自治体が積極的に介入することを可能にした点で、画期的な法であった〔Gauldie 1974〕。この意味で、同法は、地方自治体の公衆衛生業務から区別される「住宅政策」を最初に確立したものと見ることができる。細かいことを抜きにして言えば、同法はそれまでの法律を集大成したものである。第1部および第2部は、トレンズ法〔一八六八年「職工住宅法」〕とクロス法〔一八七五年「職工住宅改良法」〕（スラムクリアランスの実行）を包含している。ただし第1部では、先行して申し出た機関がなければ、地方自治体が土地を再開発できるとする条項が付け加えられた。そして第3部では、「労働者階級が寄留する住宅」――個別の住宅を意味する〔先行する一八八五年法による〕――の建設および改修・改善の権限が与えられた。このようなやや入り組んだ再定義を経て、最終的に政府の補助金を受けた「公営住宅」の大量供給につながる扉が開かれた。公営住宅は、一九七〇年代のピーク時には全人口の三分の一近くを収容することになる。当時はまだ、これらの事業に対する財政的支援はなく、同法にもとづいて建設された物件は、やがて民間セクターの手に戻されるのが通例であった。こうした手段は、市場が「正常」な状態に復帰するまでの一時的な措置と考えられていた。当時、そのような状態が二度と訪れないこと――すでに進行しつつあった民間賃貸セクターの終焉がその原因である――を予見するのは不可能だったのである。

民間賃貸セクターの終わりの始まり

民間の不動産投資家たちが直面した問題のなかには、短期的なものもあれば構造的なものもあった。地方自治体の条例、公衆衛生規制、スラムクリアランス権限によって、市場の底辺部は徐々に解体されていった。公衆衛生法規にもとづいて撤去された不動産に対しては、何の補償も行なわれなかった。不衛生住宅はあたかも汚染された食品のように取り扱われ、責任は提供者〔である家主〕が負うこととされた。一八八〇年代における営業許可制の拡大もまた、民間家主の利益をそこなう方向で働いた。不動産税、とりわけ地方税は、自治体に要求されるサービス水準が、社会的な需要に対応すべく質的にも量的にも高まるのにともなって引き上げられた。家主の利潤がさまざまな手段で吸い上げられるようになったのは、この第一次世界大戦前の数十年間の出来事であった。つまり、伝統的〔住宅〕市場の中核部分に打撃を与える構造的な問題が存在したのである。すでに見たように、これは一八八四年の王立委員会によって指摘されてはいたが、十分に理解されていなかった。他方で、共同投資会社の創出と銀行システムの成熟により、新しい投資機会が広がりつつあったので、一九〇〇年頃に〔住宅〕市場を直撃し、戦時期までつづく不況がはじまる前から、多くの小規模投資家は、すでに投資対象を切り換えつつあった。

結果からいえば、この時期の落ち込みは、通常の好不況の循環に照らして、その長さ、深刻さ、激しさにおいて異例であった。この不況が最後の一撃となり、投資家たちは資金を引き揚げ、より安全で扱いやすい金融投資に乗りかえた。一九一四年までの一〇年間に新規住宅建設は停滞し、七〇％も減少した（Kemp 2004）。このとき生じたロジックの変化は、とりわけ住宅市場の底辺部に衝撃を与えた。つまり、一九一四年の大戦勃発を待つまでもなく、英国のハウジングにおける新しい方向が、明瞭ではないにせよ示されていたのである。

4　誰が労働者に住宅を供給するのか

労働者階級の住宅への投資が減退するなかで、一八九〇年住宅法第3部のもとで、地方自治体当局の関与を認めるべきか、認めるとすればどの程度かについて、政治的論争が生じた。自治体は、国庫による財政支出のない状態では、この問題について弥縫策以上の対策をとることに消極的であった。自由主義者は、そうした財政支出の原資は不動産収入に対する課税を通じて徴収すべきであるとの原則論を展開した。そして、自由党政府自身は、すでに多額の支出をともなう老齢年金、国民保険等々の社会改革に着手しており、遅ればせながらドイツとの軍備拡張競争に参入しつつあった。にもかかわらず、一九一四年六月二八日の朝、サラエボでフェルディナンド大公が暗殺により突如非業の死を遂げ、戦端が開かれたとき、政府がすでに約一二万戸におよぶ大規模な住宅供給計画を策定していたことは明白な事実である。それは一度限りの介入と考えられていたとはいえ、従来試みられ、あるいは達成されたいかなる政策をもはるかに凌駕するものであった。それ以前、地方自治体によって新規に供給された住宅は、全国で計二万八〇〇〇戸にすぎなかった。しかも、その九割は一八九〇年住宅法以後に建設されたものである。その規模は、計五万戸におよぶ民間のモデル住宅会社や慈善トラストによる貢献と比べても小さかった。地方自治体による住宅供給計画の段階的拡大は転換点であった。モートンが指摘するように、「大戦前から、そして、補助金に関する決定がなされる以前に計画は決まっており、二大政党はいずれもこれを支持していた」(Morton 1991: 30)。さらに、この建設計画が地方自治体によって実行されることは明確に定められていた。

なぜ「公営住宅」だったのか

一八八八年地方自治法以来、全国的に確固とした体制が整備されたことにより、地方自治体は賃貸住宅供給の主導権を握った。多くの大都市自治体が雇用した公衆衛生監視員は、法定基準を遵守させるという職務をつうじて、居住水準と住宅建設の技術的側面に関する細部にわたる知識を有していた。地方自治体には、開発業者に対し、検査のための設計図の提出と、必要に応じた修正を義務づける権限が与えられ、建設現場を監査し、各地域ごとに定められた法令——道路の拡幅、有孔レンガの使用、窓の拡張と増設など——に違反する建築に対しては変更を勧告することができた。ロンドン州議会、シェフィールド市、リーズ市のように、より進歩的な自治体のなかには、すでに一八九〇年住宅法のもとで良質の住宅を建設していたところもあった。それらは多くの場合、

コラム2-1　英国とドイツのハウジングはどのように分岐したのか

英国とドイツの住宅政策が分岐した時点ははっきりしている。それは一九世紀末である。当時、両国はともに労働者住宅の供給という問題に直面した。どちらの国でも激しい住宅不足が生じていた。たとえばベルリンでは、一九〇一年、空き家の払底が原因で市内在住人口が減少したほどである。すでに過密は極限に達し、居住可能な場所は残されていなかった。本文で概説した通り、ベルリンでは民間賃貸住宅の供給が休止状態にあり、公営住宅がこれに代わるものとみられていた。しかしながらドイツでは、奨励策は地方自治体ではなく、住宅協同組合に対して与えられた。なぜこのようなことが起きたのか。まず、多くの欧州諸国では、社会保険基金から住宅融資を受けることができたからである。ドイツの場合、非営利の協同組合型建設組織が、疾病・老齢保険基金法（一八九〇年）にもとづいて設立された基金から有利な金利で資金を借入れた。この方式により、ベルリンだけで、一九一四年までに一万一〇〇〇戸の住宅が建設された。問題の大きさに比べれば量が少なかったとはいえ、労働者階級住宅法（一八九〇年）の規定にもとづいてロンドン州議会が建設した住宅戸数を大きく上回っていた。ここにはすでに、住宅政策に分岐が生じる理由の一端が現れている。そこでは何が起きていたのか。本章で述べたように、英国の民間家主の政治力は弱かったが、ドイツの民間家主は、強大な土地所有者や大規模不動産会社をもふくむ、より複合的な集団であった。プロシア政府の階級別投票制は、大資産家に有利なように選挙結果をゆがめた。基本的に、この選挙制度は有権者を納税額に応じて三つの階級に分離するものであった。第一階級は富裕層のみから構成されていた。その結果、少数の高額納税者が、国の法制度に対して不釣り合いに大きな影響力を有しており、地方政府においても同様の制度が採られていた。このため、資産所有者の陣営は改革、とりわけ公営住宅という選択に抵抗する勢力を保ち、さらには独立系の協同組合に不利な条件を課すことさえあった。

英国では、資産所有者の影響力はかなり小さかった。他方で、労働組合が伸長し、労働党が工業都市で政治勢力を拡大するにつれて、衰退しつつある民間賃貸セクターにかわる選択肢として「公営住宅」は最有力候補となった。英国の労働運動には、ドイツの労働運動とは異なり、政府が民意を正確に代表していないという疑いをもつ理由がなかった。ドイツ社会民主党は「ブルジョワ政府」への参加を拒否したが、一八八〇年代におけるビスマルクの社会改革方針――社会保険制度にもとづく――は、社会主義を弱体化させるためにドイツ労働者階級に与えられた恩恵であった。ここで重要なのは、ドイツにおいては公営住宅という手段が事実上禁じ手となっていたことである。そのかわり、自律的な労働組合、共済組合、住宅協同組合が社会保険基金を利用して自ら住宅建設計画を立案し、これにもとづいて借家人の選定をふくむ管理体制を整えた。英国では、モデル住宅会社や住宅協同組合が初期においては重要な役割を担ったが、大規模な住宅不足に対応するため全国的な調整戦略が必要となり、この枠組みのなかで十分な資源を与えられた地方自治体が、政策立案においても管理においても実行能力を備えるにいたった。

　政府からの低利融資を利用するというドイツの方式は、自律的な住宅供給主体を中心とする、より多元的なシステムを発展させることになった。英国とドイツの政治機構と制度構造は、住宅問題に対するいくつかの実現可能性のある解決策のうち、異なったものに重点を置いた。のちに見るように、この分岐はその後も持続し、現代のハウジング・システムにまで残る相違の基礎となった。

民間モデル住宅会社が供給した住宅を上回る水準であった。しかも、民間住宅会社はいずれもロンドン中心であり、全国住宅建設計画を実現する力はなかったのである。

　なぜ、民間家主が真の意味で全国計画の競合相手と目されなかったのか。その理由については、若干の説明が必要である。というのも、英国と比較可能な欧州諸国における住宅問題の扱われ方にまで視野を広げなければならないからである。そもそも、一九一四年以前にすでに住宅供給からほとんど手を引いていた投資家たちにとって、住宅市場の状況は第一次世界大戦の過程でさらに悪化した。このため、たとえ補助金が得られたとしても投資を回収できる見込みが立たなくなった。ここでいう投資家とはいったい誰だったのかを思い起こさねばならない。すなわち、せいぜい三、四物件を将来への備えとして所有するだけの、小規模かつ素人の多数の家主からなる小ブルジョワ階級であり、彼らはあらゆる主要政党のメインターゲットからは外れていた。自由党は、すでに見たように不動産所有に対する課税をもくろんでいた。保守党は基本的に都市よりも農村の利益を代表していた。興隆しつつあった労働運動には、民間家主を保護する姿勢は皆無であった。じっさい、労働運動がその威力を最初に誇示したのは地方政治という場であり、ここにおいて、すでに見たような自治体による住宅供給が試行され、「公営住宅」に向けた歩みがはじまったのである。

公営住宅は、大陸諸国の労働運動が採用しなかった方式である。これらの諸国では、政府は、強大な力をもつ大地主の利益を擁護する、政治的に偏った信用ならない存在と見なされていた。ドイツ、フランス、ハンガリー、オーストリア、のちには北欧諸国もふくめて、各国にはそれぞれ語るべき歴史がある。しかし概して、公営住宅という方式は、労働者住宅の供給手段として利用できる選択肢ではなかったのである。地主と資産所有者は、「社会主義的」(Daunton 1990) とされる公営住宅方式を阻止するに足る力を有していた。また、労働組合、非営利住宅協同組合、そして住宅協会は、政府の社会保険基金からの低利資金を用いることで、独自の住宅団地を建設・維持することができた。英国の家主は政治的なまとまりを欠いた階級であり、たとえば階級別選挙制度を背景としたドイツの地主たちとは異なり、政府の中枢で影響力を行使することはなかった(コラム2-1参照)。選挙制度の違いがもたらす差異は制度論が重視する点のひとつであるが、この事例においては〔差異は〕きわめて明白である。この時点で生じた政策の分岐は、二つの異質なシステムのロジックがすでにそこに埋め込まれていたがゆえに、かなり長期にわたる効果をもたらした。英国の場合、ヴィクトリア朝の資本主義において軋みの目立っていた〔民間賃貸という〕住宅供給形態が、公営住宅と、これと並行して発展した持ち家に取って代わられた。建設業者は、その生産物を、購買力のある人々、すなわち後述する「ホワイトカラー労働者」に販売せざるをえなかった。それは第一次世界大戦後に興隆したサービス経済が生んだ新しい社会階層であった。ここで重要なのは、いくつかの大陸諸国の政治的・制度構造が、住宅問題に対して、英国とはかなり異なる解決策を提示した点である。このような分岐の基礎が、相当に早い時期から現れていることを理解せねばならない。のちに見るように、この分岐は、たんなるハウジングの歴史にとどまらず、福祉国家がなぜ、どのように発展し、さまざまな政治勢力や社会的利益集団によって形作られてきたのかを理解するうえでも重要な視点を与える。

5 結論

ここまでの物語風の記述によって、二一世紀のハウジングの主要な構成要素が、ある程度明らかになった。まず、自由放任的なヴィクトリア朝の住宅市場に国家を介入させた「住宅政策」という発想が、重要なパラダイム転換――社会問題についての新しい考え方――のはじまりであり、従来とはまったく異なる新しい制度構造がもたらされた。地方自治体はすでに公営住宅の建設をはじめ、新しい建築形態を試行しつつあったが、これらは最貧層の家族ではなく、一定の家賃支払い能力をもつ熟練労働者のための住宅であった。補助金を得られず、政治からも見放された民間家主たちは、大挙して住宅市場から立ち去った。歩みはじめたばかりの二〇世紀ハウジング・システムには、このセクターの構造的・社会的解体が差し挟まれた。民間賃貸セクターの衰退はすでに始まっていたが、一九三〇年代末のごくわずかな期間を除けば、復活することはなかった。われわれが暮らす「持ち家社会」につながるパターンを形作る新しい経路が形成されつつあった。長期持続を重視する必要があるのは、その根源、すなわち歴史が転換し、古い制度構造が新しい配置に入れ替わる節目となる時期にさかのぼることなくして、現代の社会政策を理解することがきわめて困難だからである。持ち家は、人口の大多数にとっての資産の基盤となるものであり、やがて福祉国家を再編させることになる。つまり、本書の後半で明らかになるように、一見するとはるか昔のように感じられる出来事のタイミングや順序は、今日起きている事態と共鳴する点が多いのである。

大陸においては、労働者のための住宅供給という問題への取り組みは、かなり異質な方法をとった。そしてこの住宅政策草創期における分岐は、政治的・文化的制度構造の違いに根ざしていた。やはりここでも、起源あるいは胎動期の出来事が新しい政策の方向に与える影響についての理解が必要であることは言うまでもない。住宅政策がかかわる範囲に限っても、顕著に異なる進路に向けて舵が切られた。すなわち、供給主体の多元性、強力な地主階級（および小規模民間家主）の抱き込み、あまり中央集権的でない補助金制度は、いずれも社会住宅の供給、賃貸住宅、そして財産所有についての異なった考え方に支えられている。

すでに疲弊していた欧州諸国の住宅市場に第一次世界大戦が与えた衝撃は、古い構造プレートの大規模な破壊のようなものだった。その結果、英国では公営住宅が発展したのだが、より重要なのは持ち家社会が誕生したことだった。一九一八〜三九年の戦間期を特徴づけるこれら二つの出来事と、この時期の影響力の大きさこそが次章の主題である。

要約

⊙ヴィクトリア朝の都市では、住宅が民間家主によって供給されていた。彼らにとって住宅は投資であった。収入に対して住宅建設費は高価だったため、水準はきわめて低かった。市場経済において、賃金の低さは居住水準の低さと同義であった。

⊙一八九〇年労働者階級住宅法は、「住宅政策」における実質的な取り組みの端緒であった。それは、公衆衛生問題に対処するために実施された再建築をともなわないスラム撤去とはまったく異なるものである。

⊙賃金は低く労働時間が長かったので、多くの労働者階級世帯は自宅から離れた職場までの通勤時間や通勤費用を負担できなかった。そのため、職場に歩いて通える範囲に住まざるをえなかった。

⊙一九一四年までの数十年の間に、民間賃貸セクターへの投資は減退した。共同投資会社や成熟する銀行システムによって新しい投資機会が開かれつつあり、多くの小規模投資家はそれらに乗り換えた。

⊙地方自治体は試行的に住宅を建設しはじめ、ロンドン州議会、シェフィールド、リーズのように進歩的自治体のなかには、すでに一八九〇年住宅法のもとで質の高い住宅を建設したところもあった。それらの質は、たいていの場合、民間のモデル住宅会社による住宅を上回っていた。

⊙民間家主は、せいぜい三、四軒を所有するだけの素人零細家主がほとんどを占める小ブルジョワ階級であり、主要政党の有力なターゲットではなかった。彼らは政治的に組織されておらず、当時のハウジング論の主要な争点に対する影響力はもたなかった。

⊙大陸諸国においては、労働者住宅の供給は異なった方法で達成された。通常は地方自治体によらず、かわりに労働組合、共済組合、住宅協同組合が政府の社会保険基金から資金を調達し、自らの住宅供給スキームを確立した。

【読書案内】

英国の住宅政策の発展については、数多くのすぐれた、古典的とも言える著作がある。イニッド・ゴールディーの『過酷な住まい』(Gauldie 1974) は珠玉の名著である。J・バーネットの『ハウジングの社会史』(Burnett 1986) を読むと、文化史と建築史に関する広範な知識に裏打ちされたきわめて平易な文章をつうじて、ハウジングの歴史の全体像を得ることができる。S・メレットの『英国の公営住宅』(Merrett 1979) は、公営住宅の発展についての包括的な解説である。P・マルパスの『住宅協会と住宅政策』(Malpass 2000) は、初期住宅政策の全般的な背景と、住宅協会が担った、地味ではあるが重要な役割を明らかにし、なぜ住宅協会が初期において住宅の大量供給者として優遇されなかったのかを論じた。住宅経済学者の第一人者アラン・ホルマンズの『英国の住宅政策』(Holmans 1987) は、彼が独自に収集・分析した大量の基礎資料をふくむ大著である。

第3章

持ち家社会の誕生

── 一九一八～三九年の戦間期

《キーワード》

アフォーダビリティ

「持ち家居住」

スラムクリアランス

郊外化

「ホワイトカラー労働者」

第一次世界大戦は、社会に大きな災厄をもたらし、英国ハウジング史の転換点となった。この出来事の深刻さは、社会構造の全体にわたって損傷を与えるとともに、国のあり方を揺るがすほどだった。英国の社会機構は解体され、新しい経済秩序が、壊れつつある古い構造のなかから生まれてきたのである。住宅市場は危機に陥った。民間投資家をめぐる環境が悪化するとともに、世帯数に対して膨大な数の住宅が不足し、しかもそれが拡大しつつあったからである。政府は大規模な住宅建設計画によって介入した。これと並行して、民間部門は、部分的には政府の補助金に支えられながら、新たな消費者主導型の「持ち家」を発明し、ホワイトカラー労働者という新しい階級によって生み出された住宅需要にこたえた。他方で、一般のマニュアル労働者の多くは民間家主から借りた、粗末な住宅に暮らしていた。あらゆる街や都市の内部および周辺に公共あるいは民間の住宅団地が出現するにつれて、英国の建造環境は一変した。ロンドン地下鉄をはじめとする交通網の拡大にともなって、新しい郊外型生活様式が誕生する。大量の住宅が建設され、第二次世界大戦がはじまる頃には、住宅不足の解消が視野に入ってくるほどであった。新しい制度形態が発明され、「持ち家社会」の基礎が築かれた。

1　はじめに

第一次世界大戦の衝撃は、社会生活および政治生活の多くの面で、エドワード朝からつづく泰平のなかにあった英国をはげしく揺さぶった。大陸ではボルシェビキ思想と革命闘争の脅威が増大し、英国政府は、戦争遂行の妨げになる先鋭化した労働者――その多くは軍需物資を生産する工場で働いていた――への対応に苦慮するようになった。事態の緊迫を印象づけた出来事のひとつに、グラスゴーの兵器工場で働く女性たちによって組織された家賃不払い運動がある。家主・借家人関係は、スコットランドにおいて家賃滞納と立ち退きに関する法令が改訂されたことにより、すでに緊迫の度を深めていた。さらに都市部の家主は、主に女性の移住労働者に対し、従前からの損失の穴埋めを狙って家賃を値上げしようとした。このような、まさしく一触即発の状況に対して、政府は家賃・住宅ローン金利の上昇に関する（戦時統制）法（一九一五年）――家賃と金利を戦前の水準に制限するという内容――による介入の他に、何ら実効性のある代替案をもたなかった。家主たち自身が、この法から直ちに大きな影響を受けることを察知しただけではない。この法により家主は、住宅金融組合から見て、持ち家居住者と比べてリスクの高い客となったのである（住宅金融組合連合会のロビー活動の結果、持ち家居住者に対する一〇年超のローンについては金利統制の対象外とされた）（Kemp 2004）。〔戦時下という〕特殊状況で実施された英国の家賃統制は、長期にわたって、民間家主が割に合わない商売となる要因となった。一九三〇年代における民間賃貸への投資の復活にみられるように、それは致命的とまではいえなかったものの、一般家族向け住宅が投資対象としての魅力をうしなったのがこの時期であることは明らかである。戦争の衝撃が冷めやらぬなか、住宅不足は危機的水準に達した。では、民間家主が投資の意欲をうしなっていたとすれば、少なくとも当面の間、住宅危機に対してどのような取り組みがなされたのだろうか。

主として三つの要因が戦後の住宅供給戦略を方向づけた。

・新しい世帯の急増
・戦後の住宅市場の状況
・経済の再編

2　戦争がもたらしたもの

一九一八年までの数年間に、住宅不足の規模は拡大した。大戦中、住宅はほとんど建設されず、他方で新しい世帯の形成が急速に進んだために、既存の不足分に新たな積み残しが加わり、危機的な域に達した。これらの数値は重要なので少し詳しく検討する必要がある。開戦直前の頃、一時的に市場が回復したにもかかわらず、ほぼ八世帯に一世帯が他の世帯と住居をともにしており、当時の最低限の生活水準さえ満たしていなかったのである。大まかに見て、市場の最底辺部で出回っている粗末な設備――寝室が二つついたテラスハウスで、共同トイレが戸外にあり、湯は出ない――にすら手が届かない家族が一二五万もいた。このとき、独立した居住設備をもたない世帯が多数にのぼったことの主要な理由は、供給不足というよりもアフォーダビリティ〔＝入手可能性〕だった。戦争による混乱が継続する間、ほとんど住宅建設が進まなかったことで、すでに深刻であった問題はさらに悪化した。政府自らの推計によれば、戦争により五〇万戸の住宅不足が生じるとされた。戦前から持ち越された不足と合わせると、これは膨大な数である。そしてこの全体としての不足規模の大きさをふまえながら戦間期を読み

表3-1　イングランドおよびウェールズの人口総数（千人）

	人口総数	20歳以上人口	既婚女性人口
1911	36, 071	21, 683	6, 630
1921	37, 887	23, 883	7, 590
1931	39, 953	26, 997	8, 604
1939	41, 460	29, 129	9, 666

出典：Holmans（1987: 61）

解く必要がある。

戦中から戦後にかけて、決定的に重要だったのは成年人口の急増である。一九二一〜三一年は、かつてない速度であった。人口が増大するにつれて子どもの割合が減って、二〇歳以上の人口がより大きな割合を占めるようになり、労働年齢人口が増えた。さらに結婚件数も大幅に増えた。これは住宅需要にとってはきわめて重要なことである。当時、結婚は、安定したパートナー関係を築くためのほとんど唯一の手段であった。

結婚年齢が低下し、結婚件数が増大したこと、他方で若年男性の戦死者が多数にのぼり――結婚件数を減らす要因――、未亡人の数が増え、子どもの数が減ったこと、これらすべては、人口構成と世帯構成の長期的動向、ひいては住宅需要に決定的な影響を与えた。ホルマンズによれば、一九一一年までの五〇年間で、新しい世帯は一年あたり九・五万ずつ増えた。しかし、この数字は戦争が終わったとたんに急増し、第二次世界大戦が始まる一九三九年までの一〇年間においては一七・五万に達した（Holmans 1987: 64）。

世帯数はかつてなく増大し、必然的に、住宅需要に政府も無視できないほどのすさまじい影響を与えた。こうして、ハウジングは重要な政治課題となったのである。

戦後の住宅市場

住宅市場は、たとえ補助金が得られたとしても、投資家が民間賃貸市場での住宅建設を選ばなくなるような状況だった。戦後、建設費は高騰し、政府が金本位制のもとで英国通貨の価値を維持しようとしたので、金利は高止まりしていた。こうした、いつ金利やコストが下がるかわからない局面では、投資家が住宅建設に踏み切る見込みは薄かった。なお、新しく建設された住宅は一九一九年の家賃統制の対象外だった。この、市場のなかで規制を逃れた領域においてさえ、戦時インフレによって賃料収入は顕著に下落した。一九二四年の実質家賃は、一九一四年に比べて二五〜三〇％下落した。このように不確定要素の多い環境に資本を投じることは、まったく合理的とは言えなかった。家賃の実質価値の下落は、住宅需要の増大という副産物を生んだ。というのは、戦時中には所得水準がいちじるしく改善したからである。戦前に比べると、多くの世帯にとって専用の住宅が手に届く商品となった。戦前の空き家はまたたく間に払底したが、膨大に積み上がった住宅不足の前では焼け石に水であった。こうして、戦前に机上で立案されていた計画の実行は避けられない状況となった。地方自治体は大がかりな建設計画に着手し、もはや別世界となったベルエポックにおいて予見されていたものよりさらに大きな規模で実行されることになった。

3　アディソン法とその限界

すでに見たように、地方自治体を関与させるという方針は戦前から決まっていた。戦時中に起きた種々の出来事により、そのことがもたらす結果は誰の目にも明らかだった。復興省は住宅審議会——一九一七年に設置され、委員にはシーボーム・ロウントリーやベアトリス・ウェッブがいた——をつうじて戦後住宅供給計画の陣頭指揮をとった。委員たちは、差し迫った住宅不足に対応するため、集中的な地方自治体建設計画を推奨した。それは、厳格に制御された政府補助金つき建設計画によって、国全体で必要な住宅の供給を保障する役割をともなうものであった。この計画を熱心に説いたのが、ロイド・ジョージの側近でもあった復興大臣クリストファー・アディソンである。じっさい、彼が、〔政府の〕地方自治委員会から住宅供給の主導権を奪う新しい計画実行方式を支持したことで、ハウジングの新しい統治形態が生まれた。保健省はハウジングの機能を包含するかたちで設立された（この体制は一九五〇年代までつづいた）。アディソンは初代保健大臣となり、一九一九年の住宅・都市計画法は議会における起草者である彼の名を冠して「アディソン法」と呼ばれた（Ravetz 2001: 75）。一九一八年一二月の総選挙では、ロイド・ジョージ率いる自由党と保守党の連立政権が成立した。「英雄たちにふさわしい家を」という有名なスローガンを争点とする選挙キャンペーンに勝利した彼らは、さっそく住宅法制を整備した。納税者を納得させ、建設に消極的な地方自治体を説得するため、国庫補助金は潤沢に配分された。

アディソン法の事業計画は、方針通り、戦前の自治体による住宅供給とは桁違いの規模であった。計画期間が一九二七年まで延長されたとはいえ、市場の回復が見込まれる時期までの一時的な手段として立案された。こうして、賃貸住宅が地方自治体によって供給されることになった。もっとも歩みは遅かった。技術的な問題に加えて、請負業者と組合がこの新しくリスクの多い事業に及び腰だったこと、とりわけ建設費の高騰――いずれも民間賃貸セクターの投資を抑制したのと同じ理由――もあり、計画を前に進めるのは困難であることがわかってきた。一九一九年のうちには一戸も建設されず、一九二一年三月になってもわずか一万六〇〇〇戸しか完成していなかった。一九二一年七月に政府によって建設が中止されたとき、建設完了および契約済みの公営住宅の戸数は一七万戸のみであった。これは、最初の三年間に六〇万戸というアディソンが立てた目標――彼にとっては、住宅危機全体に対処することを考えれば、それですら極限まで切り詰めたものにすぎなかった――を大きく下回るものであった。彼は新たに（客間を設けない）「C」型住宅を導入し、プレファブ工法を利用することで水準を落とすという手段に訴えたが、効果はなかった。

コラム3-1　クリストファー・アディソン（一八六九～一九五一年）

リンカーンシャーの農民の子として生まれたアディソンは、解剖学を専攻する著名な医師として地位を確立したのち、長年にわたって政治家として活躍した。彼の妻はキリスト教社会主義者のイゾベル・マッキノンで、しだいに急進化する彼の政治観の支えとなった。もともとアディソンは一般労働者家族の貧困と疾病の解消に貢献することを目指していた。彼は一九一〇年に国会議員となり、その医学知識を背景に、自由主義的改革の先駆けである国民健康保険法（一九一一年）の制定にあたって舵取り役を果たした。この功績によりロイド・ジョージに見いだされた彼は、戦争が勃発するとロイド・ジョージ内閣の軍需大臣に就任する。そして、「戦時社会主義」論――軍需物資の増産のため民間産業に介入するという考え方――の中心人物となった。その後、無任所大臣として戦後社会改革戦略を立案した。アディソンは一九一九年一月に地方自治委員会の委員長として同委員会を保健省に改組するという任務を負い、同年六月には初代保健大臣となる。復興省のトップとして、彼は住宅・都市計画法（一九一九年）をふくむ数多くの戦後社会立法の制定の責任者となった。しかし連立政権の保守党議員から反発を受け、ついには離脱、そして一九二三年に労働党に加わった。戦間期、議員あるいは非議員の立場で、彼はしだいに急進的な姿勢を強めた。スペイン内戦に際しては共和国軍兵士のための医療援助団を組織した。国民伝記辞典によれば、アディソンは「労働者階級向けの住宅供給を資本主義的事業から社会サービスへと転換させた」人物である。

戦後、彼は貴族に推挙され、一九四五年（七六歳）に子爵となった。一九四〇年以来、彼は貴族院における労働党代表であり、一九五一年に死去するまでその座にあった。貴族院における彼の指導力と政治技術は、同院において保守党が圧倒的多数を占めていたにもかかわらず国民保健サービスが円滑に導入された大きな要因であった。

第二次住宅法――一九一九年住宅（権限付加）法――は、民間セクターによる労働者階級世帯向け賃貸住宅建設を支援することを目指して立案されたが、この〔補助金支給〕要件は委員会で却下された。同法は約四万戸の民間セクター住宅の建設につながった。しかし、このような追加にもかかわらず、戦後の五年間に建設された住宅はわずか三四万戸にとどまった。それは新しく形成される世帯数——すでにみたように増加のペースを増していた——に追いつくには不十分であり、既存の住宅不足に対処するには力不足だった。アディソン自身は、住宅産業が彼の計画を実行する力をもたないことに業を煮やし、ついには労働党に参加し、そこでも引きつづき住宅問題に取り組んだ（Ravetz 2001: 80）。

高コストの一因は、レイモンド・アンウィン（コラム3-3参照）による設計思想と哲学のもとで作られた高規格の田園郊外住宅の重視にあった。賃料は労働者階級住宅の近隣相場にもとづいて定められたが、建物のすぐれた質に見合った額が上乗せされた。このため、戦時中の英雄たちのなかで、これらの住宅に手の届く者はごく少数であった。アディソン型住宅に住んだのは、相対的に高い家賃を支払う力をもつ、暮らし向きのよい「まともな」労働者階級と、ミドルクラスのなかの最下層の人々であった。このことは一九三〇年代初めまで、ほとんどすべての公営住宅にあてはまった。これらの住宅の居住者についての情報はきわめて乏しいが、大多数を平均的なマニュアル労働者が占めていたわけではないことはたしかだ。ボウリーの調査は、この新たに建設された住宅が「暮らし向きのよい家族、すなわち、小規模店員、職人、半熟練工の上層で、家族人員が少なく、安定した職に就いている者たち」（Bowley 1945: 129）に貸し出されていたことを示している。ロンドンおよびリバプールにおける研究も、公営住宅の住民構成についての一般的なパターンを裏づけている。

住宅問題への対応はなされず、危機は急速に深まりつつあった。公営住宅による取り組みが広範囲でもなく順調に進んでいるわけでもないことは明らかだった。それは、継続的で根強い住宅不足のため、やむなく受け入れられていた。このような状況は、保守党の保健大臣ネヴィル・チェンバレンによって導入された一九二三年住宅法を理解する手がかりになると思われる。チェンバレンは地方自治体に関する自らの経験から、地方自治体による住宅供給にどこまでのことができるかを知っていた。そこで彼の法律では、地方自治体に大幅な、しかし考えようによっては限定された役割を与えた。彼は、住宅不足への対処に際して、公営住宅を〔民間家主と〕対等の担い手として受け入れることには消極的だった。こうした姿勢もまた、戦間期の公営住宅建設〔進捗〕率の振れ幅が大きく、短命に終わった一九二四年の労働党内閣を除けば、けっして積極的に受け入れられなかった理由を説明するのに役立つ。メレットは、公営住宅が一貫して補助金率の削減対象とされ、建設基準が切り下げられたことを明らかにしている（Merrett 1979: 248）。アディソン法による補助金の打ち切り前からすでに、標準三寝室住宅の平均床面積は縮小させられたのである。

4　民間賃貸セクターに対する補助金——一九二三年住宅法

保守党による立法のもとで、公営住宅には民間建設業者に比べて副次的な役割しか与えられなかった。「チェンバレン」住宅法（一九二三年）は公共セクターと民間セクターの双方に建設補助金を与えた。国家財政委員会は、自治体に地方固定資産税からの拠出を求めないという条件で、一戸あたり六ポンドの二〇年間給付を提示したのみであった。その狙いは、地方自治体による住宅供給計画の範囲と規模を制限し、民間建設業者に労働者階級向けの売り家の供給を奨励することにあった。アディソン法に比べると政府による監督は厳格になり、地方自治体は、建設許可を得る前に、当該地域では必要な住宅が民間セクターによって供給されていないことを保健省に示さなければならなくなった。一九二三年法は二九年まで効力をもったが、同法にもとづいて建設された補助金つき民間セクター住宅が三六万二〇〇〇戸であったのに対して、公営住宅は七万五九〇〇戸にとどまった（表3-2参照）。アディソンが設置したスラム地域対策委員会の委員長として、チェンバレンはスラム居住者の窮状をいやというほど知っていたのだが、彼はアディソンの理想主義にはほとんど共感を示さなかった。一九二三年法は

表3－2　イングランドおよびウェールズの住宅建設戸数（1919～39年）（千戸）

<table>
<tr><th>年</th><th>地方自治体</th><th>民間セクター
（政府補助金あり）</th><th>民間セクター
（政府補助金なし）</th><th>合計</th></tr>
<tr><td>1919/20</td><td>0.6</td><td></td><td></td><td rowspan="4">251.8</td></tr>
<tr><td>1920/21</td><td>15.6</td><td>12.9</td><td rowspan="3">53.8</td></tr>
<tr><td>1921/22</td><td>80.8</td><td>20.3</td></tr>
<tr><td>1922/23</td><td>57.5</td><td>10.3</td></tr>
<tr><td>1923/24</td><td>14.4</td><td>4.3</td><td>67.5</td><td>86.2</td></tr>
<tr><td>1924/25</td><td>20.3</td><td>47.0</td><td>69.2</td><td>136.9</td></tr>
<tr><td>1925/26</td><td>44.2</td><td>62.8</td><td>66.4</td><td>173.4</td></tr>
<tr><td>1926/27</td><td>74.1</td><td>79.7</td><td>63.9</td><td>217.6</td></tr>
<tr><td>1927/28</td><td>104.0</td><td>74.5</td><td>60.3</td><td>238.9</td></tr>
<tr><td>1928/29</td><td>55.7</td><td>49.1</td><td>64.7</td><td>169.5</td></tr>
<tr><td>1929/30</td><td>60.2</td><td>50.1</td><td>91.7</td><td>202.1</td></tr>
<tr><td>1930/31</td><td>55.9</td><td>2.6</td><td>125.4</td><td>183.8</td></tr>
<tr><td>1931/32</td><td>70.9</td><td>2.3</td><td>128.4</td><td>200.8</td></tr>
<tr><td>1932/33</td><td>56.0</td><td>2.5</td><td>142.0</td><td>200.5</td></tr>
<tr><td>1933/34</td><td>55.8</td><td>2.9</td><td>207.9</td><td>266.6</td></tr>
<tr><td>1934/35</td><td>41.6</td><td>1.1</td><td>286.4</td><td>329.1</td></tr>
<tr><td>1935/36</td><td>52.4</td><td>0.2</td><td>272.3</td><td>324.9</td></tr>
<tr><td>1936/37</td><td>71.7</td><td>0.8</td><td>273.5</td><td>346.1</td></tr>
<tr><td>1937/38</td><td>78.0</td><td>2.6</td><td>257.1</td><td>337.6</td></tr>
<tr><td>1938/39</td><td>101.7</td><td>4.2</td><td>226.4</td><td>332.4</td></tr>
<tr><td>計</td><td>1,111.4</td><td>430.2</td><td>2,456.9</td><td>3,998.2</td></tr>
</table>

注：この表には，英国住宅政策史を語るうえで注目に値するデータがふくまれている。第一次世界大戦後まもない時期には新たに形成される世帯が増え，既存の在庫だけでは間に合わず，民間建設業者が需要に追いつくべく旺盛に供給をつづけた。公営住宅については，年によってばらつきはあるものの，1939年の大戦勃発までの累計建設数は100万戸をゆうに超え，全世帯の約1割を占めるにいたった。民間セクターの第一次建設ブームは大規模な政府補助金が支えたのに対し，1930年代の第二次ブームは補助金に頼らずに膨大な民間セクター住宅――「セミデタッチ式郊外住宅地」――を量産した。1934～39年の民間セクターによる補助金なし住宅の建設戸数は空前絶後の規模であり，〔第二次世界大戦後の〕ピークである1968年の21万3000戸でさえ，これにはおよばない。高失業率がつづく世界大恐慌のまっただ中で，なぜこれほど大量の住宅建設が行なわれたのか。その理由として，中間所得層の給与生活者が増加したこと，計画上の制約が緩く，安価な農地が手に入ったことが挙げられる。第二次世界大戦後は，グリーンベルト政策と開発規制によって「スプロール型都市化」は抑制された。

出典：Holmans（1987: 66）

除去費用の半額を補助したものの、スラムにおける大規模な撤去をうながすには十分ではなかった。同法は〔左右〕両陣営の政治的立場の対立を先鋭化させ、とくに労働党内において、労働者階級の住宅ニーズに対処するための強力な権限を与える必要があるとの意見が強くなった。

持ち家の建設に与えられた優遇措置は、保守党が住宅政策の理想型をどのようにとらえていたかを明確に示している。チェンバレン自身は、住宅不足を解決する、イデオロギー的に望ましい手段として、持ち家を支持する立場を鮮明にしていた。一九二〇年には、タイムズ紙への寄稿で次のように主張している。「肥やしを一鍬入れるごとに、果樹を一本植えるごとに、革命論者予備軍を宗旨替えさせることができる」(Feiling 1970: 86より)。しかし彼は、低家賃の賃貸住宅が必要とされていることも認識していた。のちに首相としてヒトラーとの宥和を試みたことからも明らかなように、チェンバレンという政治家はプラグマティスト以外の何者でもなかった。じっさい、国庫補助を受けた住宅供給計画の必要性は、この時期についての歴史記述で通常理解されている以上に、党派をこえた共通認識となっていたのである。公的供給と民間供給のどちらに重点を置くべきかがここでの論点であった。次に登場した重要な住宅立法では、振り子は公共セクターの方に大きく揺れることになる。

5　一九二四年住宅法——「ウィートリー法」

数ヶ月の間に、公営住宅の運命は新たな、そして決定的な局面をむかえることになった。チェンバレンと同様にプラグマティックで、しかも同様に地方自治体に強固な足場をもっていたのがジョン・ウィートリーである。彼は一九二四年に成立し、わずか九ヶ月の短命に終わった第一次労働党内閣で保健大臣をつとめた。ウィートリーは「クライドサイドの赤野郎」と呼ばれたグラスゴーのカトリック社会主義者で、長年にわたってクライドサイドのローカル政治で鍛え上げられた人物である。いかにしてこのような筋金入りの社会主義者が政権の中枢に座ることになったのかは定かではない。

ウィートリーの理想は、自治体による建設によって民間賃貸セクターを置き換えることだった。パンフレットで、民間賃貸住宅の国有化に言及したことさえあった。政権内では、彼は自らの急進的な政策を推し進めることを思いとどまったため、ふたたびプラグマティックな解決策が台頭してきた。これに対して彼が選んだ道は、既存のシステムを前提としながら補助金の水準を大幅に改善するという方策だった。一九二四年法は本質において は財政政策だったので、議会での成立は容易で異論も出なかった。ウィートリーの狙いは、住宅法をつうじて、良質の公営住宅に対する長期にわたる投資計画を確立することにあった。彼は公営住宅が社会的にも地理的にも遍在する住宅保有形態となることを目指していた。自治体は建設の許可を得るために「住宅供給の必要」を示さなくてもよくなった。一九二三年法では一戸あたり六ポンド、二〇年だった補助金は一戸あたり九ポンドへと大幅に引き上げられ、期間も四〇年に延長された。さらに地方固定資産税からの拠出が復活した。ちなみに、民間セクターも、労働者階級世帯のための住宅建設であることを示せば、この補助金から恩恵を受けることが可能だった。

ウィートリーは同法の諸条項と、自らの労働運動経験にもとづき、建設業労働組合との間で協定を結び、かつてアディソンの望みを打ち砕いた組合の規制的慣行の多くを撤廃した。これにより公共セクターによる住宅供給の拡大が加速するとともに、この動きが民間セクターにも波及した。失業者の大量発生と建設業における熟練の解体〔＝機械の導入と未熟練労働者による熟練工の置き換え〕は、一九三〇年代における住宅建設ブームの前提条件となった。ウィートリーはまた、各自治体の供給目標を設定し、割当分が達成されないときには補助金の支給を停止することで、建設率を上昇させた。

ウィートリー法は長期的かつ戦略的な見通し〔にもとづく枠組み〕であり、その後の連立政権や保守党政権とはまったく異なるものだった。英国におけるハウジングを永きにわたって特色づけてきた公営住宅を最終的に確立したのは、一九一九年法や一九二三年法ではなく一九二四年法であると言っても過言ではない。一九二四年法は、一九二三年法で残余的役割に追いやられた公営住宅に、一般的需要の充足という地位を回復させるとともに、住宅水準についての議論を、高い基準に重点を置くかたちで復活させた。

6　郊外の拡大

戦間期、住宅不足に取り組んだのは、一方では公営住宅の建設という大規模な政府介入であり、他方では——数の上ではこちらの方が重要なのだが——民間セクターであった。民間セクターには二つの住宅建設ブームがあった。第一のブームは一九二〇年代で、民間建設業者に対する政府補助金がこれを支えた。一九三〇年代の第二のブームはもっとも劇的な局面である。この時期には、対収入比でみた住宅価格が下落し、利用可能な労働力が潤沢であり、とりわけ、建設用地が比較的安価で豊富という一九三〇年代特有の要因が働いていた。それは、当時は計画上の制限がきわめて緩かったことと、各種公共交通、電動トロリーバス、ロンドン地下鉄、ディーゼルバスが発達し、自動車が普及しつつあったからである。こうした交通機関によって都市周辺の農地が〔宅地として〕利用可能となった。だからこそ、ミドルクラスのささやかな収入でも住宅に手が届くようになったのである。それは、かつてない郊外スプロールの時代であった。

労働人口の増大もまた、郊外の拡大につながった。というのは、経済活動のなかでいわゆる「ホワイトカラー」の多様な職業が重きをなしてくるとともに、安定した専門的職業も広がったからである。一九三九年の第

コラム3-2　保守党はなぜウィートリー補助金を継続したのか

労働党は、まもなくボールドウィンが率いる保守党に政権の座を譲ったものの、ウィートリー法は引き継がれ、一九三三年まで効力を保った。一九二四年から三三年までの間に五〇万戸以上の住宅が建設されたが、これは戦間期の公営住宅建設戸数の約半数にあたる。数年間にわたって、チェンバレン補助金とウィートリー補助金は並行して支給された。右派の保守党政権が基準の甘いウィートリー補助金を直ちに廃止しなかったのはなぜかという疑問は興味をひくものであるが、はっきりした答えは出ていない。この種の問題の多くがそうであるように、いくつかの要因が作用している。

第一に、まず考慮しなければならないのは、一九三〇年代まで民間賃貸セクターへの投資が低迷したままであり、市場の底辺部に位置する世帯の必要を満たしていなかったことである。大規模に賃貸住宅を建設する主体は〔自治体の〕他にはなかった。そして、建設に消極的な姿勢をとる一部の自治体、なかでも大量の住宅を建設すべき自治体を説得するためには、補助金の給付条件を緩くする必要があった。

第二に、首相だったボールドウィンの態度も鍵となる要因である。ホルマンズの見解によれば、彼はウィートリー補助金が住宅不足の緩和に効果があることを認めていた。そして、いくらか逆説的なことではあるが、二〇世紀の英国ハウジング史において、ボールドウィン率いる保守党が政権を担っていた一九二四～二九年を、公営住宅の地位が確立した時期と見なすことができるのである（Holmans 1987: 307-8）。

第三に、レイヴェッツによれば、引き続きハウジングに関する党派を超えた意見の一致がみられた。その少し前の時期まで建設費がきわめて高かったこと、そしてチェンバレン法により、建設業に政府資金による住宅供給――民間であれ公営であれ――への信頼が与えられたことがその要因である。こうした要素が複合することで、ウィートリー条項にもとづく建設の継続につながったという（Ravetz 2001）。それはイデオロギー的な選択というよりは、このような環境のもとでなすべきことについて必要な決定をどう下すかという問題だった。チェンバレン補助金とウィートリー補助金は、どちらも法令集に掲載されていたので、地方自治体がより条件の緩いウィートリー補助金の方を選ぶことは自明だった。他方で、簡素なチェンバレン方式は販売用建物への補助金として引きつづき利用された。事実、一九二三年法にもとづいて民間所有者向けに建設された三六万三〇〇〇戸のうちの大半は一九二四年法の成立以降に建てられたのである（二四年法は、チェンバレン補助金について、一九二五年までという当初の年限を延長した）。ともあれ、いずれの補助金に関しても、いまや取引規制から解放され、持ち家建設ブームの最初の波に乗りつつあった建設業は自信を深めており、交渉は進みやすくなった。市場の最底辺における住宅不足に対処するにあたっては、ウィートリー方式が有効に働いたのである。

二次世界大戦勃発までつづいた高失業率は、もっぱらマニュアル労働者に限られる現象であった。彼らの従事する鉱業、織物業、工業など、かつて英国を「世界の工場」たらしめた「旧産業」は海外との競争にさらされ、史上最悪の世界的不況の影響を被っていた。にもかかわらず、民間セクターにおける住宅ブームはつづいた。それを支えたのは、今日ではサービス経済と呼ばれる分野での、比較的安定した月給制の雇用の恩恵を享受する世帯である。銀行業、保険業、そして金融サービス業が飛躍的に成長した。古くからある専門的職業も繁盛し、中央政府および地方自治体が各種サービスの拡大に積極的に取り組むようになるのにともない、公務部門でも新規採用が拡大した。たとえば、かつては慈善事業のなかで主に女性によって担われてきたハウジング・マネージメントは、男性のキャリア・パスに位置づけられる新たな専門職として拡大した。

この物語のなかで鍵となる要素は、民間セクターにおける住宅供給の資金源である。一九一八年以降に現れたもっとも堅実な投資先は「住宅金融組合」であった。その起源は古く、一八〜一九世紀の、労働者階級による自力建設のための連帯活動に端を発する。もともと、組合はひとつの建設事業が完了するたびに解散していたが、一部の「永続的」組合が投資の受け入れを継続し、それをもとに他の建設事業や住宅購入のための貸し付けが行なわれた。これらの組合では設立当初の原則の一部、とりわけ相互性の原則が受け継がれており、利益は組合員の間で分配される。一九一八年以降、ここに投入された資金は驚異的なものであった。投資家にとって、世界的な経済危機の影響を受けて低迷する国債や株式市場に比べて優位な利回りが得られたためである。住宅金融組合への投資はきわめて安全性が高く、組合は戦間期の経済危機をほとんど無傷で乗り切った。一九二四年に一・二億ポンドだった流入資金は一九三七年には六・三六億ポンドに増大し、これが持ち家ブームの元手となったのである。たとえば、一九三六年だけで二四万件もの新規ローンが組まれたが、これは一九三〇年代の標準的な規模であった（Holmans 1987: 221）。のちの章で見るように、これらを先駆けとする金融商品は、一九八〇年代に実施された住宅金融組合の規制緩和以降、「ハウジング論」において鍵を握ることになる。

郊外的生活様式

作家E・M・フォースターや詩人のジョン・ベッチェマン（「スラウには友軍の爆弾が降り注ぎ、もはや人の住む場所ではない」）といった懐古趣味の知識人の反発を受けながらも、貧弱な庭をつけた俗悪な擬チューダー風の二戸建て住宅が連なる郊外の出現により、新しい社会の構成要素が形作られた。これらの新しい「理想の家」は、近代的設備――屋内トイレ・浴室、そしてモダンな魔術としての電気――とともに登場した。左翼の社会批評家ジョージ・オーウェルはこの「小さき人々」からなる新しい社会に対する反発を隠さなかった。オーウェルによれば、彼らは家と職場を往復する空虚で無意味な生活にとらわれている。彼の『空気をもとめて』（一九三九年）は当時よく書かれた郊外生活についての風刺小説の一つだが、強い郷愁の念と、来るべき戦争への予感（それは現実となった）を漂わせている。E・M・フォースターは小説『ハワーズ・エンド』（一九一〇年）で「地平線いっぱいに広がる錆」について述べている。郊外というそれまでになかったものが、徐々に、そして圧倒的な勢いで、緑に覆われた心地よい国土を侵食しつつあった。イングランドは、誰の目にも明らかなほど郊外型社会となり、公共にせよ民間にせよ「団地」が、建造景観の欠くことのできない要素となった。〔家事〕使用人は徐々に姿を消し――一九三九年までは「女中奉公」は女性のもっとも一般的な職業であったが――、消費財と労力節約のための電化製品に置き換えられた（Ravetz, with Turkington 1995）。この新天地において、労働者階級とミドルクラスの居住水準は収斂しはじめた。

こうしたスタイルの建築面での創始者たち――レイモンド・アンウィン、ノーマン・ショー、エドウィン・ラッチェンス――の発想の根源をたどると、いずれも、ウィリアム・モリスが主導した、ヴィクトリア朝のアーツ・アンド・クラフツ運動に行き着く。モリスのユートピア的、半都市的な理念が、たとえばアンウィンの作品にも取り入れられている。アンウィンによる住宅設計は、人々の生活を改善するという簡潔な原理にもとづいている。そのファサードは間口が広く開放的で、もっとも日当たりのよい方角に向けられている。部屋を貫く階段は風通しの良さを印象づける。「裏庭」は家屋の前面に置かれることもあったが、野菜や果樹を育てられるだけの広さがある。こうした労働者住宅のデザインには、ヴィクトリア朝のテネメントとスラムとはまったく異なる生活様式を創出するという意図が込められていた。

アンウィンが手がけた、ニュー・イヤーズウィック（ヨーク）とハムステッド・ガーデン・サバーブの住宅団地、そしてレッチワースのニュータウンは、重要な社会的実験だった。アンウィンは、戦後の住宅供給戦略を策定するために組織されたチューダー・ウォルターズ委員会の設計顧問に就任した。ニュー・イヤーズウィックのために彼が引いた図面を取り入れた「設計の手引き《デザイン・マニュアル》」は、一九一九年に地方自治体に送付された。それはアディソン法による補助金のもとで、初めて地方自治体が〔公営住宅の〕建設を奨励された年である。新たな「公営住宅」は彼の理念を反映したものでなければならない、というのがアンウィンの考えであった。すでに見たように、彼の構想はすぐさまコスト削減要求と衝突した。しかし、戦間期公営住宅――土地に根ざした、レンガ造りのコ

コラム3-3　レイモンド・アンウィンの生涯（一八六三〜一九四〇年）

ロザラムに生まれたアンウィンはオックスフォード大学で学び、エンジニア兼建築家となる。ラスキン、ウィリアム・モリス、アーツ・アンド・クラフツ運動に触発された、労働者住宅についての先見にみちた構想がとくに有名である。彼は社会主義思想家エドワード・カーペンターの知遇を得て盟友となった。カーペンターによるユートピア住宅地ミルフィールドは、「コテージ・ガーデン」の理念に沿った簡潔な原則にもとづく住宅が癒やしと生活改善の効果をもたらすというアンウィン自身の信念に強烈な影響を与えた。彼は、慈善活動家ジョゼフ・ロウントリーの依頼により、実務面でのパートナーであったパーカーとともに、ヨーク市近郊のニュー・イヤーズウィックに理想的田園郊外住宅地を計画した。また、レッチワースとハムステッド・ガーデン・サバーブの計画にも関与した（後者は彼が終生住みつづけた場所である）。アンウィンは一九一四年一二月、地方自治委員会に参加する。一九一五年には軍需省に出向してグレトナとイーストリッグズの住宅地計画を担当するとともに、他の計画の監修に当たった。一九一七年以来、彼は労働者階級住宅についてのチューダー・ウォルターズ委員会で大きな発言力をもった。ニュー・イヤーズウィック計画の図面をふくむ委員会報告書が公表された一九一九年、彼は新設された保健省の首席建築官に就任する。このポストは、彼が退職する一九二八年一一月までに、住宅・都市計画担当首席技官に格上げされた。

アンウィンは、住宅供給計画が大量生産に移行し、財政面での制約が足かせとなるにつれて、主要な設計原理がうしなわれていったことに怒りを隠せなかった。とはいえ、公営住宅の「コテージ」スタイルは彼の影響のもとで確立されたのである。洞察にみちたアンウィンの構想は、簡素で明確なラインを特徴とする英国の土着的建築の伝統に根ざしており、「公営住宅」という社会的実験の核をなした。彼は英国の建築および都市計画の中枢において数多くの役職に就いた。一九一三年設立の王立都市計画協会の創設メンバーであり、一九三一年から三三年まで王立英国建築家協会の会長をつとめた。一九三三年には建築への貢献によりナイトの称号が与えられた。

テージという理念――は、公営住宅の原型的建築形式として生きながらえ、少なくとも建築的には、ミドルクラス向け住宅と労働者向け住宅の間の溝を埋めた。

社会史的にみれば、これとは違った話になる。この時期を語るうえでは、公共住宅団地と民間住宅団地の間のきびしい階級間対立を無視するわけにはいかない。一般需要向け補助金が廃止され、スラムから退去させられた家族のための緩い建設基準の補助金だけが残されてからは、とくにそうである。「スラム連中」が騒ぎを起こしたとか浴槽を石炭置き場にしているというような話はすぐに広まり、公営住宅のスティグマ化に一役買った。「コッテスローの壁」――金属製の忍返しを付けた高さ七フィートのレンガ塀――は、オックスフォード市営団地の住民の立ち入りを食い止めるために民間団地の住民によって建てられたものである。主要道路、水路、鉄道などが〔障壁の〕用をなさないとき、ここまで露骨ではないにしても、ミドルクラスの団地と労働者階級の団地を隔てるために、いたるところで柵やコンクリート製の車止めが使われた。

民間セクターでは、収入に応じて様式や住宅形式の選択の幅が広く、投機的建設業者は「理想の家」についての自らの見解を押し出した。彼らがチューダー様式風のファサードをもった「セミデタッチ式住宅」を作ったのは、それが一般の趣味に合っているという知識というより、それが好まれるだろうとの仮定にもとづいてのことだった。こうした様式の出所は、著名な建築家ノーマン・ショー（もっとも有名なのはチズウィックのベドフォード・パーク）とエドウィン・ラッチェンス（ニューデリーの建築・都市計画、ホワイトホールのセノタフ戦勝記念碑、富裕層の顧客のために設計した中世の領主館風の邸宅）である。ミドルクラス向け郊外〔住宅団地〕の設計者らは、ショーやルティエンスの住宅建築のデザインを模倣した。これについて知識人たちは、たんなるまがい物にすぎないとか、中流英国人の浅薄な知性が露呈しているなどと批判した。にもかかわらず、郊外のセミデタッチ式住宅は、住宅建築において確固とした地位を獲得した。ヴィクトリア朝時代の家庭文化がよみがえった。「ベンディクス式家庭用自動洗濯機さえあれば、お宅が理想の家に生まれ変わります！」――デイリー・メール社の雑誌『理想の家』（*Ideal Homes*）に掲載された広告が囃し立てる。見せびらかされた新製品――「フーバー〔電気掃除機〕」、調理器具、ラジオ、さらには電気冷蔵庫、自動車、電動レコード・プレーヤー――は、近隣で家族の地位を確立し、自尊心を高めるための重要な道具立てとなった。持ち家は消費財の所有の代名詞となり、マーケティング会社は、くり返し、これらを性別による生き方の違いと結びつけた。主婦は理想の家を住みかとする。新しい労力節約装置〔いわゆる家電製品〕を置くためには場所を空けなければならないが、家事使用人を住まわせる必要がなくなった。住宅設計はこうした変化に対応して変わっていった。

住宅ローンの利用可能性と勤労者の実質所得の伸び――一九二〇年から三九年の間に一人あたり可処分所得は約三分の一増えた――により、民間の借家人は家主に売却意向がある場合には現住借家を買い取ることが可能となった。経済の不確実性が高い時には自宅を所有する方がはるかに安全であろうと感じる人々が多かったためであり、住宅ローン融資の約三分の一はこの種の取引であった。戦間期において、一〇〇万人以上の民間借家人が現住借家を購入したが、これは〔同じ期間に〕新規に建設された公営住宅に匹敵する規模である。その結果、持ち家社会への参入者の急激な増加がさらに加速されたのである。

7　貧困層に住まいを与えるには

念のために言うならば、この、居住水準と保有構造における静かな革命は、貧しい労働者階級世帯の大多数の居住状態には影響を与えなかった。彼らは世紀が移りかわろうとも、相も変わらず、民間賃貸住宅市場の底辺部で供給される、老朽化した、設備の整っていない家屋に暮らしていた。一九一九年法のもとで高水準の補助金が

コラム3-4　ジョージ・オーウェル『ウィガン波止場への道』（一九三七年）からの抜粋

工業地帯の町を歩くと、悪臭を放つごみ箱や、何列ものきたない洗濯ものや、半分こわれた便所のあるきたない路地や、黒こげの小さな裏庭の混とんの中で、朽ちていく煙に黒ずんだ小さなレンガ造りの家々の迷宮のなかへ迷いこんでしまう。このあたりの家は部屋数こそ二つから五つまでいろいろだが、内部の作りはほとんどみな同じである。どの家にもほとんどおなじ居間があり、その広さは一〇ないし一五平方フィートで、オープン・キッチン・レンジがついている。少し大きい家だと食器置き場もついているが、小さい家では居間のなかに台所の流しと銅釜がある。裏手には庭、もしくは数軒共有の庭があるが、どれもかろうじてごみ箱と便所をおけるほどの大きさだ。給湯施設が完備している家は一軒もない。仕事にありついているときなら、どんな炭鉱夫も頭のうえからつまさきまでまっ黒になっているが、そのような炭鉱夫が住んでいる通りを文字通り何百マイル歩いても風呂つきの家にぶつかることはないと思う。キッチン・レンジを利用した給湯設備を作ろうとすれば簡単なことだったろうが、大家は手をぬくことにより一軒につき一〇ポンドは節約しただろうし、このような家が建てられた時代には、炭鉱夫でも風呂にはいるなどと夢にも思われなかったのである。

銘記せねばならぬことだが、これらの家のほとんどは古くて、少なくとも五、六〇年はたっており、その大部分はどんな基準をもってしても人間が住めるようなものではなかった。かかる家になお借家人がたえないのは、そのかわりがないというからだけのことだ。これが工業地帯の住宅事情の根本的な問題なのだ。問題の焦点は、住宅が狭苦しく、不潔、不快であるとか、煙を吐きだしている鋳造工場や悪臭を発する運河や硫黄を含んだスモッグを一面にまきちらかしている溶滓集積地の信じられないほど不潔なスラムに点在していることではなく――これらはまったく否定出来ない事実なのだが――、ただ単に必要とする家がないということだけなのだ。(Orwell 1937=1978: 61-62)

投入されてもなお、公営住宅の家賃は貧しい労働者階級にとってはとうてい手が届くものではなかった。ウィートリー法が、賃料を抑制し低所得世帯に門戸を開くために地方固定資産税からの拠出を認めたときでさえ、温情主義的な地主制の伝統は困窮家族にとって不利に働いた。救済に値する貧民と救済に値しない貧民〔を区別する〕という救貧法の伝統はいまだ健在で、新しく建設された公営住宅の配分と管理においても作用していた。ジョージ・オーウェルは、そのジャーナリストとしての作品において、一九三〇年代半ばにイングランド北部に足を運び、その見聞と経験を『ウィガン波止場への道』(Orwell 1937＝1978) に記した。彼は、目の当たりにした光景のみすぼらしさにあきれかえり、おびただしい数の人々をこのような苦境に陥れる政治体制に鋭い批判を向けた。

スラムクリアランス

経済危機と大量失業（一九三一年までに三〇〇万人）を背景に、第二次労働党内閣（一九二九～三一年）は、しだいに、一般需要向け公営住宅の供給を継続する能力と意欲をうしなった。潜在的世帯数が家屋数を一〇〇万も上回るという大規模な住宅不足が、依然として解消していなかったにもかかわらずである。

新政権は廃止寸前の状態にあったウィートリー補助金を守るとともに、一九三〇年住宅法によって、地方自治体にスラムの取り壊しと建て直しをうながす新しい補助金を導入した〔すなわち、住宅不足の解消には直接には貢献しない〕。そこでの意図が、従来「一般需要向け」公営住宅では対象外となっていた数百万におよぶスラム住人の〔居住〕状態の改善にあったことは明らかである。地方自治体は、五年以内に達成可能なスラムクリアランス計画案の提出を求められた。補助金は立ち退き対象となる人数に応じて決められ、大家族の住み替えを支援するのに役だった。ただし、予算上の制約があり、対象世帯の所得も低かったので、こうした計画の適用範囲は限定されており、デザインと建築規格をさらに切り下げることでかろうじて達成されるものでしかなかったのである。こうして、「近代〔建築〕運動」の影響のもと、より広い範囲でフラット形式が用いられることになった。

一九三〇年法はまた、地方自治体に対し、家賃割戻制度の導入権限を与えることで「適正な」家賃の設定を求めた。その狙いは、低所得入居者が高い家賃により不利益を受けることを防ぐことであった。しかしながら、家賃割戻金は入居者には不評だった。それらは資力調査をともなっていたがゆえに、住民同士を仲違いさせ、体面を汚すものとして受け止められたのである。一九三九年の戦争勃発以前に割戻制度が機能していた自治体はほとんどなかった。

一九二〇年代の末から三〇年代にかけて世界中で猛威をふるった経済危機は、第二次労働党内閣の瓦解につながり、一九三三年、政権は労働党幹部のラムゼイ・マクドナルドが率いる国民内閣に移った。マクドナルドは労働党から除名され、多くの党員は彼を裏切り者と見なした。ウィートリー補助金とチェンバレン補助金は歳出削減の第一段階で廃止され、スラムクリアランス補助金だけが生き残った。地方自治体は五年以内にスラムを取り壊すとともに、過密居住を解消することを強く要請された。とはいえ、一般需要向け建設補助金を欠いた状態で後者の目標をどのように達成するのかについては何の指示もなかった。左派は、ウィートリー補助金の廃止を、あらゆる家族にまともな住宅を与えるという構想にそむくものであると考えた。労働者階級向けの住宅供給は、最悪の状態にある人々を対象とするものを除いては、事実上廃止された(Bowley 1945: 140)。唯一の救いは、一九三五年住宅法で定められた家賃プール制度により、あくまでも理屈のうえではあるが、契約変更時に家賃が引き下げられ、スラム内の物件に居住する者にも門戸が開かれたことだった。こうして、一九三九年までに、英国のハウジングのバランスシートは大きく変化した。

投機的民間建設業者は三〇〇万戸近くの物件を建設していた(うち政府補助を受けたものが四三万戸)。そして、一〇〇万人以上の現住賃借人がローンを組んで家主から自宅を購入した(言うまでもなく住宅ストックの足しにはならないが、持ち家を拡大し民間賃貸を縮小させることによって保有構造に大きな影響を与えた)。一九三〇年代には、民間投資家のために建設される市場の中層から上層部分のフラットや戸建て住宅は一〇〇万戸増加した。全世帯のうちおよそ一割が公営住宅に住み、三二％は自宅所有者であり、民間賃貸住宅は依然として過半数を占めていたものの減少傾向にあった。スラムクリアランスで取り壊される物件の多くは民間賃貸住宅だった。そして、一九三〇年代にようやく賃貸住宅が採算の取れる状態になり、一時的に民間賃貸セクターが拡大したにもかかわらず、市場の最底辺に位置する家主たちは群れをなして撤退した。民間賃貸の拡大はロンドンやサウス・コーストを中心に、市場の中上層部で生じたものだった。ケンプが指摘するように、この時期の住宅開発の目新しい特徴は、不動産（オフィスビルや店舗をふくむ）への投資によって資本収益率の向上を狙う開発業者と金融会社が参入したことである。市場の最底辺においてすら、短期間とはいえ復調がみられた。ケンプの推計によれば、一九三三年から三九年の間に、持ち家に手が届かない人々に向けて三五万戸の賃貸住宅が建設され、課税対象価値は二六ポンドであった（Kemp 2004）。

ミドルクラスと労働者階級の居住水準は収斂しつつあった。官製であれ民間資本であれ、「団地」によって英国の景観は再定義されていった。そして人々の心をとらえる新しい郊外的生活様式が大々的に売り出された。多くの欧州の工業諸国と違って、低コストの労働者住宅の供給という問題に取り組むための手段は、ほとんど地方自治体による供給に限定されていた。これは、大陸の隣国とはかなり異なったパターンである。持ち家社会はすでに、新しいハウジング革命だけでなく、これと切っても切り離せない消費社会を形作りながら優勢となっていた。もっとも、消費社会の展開は第二次世界大戦の勃発により足踏みした。人口の過半数は依然として電気も引かれていない、あるいは屋内にトイレのない住宅に住み、焜炉やむき出しの暖炉で調理していた。住宅数と世帯数のバランスは、戦間期にいちじるしく改善した。しかし、一九三九年においてもなお五〇万戸が不足していた。そしてこの数字と都市部のスラムは、新しい戦争がもたらす不確実性とトラウマのあとにつづくことになる諸々の出来事まで持ち越された。

8
結論

本書の各章は「小史」にすぎず、ハウジングが社会の変化を反映しつつも社会の形成にどんな影響を与えたのかについて、その要点を概観するのに役立つと思われる説明をごくかいつまんで示すにとどまる。ハウジング論にとって、戦間期はその後につながる変化が起きた重要な時期であった。短期間ではあるが波乱に満ちた日々のなかで、あらゆる社会階級・階層の家族が民間家主から住宅を借りる国であった英国はその姿を変え、まったく新しい制度形態が出現し、劇的な影響がもたらされたのである。

家事使用人はあっという間に姿を消した。ただし、一九三九年の時点では、「女中奉公」は依然として独身女性のもっとも一般的な職業だった。ミドルクラスの主婦にとって、家庭の体面と安息を重んじるという英国独特の文化が社会生活を方向づけるようになった。新たに住宅の電化が進むと、居住水準に革命的な変化が生じ、労力節約装置――「フーバー式掃除機」、調理器、洗濯機、電気アイロン等々――を用いて日々の単調な作業を一変させられるようになった。路面電車、ロンドン地下鉄、バス、大衆車の発達にともなって、英国は誰の目にも明らかな郊外社会となった。それは二一世紀初頭のわれわれにとってはなじみ深いが、当時はまったく新しいものだった。同時に、公営住宅と下層ミドルクラスの持ち家の間の〔社会的〕分断は、居住水準の接近とは裏腹に、悪意をふくんだ情け容赦のない階級間対立の淵源をなした。

二つの世界大戦の間に起きたことは、二つの歴史的「テクトニック・プレート」の形成である。持ち家が溶岩のように噴出し、これが凝固してついには社会の土台を支える新しい地殻構造となった。新たに出現したテクトニック・プレートは、その後の社会政策の展開に想像を上回る影響を与えることになった。一方、公営住宅をつうじた政府による住宅供給が、もう一つのテクトニック構造である。本章の前半で述べたように、これらの住宅供給形態は、いくつかの軋轢や緊張をふくみつつも、しばらくの間、独立して発達した。しかし、これらのきわめて異質性の高い二つの力は、やがて、はげしくぶつかり合うようになった。この衝突こそが、二一世紀の持ち家社会の新しい社会的地形を出現させたのである。

本書の後半で展開する、「居住」資本主義の出現、そして持続的な持ち家の拡大と福祉国家の変容に関する議論からすれば、一九三〇年代ははるか昔のようにみえる。しかし、このこと〔過去を知ることの重要性〕は後半の各章で展開されるアプローチの中核的なテーマの一つである。長期持続は、社会の変化の性質や現代の論争と数十年前に起きた出来事がどう共鳴しているかを考えるうえできわめて重要である。ここでは、英国の場合、持ち家が、一九三九年までにはすでにイデオロギー的にも社会的にも優勢な住宅供給形態であったことに注目するにとどめる。大事なのはタイミングである。戦間期は、急激な社会的・経済的変化が起きた時期であり、数百万戸の新しい住宅の移植をつうじて「持ち家社会」という新しいタイプの社会が発達した。それは地方の景観を変え、古い社会構造を揺るがし、「白物」「理想の家」、家庭の体面の尊重という現代の消費者主導の文化および経済をもたらした。その現実的な支えとなったのは、経済のなかで勢いを増す新興の金融サービス・セクターによる住宅ローン資金を活用しながら進んだ、民間家主から現住賃借人への大規模な売却である〔持ち家の拡大の四〇％がこれによるもの〕。住宅ローン市場をともなう持ち家社会は、一九三九年九月三日一一時すぎ、ドイツに対する宣戦布告を知らせるネヴィル・チェンバレンによる運命的な放送がなされる頃には、すでに英国の社会と経済に深く根を張っていたのである。

要約

⊙住宅不足の規模は一九一八年までにさらに拡大した。戦時中はほとんど建設が進まず、新しく形成される世帯が急増していた。これにより、新しく生じる必要に既存の不足を合わせると危機的水準に達した。

⊙第一次世界大戦は社会に大きな災厄をもたらすとともに、初めて「国家」が人々の生活の主要な要素となった。

⊙戦時中をふくめて、成年人口は急激に増加していた。そして人口が増加するにつれて、子どもの割合は低下し、これに比例して二〇歳以上の人口が多くなった。その結果、労働年齢の人口が増加し、住宅需要も急増した。

⊙戦後、住宅に投資する人々はきわめて不利な状況に置かれた。建設費は高く、金利が高かったので銀行の借入コストも大きかった。一九二〇年代半ばまで、実質家賃は一九一四年に比べて二五%から三〇%低下した。そのように不確実で形勢の悪い環境に資本を投入することはまったく無意味であった。

⊙アディソンは六〇万戸の公営住宅を建設することを望んだ。しかし、最終的に建設されたのは一四万戸にすぎなかった。ただし、これは空前の規模であり、自治体による大量住宅供給——いわゆる「英雄たちにふさわしい家」——がこのとき始まった。

⊙一九二〇年代半ばまで、民間セクターは、定収入があってローンを利用できるホワイトカラーの需要に応えるべく、きわめて速いペースで建設を進めた。これらの住宅は多くの場合、手つかずの土地に建設された。こうして、新しい郊外型生活様式が生まれた。

⊙短命に終わった第一次労働党政権のもとで成立した一九二四年住宅法の条項により、五〇万戸の「公営住宅」が建設された。ただしその多くは保守党政権下で建設された。公共団地と民間団地の居住者の間には深刻な対立が生じた。

⊙スラムクリアランスは一九三〇年に始まった。しかし多くの労働者階級家族は、民間家主から老朽化した劣悪な住宅を借りて住んでいた。ジョージ・オーウェルが『ウィガン波止場への道』（一九三七年）で告発した通りである。

⊙一九三九年に第二次世界大戦が勃発するまでに、約三分の一の世帯が自宅所有者であり、「持ち家社会」はすでに生まれ、新しい消費者本位主義《コンシューマリズム》と密接に結びついていた。

【読書案内】

戦間期のハウジングについて書かれた最良の書物は、アリソン・レイヴェッツの学術的でありながら読みやすい以下の本である。A・レイヴェッツ／R・ターキントン『住まいのありか――英国の家庭内環境 一九一四～二〇〇〇』（Ravetz with Turkington 1995）、レイヴェッツ『公営住宅と文化――社会的実験の歴史』（Ravetz 2001）。両者ともに、社会と文化が変化する様子をとらえている。世帯と住宅についての、より手堅いデータを求めるならば、A・E・ホルマンズ『英国の住宅政策』（Holmans 1987）の右に出るものはない。同じく、スティーブン・メレットとフレッド・グレイ『英国の持ち家』（Merrett with Gray 1982）は、持ち家の始まりから一九八〇年代までの展開について、経済的、人口学的、政策的文脈に関する有益なデータと考察を提供する。ジョージ・オーウェルの『ウィガン波止場への道』（Orwell 1937=1978）の第4章は古典というべき実態報告であり、とりわけ、一九三〇年代のバーンズリーにおける住宅事情の詳細な記録をふくんでいる。郊外社会の成立はオーウェルの小説『空気をもとめて』（Orwell 1939=1995）とE・M・フォースターの小説『ハワーズ・エンド』（Forster 1910=1994）に描かれている。両者は違ったやり方で、郊外的生活様式が英国の社会的・物理的景観にもたらす、俗悪にして社会を動揺させるような変化に異を唱えている。

第4章

持ち家社会の成長

―― 一九四五～七九年の戦後期

《キーワード》

ベヴァリッジ型福祉国家

パラダイム

家賃統制の解除

残余主義

国家対市場

福祉合意

戦争の経験を機に、シティズンシップの理念と社会の再出発が声高に叫ばれるなかで、それまでにない革新的なパラダイムが登場した。労働党は選挙で議会の圧倒的多数を制し、ベヴァリッジ型改革の実行と「福祉国家」の確立に乗り出した。戦後改革は、当初は国家主導であった。住宅政策は、この新しいアプローチを先取りしていた。なぜなら、持ち家社会の基礎は戦間期に準備されていたからである。しかし最初の頃、ナイ・ベヴァンは公営住宅中心の住宅供給計画を主張した。一九四五年の時点で、世帯数に対する住宅不足は二〇世紀のどの時期よりも深刻で、この状況を克服するには三〇年近くの月日を要した。保守党政権は一九五七年家賃法によって民間賃貸セクターの再活性化を試みたが失敗し、公営住宅を建設しつづけた。スラムクリアランスと民間家主による現住賃借人への物件売却は、民間賃貸セクターを弱体化させた。一九六〇年代なかばまでに自宅所有者が有権者の多数を占めるようになり、労働党は、公営住宅の整備を推進する政党というイメージを撤回した。そしてグローバル化の趨勢がおよぼす経済的・政治的影響力が増しつつあった。

1　はじめに

ハウジングと福祉国家の発展および変化との結びつきは、第二次世界大戦後、革命的な局面をむかえた。戦争の惨禍のなかから、英国の将来についての新しい理念が登場した。本書でくり返し強調してきたのは、住宅政策のあり方、そしてより広範な福祉問題と住宅政策との結びつき方が、観念――この場合は政府の行動範囲についての一般的な了解――によって左右されるという点である。政策〔形成〕過程と意思決定は、つねに観念の枠組みの内部で生じ、しばしばそれはパラダイムと呼ばれる（Heffernan 2002参照）。主要政党とそれらをとりまく政治コミュニティは、争いの余地がないわけではないが、核となる、あるまとまりをもった想定にもとづいて活動する。平常時には、それこそが安定をもたらす。しかし、時がたつにつれて、パラダイムは転換や変更を余儀なくされる。

戦争とその後遺症は、ちょうど、変化の窓がひらかれる「瞬間」をもたらしたのである。このことは、一九四五年七月に行なわれた戦後初の総選挙の結果に如実にあらわれている。この選挙では、有権者は英雄的な戦争指導者であるウィンストン・チャーチルの続投を阻止するという非情な決断をくだした。そして、戦時期の犠牲を英国の社会経済生活の刷新につなげるべきとの信念が幅広い支持をあつめ、労働党が下院の圧倒的多数を占める議席を獲得した。一九四二年のベヴァリッジ報告は、まさに、彼のいう「五つの巨人」、すなわち「欠乏」（貧困）、「狭隘」（不適切な住宅）、「疾病」（不健康）、「無知」（教育機会の欠如）、「怠惰」（失業）との闘いを約束していた（Beveridge 1942）。従来のように社会保険を政府支出にかかわる数々の技術的事項のひとつとして扱うのではなく、これらの問題を一体的な対処を要するものと考えるべきであるとの主張が明確に提起された。要するに、ベヴァリッジによって提案されたのは「福祉国家」であった。それは、バラバラの福祉政策の寄せ集めではない。このアプローチの核となるテーマが、シティズンシップ（市民（社会の完全な構成員）という地位）から必然的にみちびかれる社会権の重視（Marshall 1950）であったという点については、ほとんど異論はないであろう。

さて、主要な社会改革関連法を成立させたのはクレメント・アトリーがひきいる労働党内閣であった。一九四四年教育法は学校卒業年齢までの無料教育を保障した。一九四六年国民保険法と一九四八年国民扶助法は、さまざまなタイプの必要を有する人々のために政府が運営する所得補助制度を改良、整理した。一九四六年国民保健サービス法はヘルスケアを無料で利用できるようにした（概要についてはFraser 2003を参照。この内閣の実績についての詳細な考察についてはHill 1993; Gladstone 1995; Glennester 1995; Jones 2000を参照）。いまとなっては、当時、国家介入の活用や戦前社会の抜本的変革を支持する声がいかに大きかったかを理解するのは容易なことではない。

戦時中「一致協力」を求められた国民の間では、国が戦争を遂行したのだから、当然、国が平時の改革を推進するだろうとの見方が根づよかった。この期待は、福祉政策にとどまらず、主要な民間産業部門に対する大規模な介入の道をひらいた。一九四六年、炭鉱が全国石炭委員会のもとで国有化され、イングランド銀行の株式が国によって買収されたほか、四大民間鉄道会社は一九四八年一月一日をもって国に吸収され、英国運輸委員会傘下の英国国有鉄道が設立された。これらの企業はいずれもそうであるが、民間産業の大部分は国による戦争遂行に組み込まれていた。社会政策に限らず、このとき起きたことは、基本的に戦時中に実行されていたことの継続であり、戦前の諸政権がとっていた市場志向のアプローチとの決別を示していた（Hill 2003）。

これらはすべて、自由市場が非効率的であり、危機的状況において自由市場がなしうることは限られているとの仮定があればこそ生じた出来事であった。それは、景気後退から恐慌へと雪崩を打つ状況に直面した戦間期の政府による悪戦苦闘をふまえた、飛躍的な展開であった。市場それ自体に由来すると思われるこの危機を、市場が解決することはできなかった。ただし、大量失業への対応が図られたとはいえ、根本的に問題を改善するという姿勢は弱かった。社会が支援を必要としていたまさにその時に、登場まもない福祉サービスは削減されたのである。自由放任的市場経済を基調とする英国において長い歴史を有しているのは、個人の福祉に関する私的な解決の伝統である。これは、歴史的にはヴィクトリア朝のフィランソロピーにまでさかのぼることができる。救貧法をつうじて、貧困には「救済に値する」貧困と「救済に値しない」貧困があるという考え方が深く根づいていた。なお、当時、低賃金労働者は人口の多数を占めていた。救貧法と民間の慈善活動は一九世紀の福祉における主要な手段だった。国の関与は、福祉の一部の領域においては、他の領域とくらべると活発であった。たとえば教育に関しては、一九世紀末までに、ボランタリー組織もしくは教会によって運営される学校では対処できない〔必要と供給の〕ギャップを国が補完する態勢がととのえられ、五歳から一二歳までのすべての子どもは何らかの教育機関に通学することが義務づけられた。

やや単純な比較ではあるが、自由党による福祉改革（一九〇六～一四年）によって成立したのは、ブリッグズのいう「社会サービス国家」であって「福祉国家」ではなかった。つまり、全国民のうちの限られた集団に対してごくわずかな経済的支援を与えるのが社会サービス国家であり、このアプローチではコミュニティにおける最貧層の必要を充足することはできなかった（Harris 2004）。たしかに、自由党による改革はいくつかの進歩をもたらした。一部児童に対する無料学校給食、拠出制の保健・雇用給付金、一部対象の老齢年金などである。これらの方策が、どのていど「福祉国家」の発展にとって実質的な意義をもったかについては歴史家の間でも見解が分かれている。しかし、それが自助努力中心の古いパラダイムから抜け切れていないことは明らかであると思われる。老齢年金は、高齢者を扶養するためというより、〔各自の〕老後の備えが必要であることを認識させるために導入された。戦間期の政策は、国がより幅広い福祉供給に関与すべきであるという考え方にもとづいていた。しかし、当時の社会改革は場当たり的で腰が引けたものであり、いぜんとして道徳的判断にかなり強く力点を置いているという点で、そのアプローチの本質において「ヴィクトリア的」であった。

一九世紀後半におけるハウジングの立場は、相当に特異なものだった。第2章で述べたように、「ハウジング」が独立した「政策」課題となったのはかなり早く、スラムクリアランスと公衆衛生というテーマから生まれたのだった。この開始時期の早さにより、ハウジングには、他の社会政策の諸領域——一九〇六年の自由党政権成立までは表に出なかった——とは異なる位置が与えられた。スラムクリアランスには国家が介入していたとはいえ、住宅供給は完全な営利活動である。米国の実業家ピーボディのようにフィランソロピーにもとづいて住宅供給の改革に取り組んだ人々でさえ、投資に対して五％の見返りを期待していた。ともあれ、住宅政策の登場は「早かった」。そしてこれこそが、戦後復興が進み、本格的な福祉国家が成立しつつあった時期におけるハウジングの役割を考える際に、第二次世界大戦後の物語が一筋縄ではいかないものとなる理由である。

2　なぜ住宅政策の立ち上がりは「早かった」のか

住宅市場への介入が、福祉の他の領域よりも早い時期に、そしてより実質をともなったものとなったのはなぜか。その理由について述べるには、すでに取り上げた「タイミング」についての議論や、時間軸と長期持続の理解がなぜ必要なのかについての考察にまで立ち戻らなければならない。「住宅政策」は、一九世紀終盤、都市化の社会的影響が直撃するなかで生じたパラダイム転換に由来する。第2章のくり返しになるが、労働者階級の住宅に関する王立委員会（一八八四年）は、ロンドンの住居費が低所得労働者には負担しきれない水準にあるとの結論に達していた。それは当時としては画期的な考え方で、新しいパラダイムの登場を象徴するものであった。

これにより、何らかの財政援助が、たとえ一時的にせよ必要であるという、かつては見向きもされなかった発想が実現する道がひらかれた。このときはじめて、ヴィクトリア朝の自由放任主義的住宅経済は、状況によっては国による支援を必要とすることもありうるという認識を、不本意ながら受け入れざるをえなくなったのである。すでに述べたように、公衆衛生とスラムクリアランスという問題は、一八九〇年の労働者階級住宅法（第1部と第2部に集約されている）の先駆けであった。そして国は、一九一四年までの一〇年間に起きた投資危機に対処すべく、臨時とはいえ大規模な、住宅市場への介入を検討していた。

住宅不足はかなり深刻であった。第一次世界大戦によって介入が不可避となるずっと以前から、一八九〇年法の規定にもとづいて地方自治体に「公営住宅」の建設を担わせる計画が準備されていたほどである。第3章で確認したように、一九一四年から一八年までの戦争の結果、そして英国社会に生じていた人口学的変化が、アディソンに六〇万戸の公営住宅整備計画の立案を決意させた。そして彼は、この計画の惨憺たる進捗状況と、保守党政権下で成立した一九二三年住宅法（チェンバレン法）における民間セクター向け補助金への方針転換に大いに失望した。しかしながら、一九二〇年代から三〇年代にかけて、国による住宅供給は、労働者階級向けの住宅建設、のちにはスラム問題への取り組みに着手する際の有力な方策となった。短命に終わった労働党内閣のもとで成立した一九二四年住宅法（ウィートリー法）は影響力が大きかった。もっとも、この法律にもとづく建設事業の多くはボールドウィンがひきいる保守党内閣のもとで実行された（第3章のコラム3-2を参照）。このとき作られた住宅は貧困世帯向けではなかったが、一九三九年までに一〇〇万戸以上の公営住宅が建設され、人口の一割に住宅を提供した。これは「社会サービス国家」の域を超えた、かなり大がかりな介入であり、保守党も労働党も、居住水準の向上をともなう、国の大規模な建設計画に財政上の裏づけを与えた（第3章参照）。住宅市場に対する、「福祉国家」と呼ぶに値する規模での国家介入は、「五人の巨人」との対決を目指したベヴァリッジ・プランの数十年も前から実行されていたのである。

同様に、われわれは戦間期において民間セクターで三五〇万戸弱の住宅がどのように建設されたのかを確認した。この時期に、擬チューダー様式の「セミデタッチ式」住宅がところかまわず出現し、新しい郊外の景観が形成された。ジョージ・オーウェルと詩人のジョン・ベッチェマンの痛烈な風刺にもかかわらず、それらの住宅は数百万の家族にとって新しいライフスタイルの源泉となった。要するに、「ハウジング」という領域では、大きな変化が戦間期の二〇年間に生じており、二〇世紀に起きた静かな革命、すなわち民間賃貸から持ち家社会への変化の原型が、すでに確立されていたのである。これこそが、ヴィクトリア朝後期の住宅危機のなかで提起された「住宅問題」に対する回答であった。もし民間家主に新しい住宅を供給する意思がないとすれば、誰がその役割を担うのか。その答えは「公営住宅」であり、持ち家である。すでに論じたように、これらの完全に新しい制度形態は、すでに住宅政策の軌道を転換し、戦間期の社会に多大な影響を与えつつあった。

本章の後半で見るように、住宅市場に対する「早い時期からの」国家介入と、補助金つき賃貸住宅の独占的供給形態としての「公営住宅」の創出は、一九八〇~九〇年代に起きた転換、すなわち「社会住宅」セクターの大幅な縮小と、これにともなう機能の変更と残余化を説明するうえで見逃すことのできないポイントである。このうちとくに大事な要素は、のちに考察するように、補助金制度の複雑な仕組みのなかに潜んでいる。ひとことで言えば、初期に建設された大量の公営住宅は、すでに資本コストが償却され、算入されるのは遠い過去の補助金であったために、一九七〇年代末までには、ほとんどコストがかからなくなっていた。この結果、理論上は家賃が引き下げられるはずであったが、成熟した低コストの公営住宅ストックは民間部門をおびやかす存在とみなされ、競争上の優位は許容されなかったのである（Kemeny 1995）。

しかし、第二次世界大戦直後には、先に対処すべき問題があった。一九三〇年代、民間セクターは猛烈なスピードで建設を進め、一九三九年までには世帯に対する住宅不足は急速に緩和され、「わずか」五〇万戸にまで減少したことを思い起こそう。なぜ、これを再開させて、民間部門に戦後住宅供給計画を主導させなかったのだろうか。

3　住宅供給計画を主導するのは国か、それとも市場か

第一次世界大戦とはちがい、一九三九年から四五年までの間、住宅ストックにはかなり深刻な物理的損害が生じた。戦闘機による爆撃、のちには無人の「ドゥードゥルバグ」〔V1ミサイル〕による攻撃を受け、四五万戸が破壊されたり居住不能となったりした。しかし、ストック水準にとってより重大な問題は、戦時中にほとんど住宅が建設されなかったことである。なお、一九三九年以前の六年間には、民間セクターの建設主体によって年平均二五万戸の住宅ストックが追加されるとともに、一九三〇年住宅法を受けて、地方自治体によるスラムクリアランスがペースを増していた（第3章コラム3-2参照）。空爆による建物の破壊に加え、六年におよぶ空白期間は多大な影響を与えた。さらに、世帯に対する住宅不足は一九三九年時点で五〇万戸に達していたが、未解決のままであった。これは、当時の一二〇〇万戸あまりの全住宅ストックにとっては小さくない数字である。また、日常的な補修や維持管理も停滞した。住宅ストックのかなりの部分を、老朽化したヴィクトリア朝のテラスハウスが占めていたことを忘れてはならない。二〇〇万戸もの住宅にガスや電気の設備がなく、照明手段はローソクやランプに頼るほかはなかった。そして六〇%近くの住宅には給湯設備がなかった（Holmans 1987: 138）。英国は劣悪な居住水準という大きな負の遺産を背負ったまま戦争に突入し、それは新時代にまで持ち越されたのである。

さて、全国的な住宅ストックとその劣悪な状態は、ストックについての方程式のもう一方の項、すなわち世帯

表4-1　住宅数と世帯数（1900〜2000年）

イングランドとウェールズ	住宅ストック（千戸）	推進世帯数（千世帯）	空き家率（%）	同居している世帯数（千世帯）	世帯数に対する住宅数の不足（千戸）
1901	6,710	7,007	n/a	n/a	300
1911	7,691	8,143	(4.4)	(1,200)	450
1921	7,979	9,289	(1.5)	1,732	1,310
1931	9,400	10,583	1.7	1,948	1,180
1939	11,500	12,000	n/a	n/a	500
1951	12,530	14,194	1.1	1,872	1,660
1961	14,646	15,426	2.1	886	780
1971	17,024	17,144	3.8	780	120

注：ホルマンズが作成した表のなかでとくに注目すべきは右端の列である。これらの数値は，計10年におよんだ戦争の影響がいかに大きかったかを示している。ホルマンズが総括するように，「戦争の遺産は，のべ半世紀にわたって，住宅事情と政策要求を左右しつづけた」(Holmans 2000: 15)。ちなみに1951年は，第二次世界大戦終結からすでに6年を経ていたが，ある面では20世紀で最悪の状況だったとも言える。

出典：Holmans（2000: 14）

数とのかねあいで理解されねばならない。戦時中、結婚（六年間に二〇〇万組）の早期化と家族分解の増加により、新たに形成される世帯数は急激に増加した。多くの世帯が他世帯との同居を強いられた。新婚夫婦が義父母と同居したり、家族が間借り人を置いたりすることは一般的であった。終戦後の住宅難を象徴する出来事は、使用されなくなった兵舎の集団占拠であり、居住者数は約四万人におよんだ。ロンドンをはじめとする大都市での空きアパートや空きホテルの占拠運動は、最終的には禁止されたものの、当局は、こうした自助努力を半ば黙認していた。

表4-1からわかるように、世帯数と住宅数の不均衡は深刻で、一九三九年時点と同じ状態を回復し、それからしばらくたって均衡を達成するまでに数十年を要したほどであった。ただし、のちに見るように、均衡は長くはつづかなかった。重要なのは、一九六〇年代の終わり頃までの住宅政策の枠組みが、こうした深刻な住宅不足を背景に形作られたことである。ここで、差し迫った戦後危機に対していかなる取り組みがなさ

れたかという問いに立ち戻ってみよう。戦前の民間セクターにおける建設ブームの再来はなかったのか。あるいは、国が平時の住宅キャンペーンの舵取り役になろうとしたのか。一九四五年の選挙公約において、保守党は公共セクターと民間セクターの双方に住宅補助金を交付すると明言した。労働党の政治家のなかでは、何をすべきかについて意見が割れており、住宅供給計画を地方自治体主導とするか、持ち家主導とするか、それとも両者の混合形態とするかは、まったく不確定であった。ところが、ウェールズ出身の社会主義者アナイリン・ベヴァンが保健相に就任するやいなや、どの立場をとるかが定まった。

住宅供給計画の責任者であったベヴァンは、開発業者が「国におんぶに抱っこ」になってはいけないと主張し、民間セクターの関与にはげしく反対した。彼の構想は、ジョン・ウィートリー――ベヴァンと同じく急進的で、一九二四年の労働党政権で保健相を務めたスコットランド出身の政治家――のそれと類似したものであった。彼らは、住宅政策は社会に分断を持ち込むものであってはならず、地方自治体による住宅供給は全社会階層を対象としなければならないという信念をもっていた。その結果、投機的建設業者は、戦時中から引き続き、認可制度のもとで事業をすすめた。

一九四五年から五一年にかけて、新規住宅建設戸数の八〇％は地方自治体に、二〇％は民間住宅建設業者に割り当てられた。一九五一年の選挙で野党に転落するまでに、労働党政権は一〇一万七〇〇〇戸の住宅建設を指揮したことになる。このうち一四万六〇〇〇戸は、一九四六～四七年にかけて応急措置として工場生産された「プレファブ」式の小規模バンガローである。とはいえ、これだけの規模の計画は鮮烈な印象を与えた。それは、ウィートリー法以来、公的住宅供給に対するはじめての大がかりな積極的投資であった。「ウィートリー流」と「ベヴァン流」に共通するのは、質の高い住宅の供給である。それが、社会主義者として大臣の椅子に座った政治家の構想を反映したものであったことは銘記しなければならない。これは時流に乗った政策だったとはいえ、

コラム4-1　ダドリー委員会

ダドリー委員会は一九四二年、戦後の居住水準向上を準備することを目的に、保健省によって任命された。戦時期に払った犠牲がよりよい社会につながるとの期待はいやが上にも高まったが、レイヴェッツが指摘するように、第一次世界大戦（一九一四～一八年）の終結後と同じく、「つかの間の楽観論は、妥協と合意にとってかわられた」(Ravetz 2001: 95)。一九四四年に刊行されたダドリー報告は、チューダー・ウォルターズ報告の設計思想を反復した。すなわち、良質の住宅設計と高水準の建設仕様が不可欠であるのみならず、社会の充実をもみちびくとした。しかし、チューダー・ウォルターズ式住宅団地の画一性には批判的で、「一エーカーあたり一二戸」という退屈な指針にとどまらない、フラットやメゾネットをふくむ異なった住宅形式の混合という考え方を提唱した。

新しい設計理念は「ラドバーン」――英国の田園郊外運動の影響を受けた米国の実験的住宅地――方式の配置計画を中心に構成されていた。これらの団地は「緑地」を中心とする放射状の配置を特徴としており、自動車所有の増大を見越して、自動車と歩行者を分離する交通体系をそなえていた。これが英国に逆輸入されたとき、設計思想の利点はうしなわれた。なぜなら、駐車場は住宅から離れたところにまとめられ、原型とされたラドバーン団地が一戸建てや二戸建てだったのに対してショートテラス形式だったからである。ラドバーン方式は、一九六〇～七〇年代に建設された公営住宅ではごくありふれたモデルとなったが、住宅の前面と背面の不明確さ、歩道の接続（人々はこれにはお構いなしに歩いた）、駐車場問題、子どもの遊び場の集約などの点で、成功とは言えなかった。これらはみな、団地という生活環境に対する不満の要因となった。

ダドリー委員会によって提唱された住宅基準は高かった。三寝室住宅の床面積は戦間期の公営住宅基準の七五〇～八〇〇平方フィートから九〇〇平方フィートに拡大され、世帯人員の増加に対応して一階に水洗トイレを追加した。また、浴室は寝室と同じ階に設置された。客間は、面積を拡大したリビングルームと一体化された。調理用のレンジと暖炉のかわりに電気式もしくはガス式の調理器具が置かれ、戸外には趣味とＤＩＹ活動のための物置がそなえつけられた。住宅建設コストに関する委員会は、これら改良された基準が標準的な三寝室住宅の建設コストを三五％上昇させると推定した。この基準の向上が、戦後の緊急建設目標が未達成に終わった一因であった。一九五〇年代には、ダドリー委員会基準は、財政圧力の高まりを受け、大幅に縮小される。

指導にあたった大物政治家の発想や人格の影響力が、政策形成において決定的な役割を果たしたことを忘れるべきではない。居住水準について言えば、その基礎部分の大枠は、戦間期の政府委員会で準備されていた。すなわちダドリー委員会は、第一次世界大戦中のチューダー・ウォルターズ委員会ほどは劇的ではなかったかもしれないが、戦後の居住水準を方向づけたのである。

経済が振るわず、戦争によって建設業が打撃を被っていたという状況をふまえれば、労働党政権が成し遂げたことはけっして小さくはなかった。しかし、時がたつにつれて問題が持ち上がり、結果として、住宅供給の実績は、当初の計画や実際に必要とされていた水準には遠くおよばなかった。問題のかなりの部分は、公営住宅の建設に際して、地方自治体が、監督の行き届かない民間の契約企業に頼らねばならない点にあった。労働力と資材の不足がさらに事態を悪化させ、一九四六年から四七年にかけての異例の厳冬も建設計画を滞らせた。これらの悪条件がかさなって、一九四七年には入札の承認に制約が課されることになり、一九四八年の経済危機後にはさらなる一連の制限事項がもうけられた。閣内ではモリソンが、民間セクターにより大きな役割を与えるべきとの主張を展開した（Campbell 1987）。同内閣の歩みから見て取れるのは、社会改革計画と、英国の国際的影響力を維持するという（巨額の費用を要する）願望との間で、ある程度の妥協が図られたことである。地方自治体は一九四八年に一〇万戸の建設を達成した。つまり、国主導の住宅供給計画は、第一次世界大戦後の公民混合供給に比べると格段に大きな成果を挙げたのではあるが、政権が立てた目標の達成にはほど遠かった。このことも一因となり、労働党は、住宅問題が主要争点のひとつとされた一九五一年総選挙において敗北を喫した。

4 戦後福祉合意と保守党の住宅政策観

戦後の住宅危機は誰もが認めるところであり、それに対処するための制度的手段はすでに戦間期に整備されていた。福祉国家の歴史を論じる者はみな、従来の慣例と決別した戦後福祉合意に言及する。しかし、すでに述べたように、ハウジングに関してはこの見方はあてはまらない。この合意にともなう新しいパラダイムは、数々の重要な特色をそなえており、異論がなかったわけではないものの大方の賛同を得ていた。第一に、ベヴァリッジが先鞭をつけた諸改革と、経済運営についてのケインズ的アプローチが容認され、新しい福祉国家は経済に対する国の介入によって完全雇用を保障すべきとの信念にささえられることになった。要するに、戦前の「社会サービス」国家の及び腰と力不足を一蹴する、福祉の政治経済体制《ポリティカル・エコノミー》が成立した。政治評論家たちは、国民生活の基本的方向をめぐる保守党と労働党の歩み寄りと合意を表現するために、「バッケリズム」なる造語を用いた（バトラーとゲイツケルは、一九五〇年代において、それぞれ蔵相と影の蔵相をつとめた人物である）。じっさいに何が起きていたかを見れば、それはやや底の浅い解釈であった。保守党は、一皮むけば「トーリー党」以来の伝統にみちびかれた政党であり、その根底には、個人による解決と自由市場を支援し、大きな政府に対して（控えめに言っても）懐疑の目を向けるプラグマティックな社会政策観があった。同党の住宅政策に対する態度は、このことを如実に示している。

一九五一年総選挙において保守党は、公共による供給と民間による供給を組み合わせることで年三〇万戸の住宅を建設すると約束した。この公約は、選挙の勝利にとって大きな支えとなった。住宅・地方自治省の初代大臣となったハロルド・マクミランは、持ち家奨励策の青写真を示したが、未達成の建設目標を埋め合わせるために地方自治体の関与が必要であることは認めた。当初、この方針により公営住宅建設計画は急伸し、新規建設着工戸数は一九五一年の一六万四〇〇〇戸から一九五三年の二二万七〇〇〇戸に激増した。一九五三年に民間セクターが建設した住宅は八万一〇〇〇戸だったので、三〇万戸という保守党の公約は達成されたことになる。一九五七年には、両セクターの建設着工戸数が初めて肩をならべた。保守党の住宅政策の要点がどこにあったかは明白である。民間住宅市場は、通常の状況のもとでの基幹的な供給源と見なされていた。公営住宅は、世帯数と住宅数の間に深刻な不均衡が存在するとき――このことは一九五一年のセンサスによってさらに明確となった――、住宅建設の不足を補うために利用されるが、そうでなければ、スラムクリアランスと代替住宅の供給という特殊な役割に限定されるものであった。全国的な住宅供給戦略において公営住宅が果たす役割の維持を、プラグマティックかつ消極的に容認するというのが、政策の基本的な姿勢であった。ケンプが指摘したように、一九五四年から五七年にかけて行なわれた政策再構築において、このことは顕著である。「保守党政権は、持ち家がもっとも望ましい住宅保有形態であるとの信条を再確認し、新規建設における地方自治体の役割に制限を加えることを試み、民間賃貸の復活を画策した」（Kemp 1991: 52）。

民間賃貸セクターの衰退

保守党のハウジング観の際立った特徴のひとつは、住宅投資家――民間家主――が「市場の外」で経済状況の好転を待ちかまえており、時機が来れば大挙して市場に戻ってくるだろうという想定である。戦後の英国が置かれた状況のもとでは、このような見方が実態からかけ離れたものであることが明らかになった。その理由について、ここで簡単に説明しておこう。なぜなら、民間賃貸セクター（ＰＲＳ）の復活どころか衰退をもたらした諸要因こそが、持ち家社会の進展に重大な影響を与えたからである。

戦前の一九三九年からどのような条件が引き継がれていたのかを思い起こす必要がある。それが戦後起きたことの前提をなしていたからである。第一次世界大戦後、一九一九〜二〇年に定められた統制家賃は四〇％上乗せされたが、依然として家賃は同時期の所得水準に比べて低くおさえられていた（Holmans 2000: 17)。また、新たに建設された賃貸住宅はどの時点においても統制の対象外とされた。民間セクターの家賃に対するこうした場当たり的な統制は、一九三九年、あらゆる家賃が戦争終結まで同年九月時点の水準で凍結されることにより中断された。そしてこの措置は一九五七年に家賃法が制定されるまで手つかずのままだったのである。このとき生じた問題は、第一次世界大戦後のそれと同じであった。市場の底辺部において、家賃収入の利回りがあまりにも低くなりすぎ、借家に対する投資が抑制されたのである。家賃統制により、多くの世帯にとって市場に出回る住宅の大部分に手が届くようになったものの、皮肉なことに、そうした手ごろな家賃の住宅が既存の物件以外にはほとんど供給されなくなった。補助金にもとづく（地方自治体による）住宅供給の目的は、このギャップを埋めることであった。この論理は第二次世界大戦後も本質において変わらない。両者の違いは、市場が置かれた環境が一九二〇年代から三〇年代中盤に比べてさらに悪化していたことである（第3章で述べたように、金利が低く建設費が安くなった一九三〇年代には戸建てと集合住宅をあわせて九〇万戸もの住宅が建設されたことを思い起こすとよい。それらは、主として――すべてではなかったものの――市場の上層部に位置する住宅であった）。当時の基準に適合する住宅を提供するために自由市場で不動産を購入する費用、ましてや一から建設するコストを回収するには、大多数の世帯には手が届かない家賃を設定する必要があったのである。

政府は一九五六年、民間賃貸セクターに対する統制を解除する（ことで、市場価格に合った家賃設定を認める）と発表した。地方自治体への補助金が廃止されたのも同年である。このアプローチの要点について、マクミランは明快に述べている（Kincaid et al 1962からの再引用)。「地方自治体が、というより地方自治体だけが、スラムの除去と建て替えを実施できる。一般需要向け住宅の方は、戦前にはほとんどそうであったように、民間事業者によって十分に対処できる」。一九五四年の住宅補修・家賃法は、スラムクリアランスを再開するとともに、民間セクターの改善をうながした。民間セクターが戦争の痛手から立ちなおるにつれて、一般需要にこたえる地方自治体の機能の縮小が顕著になってきた。一九五六年の住宅補助金法は一般需要向け補助金を廃止した。同法はまた、補助金制度をつうじて、地方自治体がスラムクリアランス対象物件の建て替えに際して高層建築技術を採用することを奨励した。

家賃統制の緩和と一般需要向け補助金の廃止が一貫した戦略だったのかどうかは疑問の余地がある。なぜなら、住宅不足を解消するために一〇年にわたって公営住宅に頼ったあとにこうした転換を行なうことは、かなりのリスクをともなったからである。市場メカニズムの力、とりわけ賃貸セクターにおける民間投資家の企業家精神への信頼は、〔根拠にもとづく判断というよりも〕保守党の神話に深く根を張っていた。

一九五七年家賃法は、価値の評価が可能な物件と、新たな賃貸物件について統制を解除することで、家主による家賃設定の自由を拡大した。同法は高額物件の規制をすべて解除した（コラム4-2参照）ほか、市場の最底辺の物件についても新規契約時には規制の適用外とした。その狙いは、段階的に民間賃貸セクターの規制緩和を進め、これを復活させることであった。ここで明記しなければならないのは、一九一五年以来、旧法のもとでは、統制対象物件の借家人は、未亡人や近親者への相続権をふくむ全面的な法的保護が受けられたことである。一方、統制解除された物件は、立ち退きに対する法定保護をはじめとする権利を、一週間前までに立ち退き通知を受ける権利を除き、ほぼすべてうしなった（通知期間は一九五七年法では四週間に延長された）。これが、ラックマンをはじめとする無節操な家主たち、とりわけロンドンに広大な地所をもつ強欲な家主が賃借人を追い出すようになった背景である。

コラム4-2　一九五七年家賃法

一九五四年の住宅補修・家賃法は、きびしい限定つきで家賃増額を認めた——家主が一定の額を補修に費やす場合にのみ増額が認められた——ものの、それ以外では、民間セクターの家賃は、家具付き物件であれ家具なし物件であれ、家賃が凍結された一九三九年の第二次世界大戦開始時点から据え置かれていた。しかし、戦中から戦後にかけて物価は急激に上昇した。ホルマンズの試算によれば、一九三九年から五一年までの消費財・サービス価格は一〇五％上昇し、建物維持費は三倍近くに高騰したという（Holmans 1987: 409）。一九五七年家賃法は、民間賃貸セクターの大部分を占める住宅の統制解除を目指す、画期的な方策だった。

・市場上層部に位置する、課税基準額で三〇ポンド（ロンドンでは四〇ポンド）以上の貸家の統制を解除する。これには法定借家権保護の終了をふくむ。
・上記水準を下回る貸家のうち空き家の統制を解除する。
・引きつづき家賃統制を受ける貸家については、算定基準を総不動産評価額の二倍の水準に設定する。
・課税基準額が低い物件の統制解除は法そのものではなく規則で定める。

こうして、民間家賃の全面的な上昇が、課税基準額の評価替えという単純な手段によって容認されるに至った。評価替えは、不動産種別の違いに左右されないように一九三九年時点の価格を用いて実行され、これ（総評価額の二倍）が新しい家賃水準の算定基準とされた。新方式により、一九三九年と比べておよそ一五〇％の増額が認められた。この方式はそれなりの時間をかけて導入された。借家権保護への懸念をふまえて、保守党政権はその裁量権を、統制解除を拡大する方向に用いることには慎重だった。家賃上昇は、一部の世帯にとってはかなり急激であり、公的家賃補助制度は存在しなかったため、生活扶助費を受給していない者は自費で上昇分を支払った。しかし、借家権保護がうしなわれるとの見込み、ならびに強欲な家主がこの変更につけ込みつつある兆候こそが、法の不備を露呈させ、「ラックマニズム」につながったのである。

結局、より高額の家賃を支払わなければならなくなった借家人たちは持ち家に誘導され、家主たちは、上昇しはじめた住宅価格に背中を押されて、市場で物件を売りに出した。一九五七年家賃法がもっとも大きな影響を与えたのは、売却できない物件である。なぜなら、そうした物件を、借家人の保護や家賃の制限にわずらわされることなく、しかも家具なしで貸せるようになったからである。つまり、家主たちには統制対象の借家人を追い出す動機があった。ラックマンと彼の忠臣たちがとくに長けていたのはそのための手管である。この法律にはラックマン事件〔と同様の悪質事例〕がつきものであった。政府の予測に反して、民間家主制度が「復活」を遂げることはなかった。ケンプが指摘するように、「統制解除は民間投資家が賃貸住宅に回帰するための必要条件ではあったが、十分条件ではなかった」（Kemp 2004: 41）のである（詳細はコラム4-2参照）。アフォーダビリティもまた、民間賃貸セクターの大部分が置かれた劣悪な状況を説明するうえで重要な要因である。その理由についてここで明らかにしなければならない。

地方自治体への補助金を削減し、もっぱら民間セクターによって一般需要を充足するよう転換するという戦略——もし戦略と呼べるとすればだが——は、わずか三年しかもたなかった。すでに見たように、〔民間賃貸セクターの〕冷遇が数十年つづいたあとでは、賃貸住宅への民間投資に経済原理は通用しなかった。こうして、追加の統制解除は見送られ、地方自治体による一般需要向け住宅供給に対する補助金がふたたび導入された。保守党政権は、持ち家に賛同できない、もしくはその意志をもたない人々のための賃貸住宅供給戦略の主軸として、またしても公営住宅に頼ることになった。ホームレス状態が増大しているという兆候を前に対応をせまられた政府は、一九六一年の白書『イングランドおよびウェールズにおけるハウジング』（MHLG 1961）において政策の見直しを表明し、新しい方針は一九六一年の住宅法で法的根拠を与えられた。

住宅ストックを評価する際に、戦前の北部工業地帯をおとずれたオーウェルによる目撃証言、とりわけバーンズレイの炭鉱住宅についての詳細な観察（第3章コラム3-4）を読み返し、民間賃貸セクターの住宅の大部分が置かれていた劣悪な状況を思い起こしてほしい。それらの多くは民間賃貸住宅であり、一九三〇年代にはじまり、戦争中の非常時に停滞したものの一九五〇年代には再開されつつあったスラムクリアランス運動の焦点であった。一九三八年から一九七〇年代中盤（この頃には大規模なスラム改良は終了した）にかけて、地方自治体によって除去された一三〇万戸の物件のうち八〇%以上は民間賃貸住宅で、結果的に、ほぼ同数の公営住宅が純増した（スラムクリアランスの適用対象となった家族は、通常は新しく建設された公営住宅に収容されたからである）。

さらに、民間賃貸向け投資の経済的合理性がうしなわれ、住宅の実質価格が小売物価指数や収入に先行して動き出した一九六〇年代初頭、家主たちは、売却可能な空き物件がある場合には、戦前と同じく不動産を売却しはじめた。このことはまた、住宅保有形態のパターンに大きな実質的変化をもたらした。なぜなら、これらの物件の多くは持ち家を求める人々に売却されたからである。一九三八年から一九七五年の間に、二九〇万戸の民間賃貸物件が家主によって売却され、そのうち二六〇万戸が持ち家に移行した。これを同時期に新規建設された持ち家物件数三九〇万戸と比べると、持ち家の拡大の四〇%が旧民間賃貸ストックの転換によるものであったことがわかる。

統計によれば、一九三八年には約六六〇万戸の民間賃貸住宅があり、住宅ストック全体の五八%を占めていた。一九七〇年代中盤までに、爆撃による損失、除去、持ち家への転換が重なり、この数は二九〇万戸、全ストックの一五%にまで減少したのである。

しかしながら、この劇的な運命の逆転は、戦前に姿をあらわしたパターン、政策、社会変動の帰結である。さらにその源流は、第2章で示したようにヴィクトリア朝の住宅危機にある。一九三九～四五年の戦争によって生み出された過酷な状況は、構造的で長期にわたる圧力をさらに強化した。この運命を逆転しうる方策があったのかどうかは疑わしい。一九五七年法が成立するまでに、英国の民間賃貸セクターは、すでに何十年も回復の見込みのない状態に置かれていた。スラムクリアランスと持ち家向けの売却は、それにとどめを刺したにすぎない。

5 公営住宅の建設はつづいた

保守党政権は、ホームレス状態〔居住の不安定化〕の兆候と民間賃貸住宅のさらなる減退に直面して、従来の自由放任的戦略を再考せざるをえなくなった。一九六一年と六四年の住宅法は地方自治体にかなり強力な権限を与え、複数世帯が居住する住宅の家主に物件の補修と改善を義務づけることが可能になった。しかし、再生政策は規制緩和の企てほどにも成果を挙げられなかった。そしてこの頃から、家主をあてにした民間セクター内での住宅再生など達成不可能であることが理解されるようになった。これとは対照的に、一九六〇年代初頭には持ち家居住者への助成金支給が年七万件に達する。住宅ストックのさらなる毀損を防ぐうえでは、持ち家と再生が持ちつ持たれつの関係にあることが明らかになった。

ここでより重要なのは、民間家主が一般需要向け賃貸住宅の供給に失敗しつづけ、ホームレス状態が深刻化する兆候があらわれたことによって、政府が公営住宅の役割を再考せざるをえなくなったことである。一九六一年住宅法において、一般需要向け補助金がふたたび導入された。ただし、補助率は二通りあり、地域ごとの複雑な計算方式をともなっていた。民間賃貸住宅を機能させることが可能であることを示すため、投資に大した見返りが期待できない状況のもとで、一九六一年法は原価家賃で住宅を貸す団体向けのローンを導入した。この種の団体は今日では「協会」(association)〔住宅協会〕と呼ばれている。選挙が近づくと、保守党はこの方向をさらにすすめて、一九六四年住宅法は、住宅協会による原価家賃での賃貸の奨励を目的とする「住宅公社」(Housing

Corporation）を設立し、国庫から年一億ポンド以内の資金融資が受けられるようにした。

しかしながら、一九六四年選挙の結果は、住宅協会の復活をつうじた、いわゆる「サードアーム」の供給の奨励に待ったをかけるものだった。この選挙では、労働党が政権に返り咲いたのである。

住宅はこの選挙の主要争点のひとつであり、ハロルド・ウィルソンが率いる労働党は、五〇万戸の住宅建設を公約したマニフェストをかかげて勝利した。ただし、このときの労働党政権によって、ウィートリーやベヴァンが構想を練った日々が再来することはなかった。一九五一年以来の一三年間で、保守党は本意ではなかったとはいえ、〔住宅供給における〕地方自治体の役割を堅持した。じっさい、労働党政権下よりはるかに多数の公営住宅が、保守党政権および保守党主導の連立政権のもとで建設されたのである。「公営住宅の党」として知られる労働党だが、一九六〇年代には、このようなイメージからの脱却をはかり、しかもその変わり身はいささか急なものだった。一九六四年に政権に復帰したとき、同党の政治的スタンスは、一九四五年の労働党政権とはまったく異なるものだった。メレットは「主要な転換は、トーリー主義の残余主義原則を受容することであった」（Merrett 1982: 42）と述べた。もっともそれは誇張した表現だったのかもしれない。そう述べる根拠について、慎重に検討しなければならない。一九六五年住宅白書〔住宅・地方自治省〕では、公営住宅がいくつかの明確な役割に限定されている。

> 現在提案されている公的〔住宅建設〕プログラムの「拡大」は、例外的な状況に対処するためのものである。短期間の必要から生じるものもあれば、近代都市生活に特有の状況から生じるものもある。これに対して、持ち家のための建設の拡大は正常なものである。（Ministry of Housing and Local Government 1965 強調は引用者）

この宣言は、一九六〇年代中盤の状況に特有の、いくつかのやや矛盾をふくんだ過程を反映したものと見るのが妥当だろう。そのなかでとりわけ重要なのは、この国が戦後の住宅不足が終焉をむかえる時期に達しつつあったということだ。たとえば、公営住宅に対する需要が顕著に減少した。このことをよくあらわすのが、いわゆる「賃貸困難」〔空き室続出〕団地である。しかしながら、当初は、すでに言及したように、労働党の「全国住宅供給計画」のもとでの拡大策がとられ、公営住宅の建設ペースは年々速まり、一九六七年には一八万戸と戦後のピークを記録した。この計画は、一九六七年一一月のポンド切り下げ後に縮小され、その後、かつての隆盛が再来することはなかった。五〇万戸建設計画は、経済危機が労働党の社会改革プログラムを直撃すると、政策綱領から静かに姿を消した。

6　労働党と持ち家

第二次ウィルソン内閣とこれに続くキャラガン内閣（一九七四〜七九年）による住宅政策は、明確な方針を欠いていた。ただし、一九七七年の緑書が全体像を示している（コラム4-3参照）。グローバルな圧力と大量住宅建設時代の終焉は、住宅供給に対する政府支出の大幅な削減につながった。一九七七年までに、公共セクターの建設完了戸数は戦後最低の八万九〇〇〇戸にまで減少した。〔住宅〕開発計画に対する投資からの退却は、一九七九年以降のサッチャー政権と結びつけられることが多いのだが、実際には、労働党のウィルソンとキャラガンの両首相によって方針が固められていたのである。これらの削減は英国の経済状況の悪化と密接に結びついており、直接には、一九七六年一二月に国際通貨基金によって義務づけられた政府支出制限の結果であった。長年にわたる復興期が終了し、総需要管理というケインズ流の経済運営がグローバル化の圧力にさらされるようになった

コラム4-3　一九七七年住宅緑書

住宅政策史にとって、一九七七年の緑書〔＝政策提案書〕『住宅政策の再検討』は時局への対応にとどまらない意味をもつ。同書が、住宅政策について労働党が当時どのような考え方をもっていたかを集約しているからである。同書はおおむね保守的性格をもった文書と見なされており、〔その保守性は〕とりわけ持ち家の擁護（DoE 1977）に如実にあらわれているとされる。フォレストとミューリは、一九七七年緑書を「労働党の持ち家に対する降伏と、公営住宅の限定的・残余的役割の受諾」（Forrest and Murie 1990: 32）と特徴づけているが、これは正当な評価ではない。なぜなら、第一に、労働党は従来からつねに持ち家が「正常な」ものであることを認めてきたからであり、第二に、同書は、住宅の主要供給者としての公共セクターの存続を、以前に比べれば〔同セクターが〕低い水準の実績しか上げていないにもかかわらず、かなり強く主張しており、さらには、大ざっぱな全国計画よりも、地方ごとに見いだされたニーズを、より明確に焦点化しているからである。

緑書は、ヴィクトリア朝のスラムの惨状を改善するにあたって地方自治体が演じた歴史的役割について述べ、公営住宅が居住水準の向上にいかに貢献したかを強調した。労働党が公共住宅の範囲と役割を狭め、当時の住宅保有構造に生じつつあった持ち家拡大傾向を継続させようとしたことは明らかである。しかし、労働党は依然として、地方自治体を長期にわたる組織的運動の橋頭堡と見なしていたし、たとえ環境が変わり、より多元化されたハウジング・システムが形成されたとしても、依然として、将来において担うべき重要な役割を有すると考えていた。

（Bosanquet 1980）。ポンドは他の主要通貨に対して値を下げ、インフレ率が高まり、労使紛争が英国経済に打撃を与えた。ハウジングをとりまくこうした環境の変化は、地方自治体の資本支出に対する歳出抑制というかなり厳格なシステムによって制御され、年次住宅投資計画（ＨＩＰ）をつうじて運営されていた。ＨＩＰシステムの狙いは、一九七七年緑書の概説によれば、地方自治体が各々の投資計画をより柔軟に立案できるようにし、他方で、中央政府に対しては地方自治体の歳出規模の決定に大きな影響をおよぼす力を与えることであった。

ところで、労働党の持ち家に対する態度という未回答の問いが残されている。労働党の持ち家擁護の姿勢は、一九七〇年代後半には確立されていた。その意味で、一九七七年緑書は年来の立場の表明であり、「降伏文書」ではなかった。もともと、公営住宅が唯一の供給形態であるとは考えられていなかったのである。

じっさい、通常の状況のもとでは持ち家が主要な供給形態であるというのが労働党の基本姿勢であった。一九六五年の白書で、労働党は持ち家を「長期的な社会進歩」と位置づけ、公共住宅供給計画（短期的な住宅不足および例外的な必要に照準するものとされる）と、より正常な「持ち家向け建設の拡大」とを対比させた（Ministry of Housing and Local Government 1965）。当時の労働党住宅相リチャード・クロスマンは、公営住宅の党と見なされるのを避ける必要があることをするどく認識していた。ある面では、それは純然たる選挙戦術であった。持ち家居住者は一九六〇年代なかばには有権者の多数を占めつつあった。また、労働党左派が逆風下に置かれていたこともたしかである。同住宅相の政治的立場は、ウィートリーやベヴァンの伝統からは大きくかけ離れていた。著名な『クロスマン日記』のなかで、彼は次のように記している。「公営住宅は明らかに必要なときだけ建設すればよい」。さらに彼は、労働党の住宅政策の主な狙いは、持ち家を奨励することでなければならないとまで述べるようになった（Boddy 1980: 19での引用）。労働党は、つねにあらゆる主要な住宅保有形態の改革に関与してきたが、一九六〇年代なかばには、持ち家こそが社会進歩の象徴であるとの明確なビジョンをもつにいたった。もっとも、「旧い」労働党と「新しい」労働党（左派と右派）の間には、この点に関して何を強調するかでかなりの違いが見られたのではあるが。

第一次ハロルド・ウィルソン内閣（一九六四〜六八年）の時期には、自宅所有者の帰属家賃収入に対するスケジュール「A」課税が一九六三年に保守党によって廃止されたことを受けて、財政上の優遇はさらに強化された。

自宅所有者は、主要居宅の売却にともなうキャピタルゲインについては、例外的に非課税とされた。他の種類の税控除が廃止されたときでも、住宅改修費とローン金利の税控除は維持された。スケジュール「A」課税の廃止には、住宅ローン返済中の持ち家居住者が、消費者としては、住宅購入に対する事実上の補助金を受給し、投資家としては、キャピタルゲイン税の支払い免除により売却時にかなりの経済的利得を手にするという意味があった。持ち家のすそ野を拡大するために、一九六七年の住宅補助金法には「オプション住宅ローン」が導入され、地方自治体と住宅金融組合が、低所得世帯向けに標準利率より二％低い利率の住宅ローンを提供することを認めた。こうした一連の施策は持ち家居住者の立場を有利なものにし、住宅補助金に不均衡をもたらした。それらは公共住宅入居者に対して自宅所有者を優遇することになり、概して逆進性をともなっていた。

7　結論

一九四五年以後の対世帯住宅不足に取り組むには、二〇年以上の時間を要した。その間に、人類は月面を歩いていたのである。住宅不足時代が終焉するきざしは、労働党政権の白書『古い住宅《ハウス》から新しい住まい《ホーム》へ』(Ministry of Housing and Local Government 1968) に読み取ることができる。同書が提唱したのは、スラムクリアランスと〔地区の〕総住み替えから、改修助成金の自発的活用をつうじた〔既存〕住宅ストックの私的改善への転換であった。いまや、誰の目にも明らかなスラム地域を「一網打尽」に改良しようともくろむ過大なスラムクリアランス計画は壁に直面していた。〔該当地区の〕住宅の多くは老朽化した都市型テラスハウスで、市場の最底辺に位置していた。そこに暮らす持ち家居住者たちは、低水準のサービスを供給すると考えられることの多かった民間家主より、さらに補償が困難であった。

自宅所有者は取り壊しに抵抗し、じっさい、かなりの自己負担を覚悟して、この住宅ストックの老朽部分を補強し、さらに改善したのである。一九七〇～八〇年代に何が起きたかは、ほかのところでも論じられている（たとえば Ravetz 2001; Malpass 2005など参照）。本章では、この時期までには持ち家が英国のハウジングにおいてゆるぎない力をもつようになり、持ち家社会が急速に成熟したことを再確認すれば十分である。戦後のベヴァリッジ型パラダイムは、一九四五年以降、戦争によって傷ついた社会と経済の復興を先導したが、グローバル化という新しい趨勢からの圧力にさらされるようになった。この力は、古い経済の上部構造の大部分を破壊し、古い福祉国家の論理と目的に異をとなえた。「ハウジング」、とりわけ持ち家がより大きな注目を集めるようになったのは、この新しいパラダイムにおいてである。商品としての住宅は、社会権としての住宅と真っ向から衝突する。さらに、金融市場のグローバル化は、これまで誰も知らなかったようなやり方で世帯をグローバルな資本市場と接続する新しいメカニズムをつくりだし、福祉国家に大きな影響を与えた。これこそが次章以降のテーマである。

要約

⊙第二次世界大戦後、ベヴァリッジ報告を実現するための計画が実施されるにつれて、パラダイム転換が生じ、社会的シティズンシップを重視する「福祉国家」が形成された。

⊙住宅市場に対する、「福祉国家」と呼ぶに値する規模での国家介入は、「五つの巨人」との対決を目指したベヴァリッジ・プランに数十年先行して実行されていた。その理由は、ヴィクトリア朝の住宅市場危機に端を発する、住宅市場への国家介入の「早いスタート」である。

⊙一九三九～四五年のドイツによる空襲（「ロンドン大空襲」）は、住宅ストックに相当深刻な物理的損害を与えた。戦時中にはわずかな量の住宅しか建設されず、世帯形成が高水準だったので多大な住宅不足が生じた。専用の独立した居住空間をもたない世帯は一二〇〇万世帯のうち約二〇〇万世帯におよんだ。

⊙戦後の住宅供給計画は、戦中モデルにもとづき、公営住宅というかたちで国家によって主導された。ベヴァンは民間市場の厳格な統制を確立し、一九五一年までに新規建設された住宅のうち八〇％が地方自治体によって供給された。一九三〇年代の民間セクターの建設ブームが直ちに再来するようなことはなかった。

⊙保守党政権のもとでは、民間住宅市場は基幹的な供給者とされた。公営住宅は住宅生産の不足を補うために用いられ、それ以外には、スラム除去と代替住宅の建設という特別な役割を担いつづけた。国のハウジング戦略のなかで公営住宅供給が引きつづき〔重要な〕地位を占めることを、プラグマティックかつ消極的に受容することを軸に政策が進められた。

⊙一九五七年家賃法による民間賃貸セクター再生の試みは失敗した。一九七〇年代まで、民間賃貸セクターは、爆撃の被害、スラム除去、二九〇万戸の持ち家化によって縮小し、当時の総ストックの一五％を少し上回る程度だった。

⊙民間賃貸セクターの再生に失敗したため、保守党政権は消極的ながらも公営住宅の建設をつづけた。一九七〇年代半ばには、公有物件の借家人は全人口の三分の一近くに達した。その中には、主にスラム〔クリアランス〕の代替として建設された高層住宅がふくまれる。

⊙一九六〇年代半ば、持ち家居住者が有権者の多数派を占めるようになると、労働党は公営住宅の党というイメージを撤回した。同党は持ち家を社会進歩の象徴であるとした。ただし、「古い」労働党と「新しい」労働党（左派と右派）の間には、持ち家をどの程度重視するかという点でかなりの違いが見られた。

【読書案内】

英国福祉国家の起源と展開については数多くのすぐれた著作がある。それらのなかでも卓越しているのがM・ヒル『英国の福祉国家――一九四五年以降の政治史』（Hill 1993）とD・フレイザー『産業革命以降の英国福祉国家の展開』（Fraser 2003）である。両書はともに、このテーマについての幅広い視野をもち、広範な政治的文脈にそれを位置づけている。ハウジング史に関しては、前章で紹介した文献がここでも役立つ。A・レイヴェッツとR・ターキントン『住まいのありか――英国の家庭内環境　一九一四～二〇〇〇』（Ravetz with Turkington 1995）、レイヴェッツ『公営住宅と文化――社会的実験の歴史』（Ravetz 2001）は、ともに該博な知識にもとづいて書かれたすばらしい書物である。ピーター・マルパス『ハウジングと福祉国家』（Malpass 2005）の前半は、二〇世紀のハウジング政策の発展について有益で詳細な説明を提供する。また、すでに紹介したメレットの二冊――『英国の公営住宅』（Merrett 1979）と『英国の持ち家』（Merrett 1982）――も周到な調査にもとづいた本である。民間賃貸セクターに関してきわめて有用なのは、ピーター・ケンプ『民間賃貸の変貌』（Kemp 2004）である。

第5章

経済のポスト工業化とハウジング

《キーワード》
反都市化
グローバル化
残余化
競争国家
成熟危機

グローバル化により、英国経済は、製造業と鉱業という旧来型の産業から、サービス関連業務にもとづく知識経済に向けた、急激な再構築の局面をむかえることを余儀なくされた。新たな仕事は生まれたが、たいていの場合、男性のフルタイム職はパートタイムの女性労働に置きかえられた。この再編成によってもたらされた新しい福祉国家パラダイムは、ベヴァリッジ・モデルに代わって「競争国家」、すなわち効率的な経済的成果を直接的に支えることを目指すワークフェアのシステムを採用した。サービス経済にともなって新しい社会的地形が出現した。そこでは、「旧」経済の中心部にある疲弊したインナーシティは後景に退き、郊外と小都市が前景化する。郊外型持ち家の新しい波を支えるのは共稼ぎ世帯である。経済の再構築、福祉国家の再編成、そして持ち家社会のさらなる埋め込みの間には、明白な相補性があった。その一方で、製造業が廃業するにつれて公営住宅はまたたく間に衰退した。持ち家は、人々の福祉の選択肢のなかで突出した役割を担いはじめた。住宅ローン市場改革によって住宅の正味価値《エクイティ》へのアクセスが拡大すると、この傾向はますます強くなった。

1　はじめに

本章は一九七〇年代から九〇年代にかけての劇的な変化の時代を形作ったマクロレベルの諸力について考察する。住宅政策の細部から一歩身を引いて、より大きな状況をとらえる必要がある。それは、比較的短い期間に生じる変化に加えて、長期持続において作用する諸要素もふくんでいる。物語は、いくつかの主要因の重なり合いを説明しなければならないときがある。ここでは、二〇世紀の間に住宅ストックがどの程度成熟し、現在の発展の基礎――ピアソンが用いたアナロジーをふたたび導入するなら、社会のテクトニック・プレート――を掘り崩しているかがそれにあたる。これにかかわる事項は相当に複雑である。しかし、ここでの狙いは社会の変化を形作る主要な出来事についての分析を前面に出すことである。これら大局的見地からとらえられる諸問題が複合することによって、きわめて急激な変化の時代が姿をあらわし、従来に比べてはるかに明確なかたちで「ハウジング」――英国の場合にはとくに持ち家――を組み込んだ新しい福祉パラダイムの創出がもたらされたのである。この時期までのハウジングは、社会の背景として不可欠の要素であり重要な争点ではあったが、多かれ少なかれ政府の政策や住宅市場の諸アクターによって管理されてきた。ハウジングは社会科学において、多くの場合、公営住宅に焦点を絞った、相当に特化された調査・研究領域であった。本章の狙いのひとつは、マクロレベルの諸力がいかに政策の文脈を形作りつつ、政策のアウトカムを未決定の状態にとどめるのかを示すことである。政策課題の設定と、政策が最終的にどのように実行されるかは、より広範な社会的諸力を濾過するメゾレベルの諸制度によって左右される（Hudson and Lowe 2009）。

この時期、英国が「持ち家社会」として成熟する過程で、ハウジングは経済に大きな変化をもたらすとともに、経済の変化によって姿を変えた。そしてハウジングは、福祉国家の再編成、すなわち時代遅れとなったベヴァリッジ・モデルと決別した新しいパラダイムにおいて重要な役割を担うにいたった。ここでの狙いは、ハウジングがどれほど顕著な重要性をもつようになってきたかを示すことである。なぜなら、多くの福祉国家論、そしてこの時期について論じる文献は、たいていの場合、ハウジングをいちじるしく軽視してきた。ここには深い理論的問題がふくまれているので、なぜそうなったのかについては次章でくわしく検討する。本章では、政治学のいう「相補性」、すなわち、まったく異質でありつつぶつかり合い、社会の変化をもたらす諸力の間の相互接続について議論しなければならない。この場合、「持ち家社会」の出現は、新しい社会的・政治的パラダイムをもたらした経済再構築という大状況とは切っても切り離せない関係にあった。このような移行は、かつてそうであったような衝撃的で破壊的な戦争の産物ではなく、より緩慢ではあるものの戦争に勝るとも劣らない打撃を与えるグローバル化のインパクトによるものであった。新しい経済的諸勢力は世界の政治的・経済的制度枠組みを再構成した。多国籍企業は巨大な経済力を行使しはじめ、インターネットの発明は圧倒的な力をもつ道具を解き放ち、新しい情報技術によって地球大のコミュニケーションのネットワークが創出された。ギデンズが言うように、これにより時間と空間の秩序が再編成されたのである（Giddens 1999）。スペイン出身の著名な社会学者カステルは、われわれが「情報時代」に生きており、これこそが現代の資本主義――強力な情報のフローが連結された形態――を特徴づけていると主張する（Castells 1996）。

　グローバル化はきわめて論争的な概念である。しかし、グローバル化がもたらす衝撃、とりわけこの惑星が新たに登場した強力な経済的被膜に覆い尽くされつつあることを否定する社会科学者はほとんどいない。しかしながら、国民国家が死滅するとか、国レベルの政治・経済制度が無意味になるかというと、けっしてそんなことはない。むしろ国民国家は、既存の伝統的・制度構造の内側において［グローバル化への］対応を迫られてきた。経

コラム5-1　グローバル化とは何か

ギデンズの主張は次の通りである。すなわち、グローバル化は時間・空間的な経路の拡張をともなう。そして、世界中の人々はこれまでの歴史上のどの時期とも異なったやり方で互いに結びつけられる。〔グローバル化は〕幅広い選択肢を切り開くだけでなく、関連するリスクをも増幅させる。スペインの社会学者カステルは、われわれは「ネットワーク社会」に住んでおり、この情報時代こそが現代の資本主義を特徴づけるとしている。グローバル化を理解するための手っ取り早い方法は、それを複合的な過程であると考えることである。この諸過程が、グローバル化と、マルクスが一九世紀半ばに見出した国際貿易というなじみ深い観念との違いをもたらす。資本主義は、当時すでに、実態はともかく少なくとも願望としては地球全体に広がっていた。だからこそマルクスは、国際的な反資本主義闘争における「世界の労働者の団結」を主張したのである。しかし、このような地理的拡大は、そして本書の後半で論じるように、この「タイプ」の資本主義は、二〇世紀末におけるグローバル化という新たな諸過程と同じではない。これらの諸過程は、ヘルドとマグルー（Held and McGrew 2000）によって四つのテーマに手際よく要約されている。

・経済的・政治的・社会的活動が地政学的境界をこえて広がる。
・貿易・金融・移民・文化の相互のむすびつきがより緊密になり、規模も拡大する。
・これらの全過程が劇的に加速することで、知識・資本・情報そして人々の間で、より迅速に関係が築かれるようになる。さらに、
・関係の深化、すなわち、きわめて小さい局所的な出来事であっても、世界のどこか別の場所に大きな反響をおよぼす可能性を秘めている。「この意味で、国内問題とグローバル事象の境目は次第にあいまいになってきた」（Held et al 1999: 15）。

済的・政治的・社会的構造には「緩んだ」部分〔すき間〕があり、国家はそれらをつうじて中核的な諸制度を再編成してきたし、少なくとも、グローバル化が引き起こした権力の再配分に対応してきたのである。

ピアソンによる地質学のアナロジーに立ち戻るならば、グローバル化は巨大地震のようなものだったと考えられる。それはあらゆる〔社会的・政治的〕テクトニック・プレートを揺さぶり、亀裂が生じた。グローバル化は共通したひとつの最終地点に向けた万物の収斂を指しているわけではない。グローバル化は、世界の隅々まで到達し、国際経済を一元化する力をもっているが〔第7章におけるローン市場のグローバル化についての考察を見よ〕、かといって、既存の構造を破壊し尽くしてはいないのだ。

2 グローバル化と福祉国家

こうした新しい動向に応じて、英国の国民国家の根幹をなす諸制度が再構成を迫られた。スコットランドとウェールズへの政治的権限移譲、いっそう企業的なアプローチをとる新しいスタイルの地方自治体、行政事務への新公共経営〔NPM〕方式の導入、政策の実施と遂行の主要分野での私事化〔民営化〕〔なかでも公営住宅の売却は典型例である〕によって、ロンドンを中心とする旧来の中央集権的な国家が溶解してきた。ローズの言葉を借りれば、英国の国家機構は「空洞化」〔軽量化〕され、中央の司令塔と地方がより緩やかなかたちで結びついた、ネットワークと呼ぶにふさわしいシステムになった（Rhodes 1994）。新しいグローバル経済がペースを速める時代のなかで、戦後のベヴァリッジ型福祉国家は、きわめて高くつく仕組み、あるいは厄介な重荷と見なされはじめた。グローバル資本の移動可能性が高まり、利潤最大化に適した条件が得られないならば投資を引き揚げる、あるいはそのおそれがあるとされた。公共支出、金利、インフレ率はいずれも低水準だった。そして政府は、グローバル資本の要望に対応する戦略の一環として、ウッズの言う「底辺に向けた競争」(Woods 2000: 1) のもとで、福祉国家支出を削減せざるをえないと言われた。しかしながら、このようないくぶん繊細さを欠いた主張が全面的に裏づけられたわけではない。なぜなら、福祉国家には意外な抵抗力があったからである。この抵抗力は制度的「ロックイン」に由来する。福祉制度には、長期にわたる伝統と組織的実践が埋め込まれている。一九八〇～九〇年代のサッチャー政権のように反福祉国家を標榜する政府でさえ、せいぜい福祉支出を抑制することくらいしかできなかった。スワンクによるOECD諸国の分析によれば、この時期、福祉国家は縮小するどころか、多くの国々で支出は増大したのである (Swank 2002)。

もっとも、ベヴァリッジ・モデルから、企業家精神にもとづく福祉国家へと向かう転換が起きたことは明白であった。たとえば「競争国家」論は、英国において、グローバル化の影響のもとで、より市場に配慮したシステムが、旧来の戦後福祉国家モデル (完全雇用、経済的需要の管理、福祉諸権利についてのケインズ的計画) に取って代わったと主張した。社会政策に関して言えば、要するに、この変化は個人責任の重視 (ワークフェア・プログラム、労働市場への参加のための再訓練)、公共サービスの市場化と民営化、保険方式の失業給付の全面的な転換を意味する。このテーゼを提起した政治学者サーニーとエヴァンズは、「パラダイム・シフト」が起きた結果、「グローバル資本主義経済のもとでの国家の役割に関する、新たな、ゆるやかに結びついた新自由主義的コンセンサス」(Evans and Cerny 2003: 21) が成立したと主張した。彼らは、はげしい国家間競争がうずまく世界経済に立ち向かうため、国益に貢献することこそが英国の福祉制度の主要目的であるとすら述べている。

福祉国家が経済政策に従属するものになったという考え方は、社会学者ジェソップの著作にもあらわれている。彼は、「シュンペーター的ワークフェア型ポスト国民国家レジーム」が、古いタイプの「ケインズ的福祉国民国家」に取って代わりつつあると主張した (Jessop 1994)。このレジームでは、開かれた (国際的／グローバル化された）経済という原則のもとで、フレキシビリティを高め、イノベーションを促進し、経済競争力を強化する供給サイド政策が重視される。ジェソップは、そうした変化が社会権に対して引き下げ圧力をかけるとし、開かれた経済への転換は高率の税と多額の支出をともなう福祉国家の維持を困難にすると主張した。彼によれば、社会政策の実施は、もはや国家の専権事項ではなくなった。なぜなら社会政策は、しだいに、国民国家をこえた水準で、あるいはそれよりも小さな単位で、多様な供給者をつうじて実行されるようになったからである。これらの論争に登場してはいないが、本書の後半で論じるように、じつは「ハウジング」が、英国の場合においても他国においても、〔福祉国家の〕再編成の過程できわめて重要な役割を果たしている。持ち家社会の成熟は、このパラダイム転換にとって欠かせない条件であった。第8章で考察するように、世帯は住宅という財産をたんなる住まいであるとか身を寄せる場所としてのみならず、困難な状況に対処するための緩衝材の働きをもつ経済的資源と考えるようになった。住宅が福祉ニーズの自力調達（self-provisioning）の一環であるとの考え方に対する態度の変化は、一九八〇年代に登場した新しい福祉国家パラダイムの柱のひとつである。

次節以降では、英国で起きた製造業中心の経済からサービス経済に向けた経済再構築の鍵をにぎるテーマを概観する。この経済の現代化によって、数百万人の女性が労働力に加わり、その多くはパートタイム労働に従事した。そして共稼ぎ世帯が増えた。このような状況のもとで持ち家に手が届くようになるとともに、サービス経済という新しい地理的配置のもとで、持ち家郊外（owner-occupied suburb）の新しい波が都市景観のなかで目につくようになった。住宅を購入し、自らの住まいを築くという目標は、ある面で女性たちが働く動機となった。つまり「持ち家社会」は、新しい経済および英国の社会的・物理的景観と相補的なむすびつきをもっているのである。

ポスト工業経済と新しい福祉国家

前章の末尾でふれたように、一九七〇年代までに、世帯数と住宅数の均衡が、ほぼ達成された。戦争による経済破綻とベヴァリッジ合意の確立をへて、ふたたび経済のテクトニック・プレートが移動しはじめた。新しいパラダイムが出現しつつあり、そこではハウジングが以前にくらべてはるかに重要な役割を演じることになった。持ち家社会はたちまち息を吹き返したものの、公営住宅という、二〇世紀を特徴づける偉大な先駆的実験は、陰鬱な、そして長期にわたる崩壊への道をたどりつつあった。要するに、ポスト工業経済はハウジングと福祉国家のむすびつきを根底から変えたのである。この新たに生じた状況は、マクロレベルの分析において重要な相補性を生み出した。それらが持ち家社会の成立を加速させた以上、詳しく説明する必要がある。

男性を稼ぎ手とする社会モデルにもとづくフォーディズム経済が衰退するにつれて、ベヴァリッジ型福祉国家をめぐって〔プレート移動の〕圧力が高まっていった。女性は戦時期（一九三九～四五年）において就労にきわめて前向きであったが、類似の労働に従事している男性と女性の間に大きな賃金差を設けるという労働市場の制約により、〔女性の〕参加のさらなる継続は阻害された。一九四五年以降、女性が労働市場から撤退すると、男性の実質賃金が上昇しはじめ、労働組合はこの傾向を助長した。全体的に女性の学歴が低かったことも、一九五〇～六〇年代における締め出しに拍車をかけた。そして、このことは、あらゆる労働において、より下方の／より低技能の労働者の権利を押し下げるはたらきをした。このような労働力モデルは、政府による福祉給付金制度――とりわけ個人ではなく世帯に提供されるタイプのもの――が構築される基盤となった。ハウジングにかかわるところでは、女性が家にいることが出生率を上昇させることはほぼ確実であるとみられることから、「ベビーブーム」時代は住宅需要にさらに圧力をかけた。

ここで起きていたことは、グローバル化と、新たな経済パラダイムの先駆けであった。英国経済は、急激な経

表５－１　雇用構造の変化の度合い（民間雇用の部門別割合）（％）

	農業				製造業				サービス			
	1956	1973	1989	2006	1956	1973	1989	2006	1956	1973	1989	2006
オーストラリア	12	7	5	4	39	36	26	21	49	57	68	75
フランス	26	11	6	3	36	39	30	23	38	49	64	74
ドイツ	17	7	4	2	46	48	40	30	37	45	57	68
日本	36	13	8	4	26	37	34	28	39	49	58	68
スペイン	44	24	13	5	30	37	33	30	26	39	54	66
スウェーデン	17	7	4	2	41	37	30	22	42	56	67	76
英国	5	3	2	1	48	42	33	22	47	55	65	77
米国	10	4	3	2	37	33	27	20	53	63	71	79

出典：OECD ウェブサイト

済的再構築・再編成の局面をむかえた。その概要については、くどくど説明する必要もあるまい。一九五六年から二〇〇六年までの半世紀に、製造業が雇用に占める割合は、一般雇用者数の四八％からわずか二二％にまで減少した。同じ期間に、サービス部門の職の割合は急上昇し、英国の労働力の四分の三が同部門で雇用されるまでになった。同部門には、銀行・金融サービス、小売、教育、高等教育――およびそこから派生するサイエンス・パーク、デザイン、調査研究――、余暇／観光業、計算処理のほか、公共部門における諸々の新業務がふくまれる。政府統計によれば、雇用労働者の五分の一近くが何らかの政府関係の仕事についている。

当然ながら、これは英国に限られたことではない。表５−１が示す通りである。しかし、かつて「世界の工場」であった英国にとって、短期間にこれだけの深い変化が起きたというのは劇的な出来事であった（一九三〇年代の最盛期には七五万人以上――一九三一年センサスによる全人口三八〇〇万人のうち――を雇用していた炭鉱業が壊滅状態に陥ったことも忘れてはならない）。さらに、一九八〇～九〇年代、製造業はアジア／環太平洋諸国、サハラ以南のアフリカ、ブラジルで急成長した。たとえばベトナムでは、一九九〇～二〇〇〇年の間に九〇万人の新しい職が創出されたが、その最大の要因は、多国間繊維協定という国際的合意のもとでの繊維製品および衣料の生産である。同じく、バングラデシュは、衣料の最終製品〔の伸び〕に支えられて輸出を七五％拡大した（Nadvi and Thoburn 2004）。その間に、かつて英国繊維産業の中核地帯であったペニー地方の諸都市（ハリファクスとハダーズフィールド周辺）では四〇万人の職がうしなわれた。じっさい、これらの都市は、工場が水車を動力源としていた産業革命の初期段階ときわめて深いゆかりがある。中国は活力あふれる経済圏となり、二〇〇〇年代初頭には、いともたやすく世界最大の工業国の座を獲得した。国家に管理された資本主義は、数百万の労働者を低コスト生産にふり向けることができた。そして、香港の北に位置する広東省の珠江デルタ周辺の中核的工業地帯や、長江デルタ周辺に急成長した大都市圏から運び出され〔る工業製品によって〕、輸出主導型の成長がもたらされた。その詳細については、Hudson and Lowe（2009）、Dolan and Barrientos（2003）、Linden et al（2007）など数多くの文献があるが、ここで重要なのは、グローバル化が二〇世紀末までの三〇年の間に世界経済に与えた劇的なインパクトである。

さらに、英国の製造業と鉱業の衰退が、とりわけフルタイム男性向けの職に集中したことをつけくわえなければならない。新しいグローバルな労働力のもっとも目立った性質は、フルタイムの男性労働がパートタイムの女性雇用に取って代わられたことである。英国における新しいサービス業務の大部分が女性によって担われ、彼女らの大多数がパートタイムで働いているというのも事実であった。この意味で、彼女らは男性のフルタイムの仕事を「奪った」わけではない。「古い製造業」および鉱業ならぬ、新しいサービス雇用市場に参入したのである。歴史的に見れば、いつの時代も、実際には女性は家の内外で働いてきた。それゆえ、このとき生じていたのは、姿はかなり異なるものの、古いパターンの再演であった（Harvey 1973; Giddens 1990）。

男性稼ぎ手経済もまた、商業化と規制緩和が戦後サービス部門にもたらした変化から、圧力を被るようになった（Schwartz 2003）。公益企業・運輸・通信におけるこうした動向は、米国からはじまった。米国では公益事業部門を完全に公有するのではなく規制をかける方式をとっていたが、この動きは、一九八〇年代には、競争の激化、民営化、全面的な商業化圧力をともなって欧州に広がった。シュウォーツは次のように要約している。「サービス部門市場における競争のかつてない加熱によって、同部門の稼ぎ手男性の雇用の安定性は蒸発してしまった」(Schwartz 2003: 83)。つまり、製造業・鉱業の低熟練の底辺層および公益事業の労働市場において多くの男性向けのフルタイムの職がうしなわれ、男性稼ぎ手雇用モデルが動揺したというのが、事のしだいである。細かいことを抜きにすれば、小売、銀行・金融サービス、観光業とケータリング、拡大する公共サービス部門と調査研究〔といった仕事〕は、パートタイムやフレックスタイムという働き方を受け入れやすい女性の求職者にふさわしいものであり、家族的責任に適合的で、性別による偏りのない技能や適性を求めるものであった。

労働市場への女性の再統合は、英国だけに生じた現象ではない。国による違いが大きいとはいえ、一九七〇年から九六年までの間に、ＯＥＣＤ諸国における女性の労働力参加率は六五％にまで上昇した。同時期に、男性の参加率は九〇％から八三％に低下した。ここで生じている重大な社会的動向は、高等教育を受ける女性の増加であり、これと並行してすすむ「知識経済」と高等教育機関の拡大である。このことは、すぐさま開放された労働市場（教職など）での競争に参入する高学歴女性という新しい世代の出現につながった。大学で学ぶ女性の数は、一九八〇年代にはほぼ男性とならび、近年では、多くの国で実質的に女性の方が男性より多くなっている（Jonsson 1999）。とくに北欧諸国では、再編成された福祉国家モデルを下支えする公共サービスの成長によって、多くの女性に早くから教育機会が与えられた。ここには相補性が働いている。なぜなら、公共サービスが拡大したのは、保育所や母親／父親の育児休暇をつうじて女性の労働力参加率を維持するためだったからである。これらは、男性稼ぎ手社会の終焉にまつわる、より「ハウジング」に特化した次元においてもきわめて重要である。この変化こそが、ハウジングと福祉国家の変容との、新たな、そして決定的な結びつきをもたらした。さしあたり、社会・経済的テクトニック・プレートの移動と並行して何が生じたのか、その「地理的配置」を簡単に見ておくことが肝心である。

3　新しい地理的配置

経済再構築がハウジングの領域にもたらす衝撃は、その時点ではほとんど理解されていなかった。しかし、いまから振り返ると、新しいサービス経済と並行して、劇的な地理的転換が始まりつつあったことは明白である。というのも、新しい経済は、北部工業都市の内部および周辺の古い鉱工業地帯とは異なる場所に立地する傾向があったからである。公営住宅は、製造業労働者とその家族が必要とする住宅の供給を主たる目的に建設された。その拡大がピークをむかえたちょうどその時に、経済再構築が、従来とは反対方向の大規模な人口変化をともないながら進行しはじめた。それは、反都市化のプロセス、すなわち古い工業集積地から小都市や郊外地区への人口移動としてあらわれた。サービス経済は、主に女性によって担われる新しいタイプの職をもたらしただけでなく、それまでとは違った場所で仕事を創出した。新しい社会的地形が、新しいサービス経済とともに出現したのである。

トゥロクとエッジ（Turok and Edge 1999）が発表したデータは、この国の社会的・物質的景観を様変わりさせた諸要因を明るみに出した。男性フルタイム労働は、すでに一九八〇年代以前から劇的に減少し、その衝撃は大都市ほど強烈だった。その一方で、女性のパートタイム労働もまた劇的に増大した。しかしそれが生じた場所は大都市ではなく、小都市や郊外が中心であった。パートタイムの職は図5-1がカバーする期間（一九八一〜九六年）に二二〇万人分増加したが、これは新しい雇用機会の六〇％近くを占め、この拡大の大部分は女性労働者に

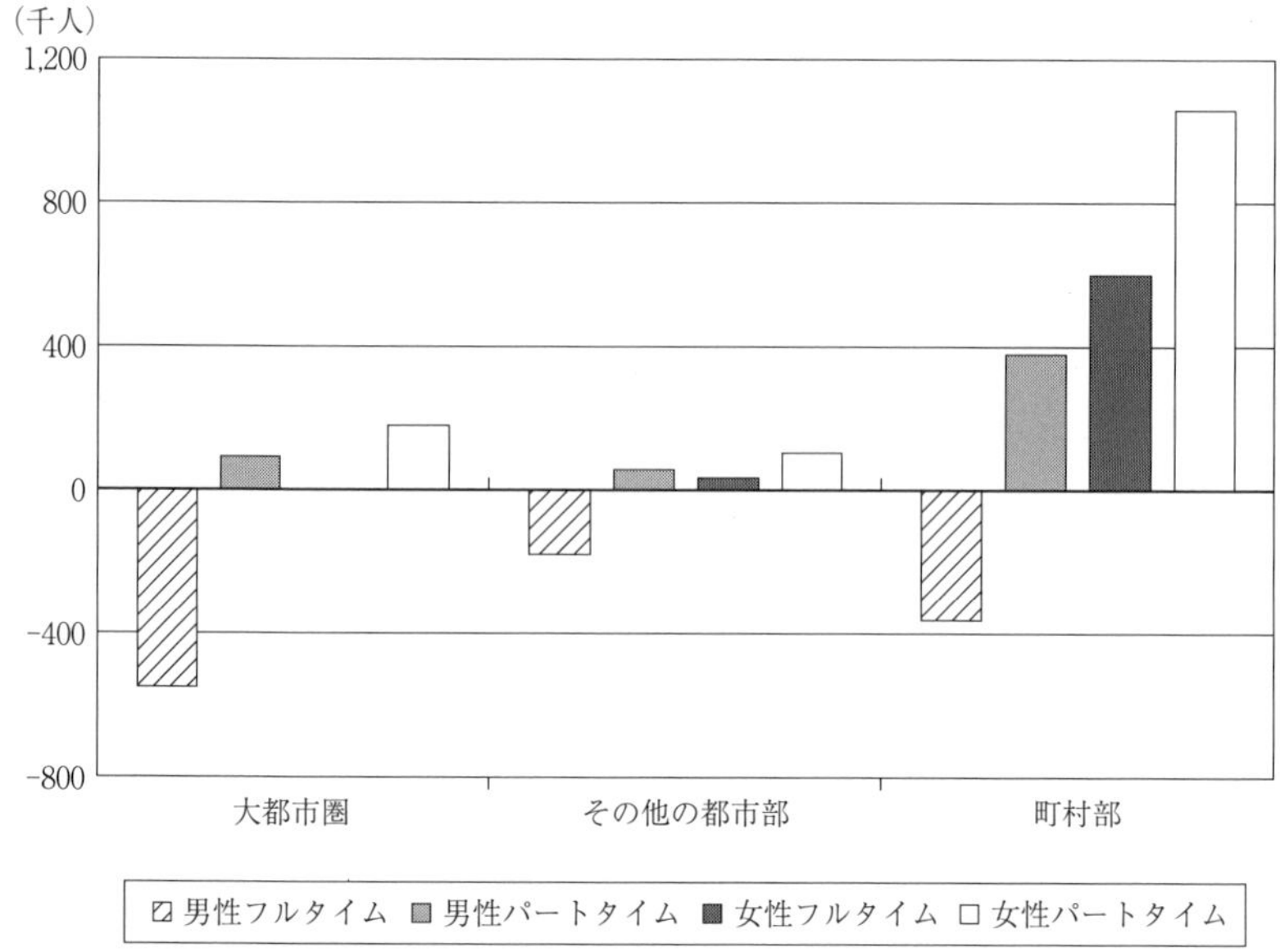

図5-1　雇用者の構成の変化（1981～96年）

出典：Turok and Edge（1999: 19）

よって担われた。

同様に、「伝統的」労働市場では大きな混乱が生じた。男性のフルタイム雇用はいたるところで減少したが、一九八一年には製造業の職が総数一四〇万人分もうしなわれるなかで、とりわけ古い中核的工業地帯が悪影響を受けた。一方、〔すでに述べた通り〕サービス業のパートタイム労働は二二〇万人分増加した。これは一九九六年までに生まれた新しい職の六〇%近くにあたる数字である。そのうちのほとんどは女性労働者によるものであり、図5-1が示すように、この労働は小都市、郊外、農村地域に立地していた。このデータによって明らかにされた全体像は、経済再構築が地理的にきわめて偏ったものであることを物語っている。トゥロクとエッジが示すように、イングランド南部の小都市や郊外を中心に、サービス業において経済が息を吹き返した一方で、北部工業地帯の諸都市や大都市では稼ぎ口が激減したのである。

反都市化と持ち家

反都市化の過程は、持ち家の継続的拡大と密接に関連していた。新たな建設ブームが起きた。共稼ぎ世帯が家庭生活の標準型となったので、住宅市場はおおむね活況を呈した。女性の労働力参加、経済再編成、持ち家の継続的増大の三つは、緊密に連動する相補的な過程であった。経済がサービス中心に転換すると、女性雇用の規模が拡大した。じっさい、一九九〇年代末までには、女性の労働人口は男性のそれを上まわるようになった。歴史上、女性はいつも家の外で働いてきたのだが、「家庭《ホーム》」は、女性の、そして子どもを中心とする住居内の諸機能と強くむすびつけられた。それは、ヴィクトリア朝〔の価値観〕をきわめて色濃く反映していた。都市での生活は敵意にみちており、玄関ドアの向こうの世界はよそよそしく、脅威を与えかねないものとされた。家庭は安心を得るための砦となり、社会的地位とも緊密に連動するようになった。家族は、都会生活の混乱、無秩序、多元性に背を向け、もっぱら家庭内の生活を大切にし、自分とよく似た考えをもつ人々とつくるコミュニティでの暮らしを求めるようになった。レイヴェッツとターキントンが観察するように（Ravetz with Turkington 1995: 4）

> 社会的な格付けは、アイデンティティと安心感にとって決定的に重要な意味をもつようになった。それは、とりわけ階級と階級の境目において顕著であった。ヴィクトリア朝の判断基準でもっとも重要なのは、「体面を保つこと」と「体面を汚すこと」の線引きであった。

要するに、女性が家にいることは、歴史的には異例なことである。二〇〇〇年代には、女性は家庭という環境から外に出て、労働市場の最前線に立つようになった。現代が従来と異なるのは、女性たちが自らの責任で収入を求めて働いている点である。このことは、独立の度合いの高さと、世帯内の勢力バランスにおける大きな変化を示唆する。一九八〇～九〇年代に生じた反都市化の過程は、基本的に、共稼ぎ世帯の持ち家を基礎として進行した。結果的に、それが女性にとって、労働市場への参入に際して直接的な動機をもたらしたのである。持ち家社会と、これを補完する消費欲求は、女性に賃労働への参加を決意させるフィードバック・ループの欠くべからざる要素である。

新・郊外の時代

前章までに見たように、いつの時代も、都市化のパターンは社会の特徴づけを左右してきた。第2章では、一九世紀の都市化が、街路照明、スラムクリアランス、やがては公営住宅の登場といった問題をめぐって、あるタイプの国家介入の拡大をみちびいたことを明らかにした。同様に、戦後ベヴァリッジ合意と結びついた、男性稼ぎ手を前提とする福祉モデルは、都市に基盤を置く工業社会という形態を支え、補完してきた。そこでは公営住宅が大きな役割を果たしたのである。

これに対して、サービス経済の時代を特徴づけることになったのは郊外化の進展である。そして、郊外化と持ち家は、切っても切り離せない関係にあった。郊外型の複合ショッピング施設がところかまわず建設され、環状道路がそれらを結び、自動車でアクセスしやすいように設計された。調査研究の商品価値が高まるにつれて、大学や新興民間企業を集めたサイエンス・パークが開設され、全国あらゆるところに、保険・銀行・金融サービス業が入居する複合オフィスビルが出現した。この新しい景観には、それらに隣接する未開発地に建設されたおびただしい数の持ち家住宅群もふくまれる。郊外型の持ち家に養分を与えたのは、安定的に共稼ぎ（パートタイムとフルタイムの組み合わせも少なくなかったが、それにしてもダブルインカムではあった）が可能な、この新しい経済〔環境〕である。それによって、数百万の世帯にとって持ち家に手が届くようになった。そして、本書の後半で見るように、住宅市場で高額物件の購入が可能になった背景には、一九八〇年代の銀行規制緩和後のローン市場革命があった。ここで作動していた相補的過程は、証券化をはじめとする一連の金融商品の発明をともなう資本市場のグローバル化である。この発明によってグローバルな証券市場が創出され、住宅ローンは長期投資商品に組み込まれて取引された（第7章参照）。特記すべきは、低インフレ環境のもとで数多の〔金融〕商品とともにあらためて発明された住宅金融業こそが、個々の世帯をこの新しいグローバル資本のフローに接続したという事実である。

持ち家の拡大は、英国における二一世紀の福祉国家の性質を特徴づけると言っても過言ではない。この点については次章以降に考察するが、経済再構築と「競争国家」の台頭が、現在進行しているひとつの社会変動の過程にとって核心的な意義を有していることは、ここで明記しておかねばならない。テクトニック・プレートは動いていた。これまで論じてきたように、新しい物的・社会的景観が出現し、これらは必然的に福祉国家の再編成をみちびいた。すなわち、経済環境がグローバル化の新局面をむかえるなかで、各国は過酷な競争にさらされる。そこで生じるニーズを、ベヴァリッジ型の福祉国家は充たせなくなったのである。こうして、「福祉国家」は「ワークフェア国家」へと姿を変えはじめた。このパラダイム転換の重要な性質は、自力調達についての新しいモデルに力点が置かれるようになったことである。サッチャー政権とブレア政権は、さまざまな点で、福祉の政治経済体制に関する大局観を共有していた。そこでは、福祉に対する責任の所在が、ベヴァリッジ型の社会権思想から自己責任へと明確に変化したのである。

第7章と第8章で論じるように、この考え方の核にあるのは、個人資産《プライベート・アセット》を当てにする福祉国家であった。この〔福祉国家の〕変化を語るうえで持ち家の拡大がかくも重要なのはそのためである。不動産の所有は、新しい福祉合意の基本要件となった。政府はこの合意のもとで、持ち家を、社会的責任を引き受ける選択として奨励した。その理由としてまず挙げられたのは、ローン返済後の完全所有によって高齢期の住居費が下がり、退職年金に対する圧力〔増額要求や減額拒否〕が弱まるというものだった。高齢の所有者は、在宅ケアを受けたり老人ホームに入ったりする資金を得るため不動産を売却するという選択肢も手にするだろう。一九八〇年代の銀行システムの自由化と巨大なグローバル住宅ローン市場の発展は、自宅所有者に、不動産価値の換金〔エクイティの引き出し〕という、まったく新しい一連の手法をもたらした。人々はリモゲージング〔=抵当再設定〕によって、転居することなく自宅の資産価値の一部を現金化できるようになった。人々の自宅は、必要に応じて資金を引き出せる金庫となったのだ。利用目的として、高額商品の購入にも増して重要なのは、費用のかさむ治療の支払い、授業料の納付、子どもが自宅を購入するための頭金の援助といった福祉ニーズをみたすことであり、一般化するならば、人生の難局を乗りきるための備えである。住宅ローン市場は、二一世紀の福祉国家の性質と深く共鳴しあいながら、ごく普通の自宅所有者とグローバルな資本のフローを結びつける導水管となった。要するに、金融危機にいたる三〇年の間にわれわれが目にしたのは、ある種の居住資本主義にもとづく新しい福祉国家レジームの出現である（第6章参照）。こうして、競争国家は過充電状態の政治経済体制となった。サーニーとエヴァンズをはじめ、比較福祉国家論者は、理論的著作にハウジングを組み込んでこなかった。第6章の全体をつうじて、この鍵となる概念間の結びつきについて考察するのはそのためである。

4　社会住宅の残余化

数十年にわたる経済の再構築は、全国的な住宅需給にも重大な混乱をもたらした。鉱工業がもっとも深刻な影響を受けた地域では、またたく間に数十万の職がうしなわれた。これがもたらした地理学的帰結についての有力な証拠は、ホルマンズとブレイムリーが長期にわたって取り組んだ各地域の住宅需要の分析のうちに見出すことができる。北部諸都市における人口減少の兆候と、産業再構築が地元コミュニティに与える衝撃は、当初、いわゆる「賃貸困難」公営住宅団地の問題として表面化した。じつは、この問題の根底には経済テクトニック・プレートの移動があったのである。やがて、中核的工業地帯の人口に与える衝撃の兆候は、しだいに明白になっていった。たとえばウェブスターによれば、「一九七九年以降、多くの大都市では製造業雇用の三分の二がうしなわれた。これに対して、全国では三分の一程度であった」(Webster 1998: 48)。これらの地域では、住宅需要が急降下した。ウェブスターが例に挙げているのは、一九八一〜九九年に、市内の公営住宅ストックの一〇%にあたる二万戸の公営住宅が取り壊されたグラスゴーである。ブレイムリーは一九九八年に公刊された研究で、公営住宅に対する需要の極端な低下を示すデータを挙げており、北部諸都市では顕著に住宅余剰が集中していることが明らかにされた。同書によれば、二二自治体(全体のわずか六%)が合わせて年三万五〇〇〇戸もの過剰物件をかかえており、全国の六〇%を占めていた(Bramley 1998)。

これらの調査や同時期の他の研究(Lowe et al 1998; Bramley et al 2000)で明らかなように、住宅需要の低迷と大量の余剰住宅の存在は、主に経済再構築の結果である。古い産業は、別な場所に生まれた新しい産業に取って代わられた。これにより、一部の地域では需要が減退する一方で、イングランド南部諸州をはじめとする人口急増地帯では、逆に住宅不足が生じた。つまり、新しい郊外の成長と小都市におけるサービス中心の雇用の増大と、核となる製造業の衰退にともなう急激で社会的損失をもたらす人口減少は、コインの裏表の関係にあった。このことが地元コミュニティに与えた影響は破壊的なものだった。すなわち、住宅市場は崩壊し(低需要は公営住宅だけの問題にとどまらなかった)、街路は放置され、街角の商店は店をたたみ、地元近隣社会は活気をうしなった。経済社会生活が衰えるペースがあまりに速く、政策による対処はきわめて困難であった。キーナンによれば、ニューカッスルのウェストエンド地区では、タイン河畔のヴィッカース兵器工場と造船所が閉鎖された——二万人の職がうしなわれた――のち、住民の転出によって地元コミュニティが弱体化した。キーナンは、かつてこの地区に住んでいたが最終的に離れざるをえなくなった七〇〇名の転出者を追跡した。この「途切れることなき転出者の群」は、しばしば借金を負い、閉鎖住宅の増加にともなう犯罪率の上昇におびえ、破壊行為に抵抗したものの、最終的には生活をつづけられなくなった人々である（Keenan 1998）。ポーソンも、需要の減退と転出家族の増加によって公営住宅の新規契約〔入居者の入れ替わり〕頻度が上昇すると、コミュニティが不安定化し、社会的なまとまりが弱まると結論づけている（Pawson 1998）。工業の衰退および経済再構築にともなう低需要は、近年になって落ち着きを見せている。ブレイムリーは、二〇〇〇～〇五年に公営住宅の低需要傾向は弱まったと報告している。ただし、政府が「先進」再開発地区に指定した地域で大量の公営住宅を取り壊した結果、空室率が低下したことも付け加えておかねばなるまい。

本書は、この問題について詳細に論じる場ではない。それに、公営住宅の再開発とその帰結については数多くの研究がある（Fitzpatrick and Stephens 2009などを参照）。一九七〇～九〇年代に起きたことは、福祉国家をめぐる議論にも関連している。なぜならば、経済構造の変化によって、もっぱら「古い」経済の中心地である鉱工業地帯において労働者家族を住まわせるために建設された社会住宅――かつては英国社会政策の輝かしい成果であった――が、深刻な影響を被ったからである。つまり、これらの地域で労働市場が収縮すると、公営住宅もまた、その社会的役割をうしなったのである。

サッチャリズムと公営住宅の「買い取り権」

サッチャーが政権を獲得した一九七九年総選挙での猛烈な公営住宅攻撃に先行して、こうした状況が生じていた。公営住宅がすでに批判にさらされやすくなっていたことは明らかである。そして、公営住宅に対する強力にイデオロギー的バイアスを帯びた見方こそが、新自由主義的パラダイム・シフトの重要な指標だった。政策分析者たちは、新しい発想と考え方の登場による、すでに定着していた枠組みの崩壊が何度もくり返されてきたことを明らかにしている。ヘファナンが示唆するように、「現状が『破綻』したと見なされ、経済上の必要と政治的需要が変化を求めているときにのみ、ある発想が事態を劇的に『打開』する〔と信じられる〕にいたる」(Heffernan 2002: 750)。その際、発想自体は必ずしも「新しい」ものでなくてもよい。むしろ、古い問題についての新しい考え方への転換がみちびかれるのは、政策立案の現場と政界においてそれらに対する注目が高まることによってである。それは、ホールがケインズ的パラダイムの崩壊について述べた「社会的学習」の概念につうじる。

一九七〇年代は、経済状況についての困惑が広がり、不透明感が蔓延していた。そして、経済を制御する力を奪還するための取り組みは、高度に知的な課題であり、メディア、政界、金融界はもとより、政策立案者の間でも微に入り細にうがった論争が展開されたところに特徴がある。結果にとって、権力をめぐる闘争と同様に重要だったのはアイデアの競い合いである。それゆえ、この過程は、まさに一種の社会的学習として描かれるにふさわしいと思われる。(Hall 1993: 289)

ホールは、変化にはいくつかの段階があると主張する。根本的な変化が起き、パラダイム転換が政策論争の全体を新しい方向にすすめる前から、アイデアは徐々に受け入れられていくというのである。こうしたことはめったに起こらない。多くの場合、(福祉の)政治経済体制は、かなり安定しているからである。ここでは以下の三点を強調しなければならない。第一に、公営住宅に生じていた変化には、「内的」次元、具体的には「ハウジング」固有の次元(成熟危機)があったこと。第二に、しかしながら、公営住宅についての認識の転換は、その存在意義をうしなわせた経済再構築（グローバル化）という幅広い文脈のなかで読み解く必要があること。第三に、これが制度的フィルター、すなわち「買い取り権」政策の設計にともなう政策立案過程それ自体に媒介されていること。買い取り権は、以前から存在していた制度で、数多くの地方自治体が賃借人に住宅を売却してきた。ただしその際には、これを代替する新しいストックが建設されるのがつねであった。一九八〇年住宅法の成立後に、こうした措置がとられなくなったことは言うまでもない。

公営住宅に何が起きたかを、これらの政策自体の狙いに即して評価するならば、大きな成功を収めたと見なければならない。ふたたび、「ハウジング」はある意味で例外的なものとなった。なぜなら、サッチャー政権は福祉国家全般を、無駄づかいであり、貧困層を甘やかしていると批判したが、そのなかで、ハウジングがとくに仕留めやすい標的であることが明らかになったからである。政策の前提には、そもそも公営住宅は、持ち家とくらべて劣った住宅供給形態であり、自宅所有者の国を確立するうえでの障害の最たるものであるとの信念があった。サッチャーにとって、公営住宅こそは、何にもまして近代英国社会の呪縛であった。三期にわたる彼女の政権のもとで、公営住宅は、住宅ストックの量においても、その供給の地理的配置においても、そして何よりも社会的役割においても、根本的な変化を被った。一九一九年以来の長い伝統を有する公営住宅は、一九七〇年代には全人口の三分の一近くの住宅ニーズをみたすにいたったが、突然の終焉をむかえることになった。戦後、公営住宅がもたらした多大な社会的便益をあえてひとことで語るならば、貧困の連鎖の切断であり、ファインスタインら（Feinstein et al 2008）が明らかにした通りである。公営住宅を嫌悪するサッチャーはこの点を曲解し、かえって貧困を助長してしまった。コミュニティのなかでもっとも社会的競争力が弱く、もっとも貧しい層を〔貧困の〕罠に陥らせてしまったからである。

二〇世紀をつうじて、いかなる政治的信条をもつ政権であれ、世帯に対する住宅の不足を解消するという〔公営住宅の〕役割は理解していた。ところがサッチャーは、猛烈な勢いで財産所有民主主義の旗を振ったのである。この政策転換は、戦後の保守党政治の基準にてらしても革新的だった。同党は公営住宅を積極的に支持することはなかったが、民間賃貸セクターの衰退が避けられないなかで、公営住宅が賃貸住宅の供給に果たす重要な役割については理解していた。前述の通り、保守党政権のもとで、労働党政権下よりもはるかに多くの公営住宅が建設された。概して保守党政権は、公営住宅に、住宅に対する必要のうちの一定の部分をみたし、スラムクリアランスの対象になった家族のために住宅を供給するという、固有の目的があることを認めていたのである。しかし、一九八〇～九〇年代、一九八〇年住宅法で定められた「買い取り権」政策の結果、公営住宅数は年を追うごとに減少した。

一九八〇年から二〇〇〇年にかけて、英国の住宅ストックは三〇〇万戸増加し、住宅保有形態《テニュア》の構成は根本的に変化した。持ち家は一〇％以上拡大し、公営住宅は主として買い取り権の影響で約二〇〇万戸減少した。一九八〇年、公営住宅は国内全世帯の三一％近くに対して賃貸住宅を供給していた。二〇〇八年には、この割合はわずか一六％まで低下した。この劇的な減少は同セクターの担い手の構成の根本的な再編、社会的役割と将来の所有権〔の転換〕と連動していた。買い取り権にもとづく売却は、もっとも価値の高い、良質の郊外型物件に適用され、中核的ストックは残された。非売却物件は、高層住宅やインナーシティおよび周辺部のアメニティの低い団地にかたよっていた。売却物件のうち、他の地域と比べて多くの割合を占めたのは南イングランドであった。一九八〇年住宅法以後三〇年にわたって、これらの物件は高い転売価値を有し、一般の住宅市場に完全に統合されていった。調査は、旧公営住宅は第一次住宅購入者だけでなく、持ち家から移ってくる家族にとっても魅力的なものとなったことを明らかにしている。マルパスとミューリが示唆するように、「旧公営住宅は、総じて、持ち家市場のなかの最底辺部に位置しているわけではない」(Malpass and Murie 1999: 256)。一九九一～九九年、メ

コラム5-2 「買い取り権」

一九八〇年住宅法は、長い歴史をもつ英国のハウジングの転機をなす重要な「瞬間」のひとつであった。その背景は以下の通りである。すなわち、一九七七年の住宅緑書を受けて、労働党は住宅法案を提出した。とくに注目すべきは、公営住宅管理への借家人の参加、入居者が国内各地を容易に転居できるようにする全国住み替え計画、公営住宅入居者に対して、民間セクターの借家人が長年にわたって享受してきたのと同等の権利を与える新たなタイプの借家権――「安定的賃借人」――の導入である。一九八〇年住宅法は労働党案の多くを採用しなかったが、安定的賃借権については、一九七九年法案の枠組みを踏襲した。しかも、保守党の思想――集合的な権利に対して個別的な権利を強調（借家権の安定化、相続、取引、間貸し、家主への修繕費用の請求、改築）――にしたがって権利を拡張するとともに、物件を買い取る権利という、まさしく究極的な個別的権利を追加した。それは、デイビッド・ヒューズが言うように、「借家人であることをやめる」権利に他ならない（Hughes 1991: 94）。これによって、安定的賃借人は、入居後三年以上経過した住宅を、当初は物件の市場価格から三三％割引いた価格で購入する権利を与えられた。割引率は年一％ずつ、最高五〇％まで上昇する。一九八四年住宅・建築規制法は、買い取り権獲得までの期間を二年に短縮し、割引率も拡大した。たとえば、集合住宅の入居者は最大七〇％の割引を受けることができた。一九八〇年代、ほぼ一二五万戸の住宅が売却され、住宅ストック全体に占める公営住宅のシェアは三一・五％から二二・八％まで下落した。

インストリーム市場に参入した既存買い取り権適用所有者は約二〇万人であった。これは、買い取り権適用所有者の増大ペースが一九八〇年代と比べてかなり鈍化したことを意味している。一九九八／九九年には、買い取った住宅にそのまま住んでいる所有者はわずか一四五万二〇〇〇人だった（一九八〇年住宅法による売却は二〇〇万戸に達しつつあった）。その他にも空き家の売却、取り壊し、そして住宅協会への移管により、一九八〇年以降、地方自治体の住宅ストックは、六〇%以上にあたる約三〇〇万戸減少した（Jones and Murie 2006）。

公営住宅の衰退

この〔公営住宅の衰退をめぐる〕物語には、公営住宅の「残余化」という、より広い文脈で起きていた変化も影を落としている。それは、いたるところで、歴史上の各時点で形成されてきた膨大な公営住宅のストックに影響を与えた。公有不動産の財政構造の内部で長期にわたって進行していた動きが、ちょうど、〔公営住宅の〕社会的役割の喪失という出来事とぶつかった。長期的な動向と短期的な変化が合流したことが、公営住宅の急速な衰退と公営住宅ストックの残余化の主な要因である。賃料収入は、長期にわたってストックの残存資本負債の償却にあてられてきた。ストックの一部はすでに老朽化していた――戦間期の建設計画を想起してほしい――が、大部分の公営住宅では、補助金の適用も債務の返済も終了していた。それはケメニーによって公営住宅の「成熟」と名付けられた過程であり、これによって、自治体は新しい建設計画のために複数の補助金を組み合わせ、より高額な築年数の新しい物件の賃料を割安な水準に維持することが可能になった（Kemeny 1995）。ケメニーが示唆するところによれば、時間とともに公営住宅のストックが成熟し、過去の債務の返済がすすむにつれて、賃料は補修・維持やハウジング・マネージャーの人件費に必要な額に見合った水準にとどまるとの予想が成り立つ。この点で、公共住宅は民間賃貸ストックとは異質である。なぜなら、民間家主は通常、不動産の価値にもとづいた市場家賃を請求せざるをえないからである。実質利益〔＝市場価値に連動する利益〕が得られないならば、他の投資先をさしおいて不動産に投資する意味はない。

こうして公営住宅の家賃は相対的に低下し、市場で圧倒的に優位に立つため、理論上は民間賃貸よりも人気を集めやすい。これがケメニーの主張である。じっさい、英国モデルでは潜在的なものにとどまった歴史的成熟価値が（明示的に）織り込まれ、公営住宅が市場を「主導」している国も存在する（Kemeny 1995）。政府は民間家主に補助金を支給し、そのかわりに家賃設定をコントロールする。第6章で取り上げるように、ケメニーのいう「統合的賃貸市場」（ドイツ、オーストリア、スウェーデンが具体例である）は、この論理にもとづいている。このハウジング・システムのもとでは、結果として、持ち家はとても支配的な勢力とはいえなくなる。こうした国々では住居費がかなり低く、自宅所有者になろうとする意欲も強くない。統合的賃貸住宅市場は、高税率／高支出の福祉国家とも結びついている。その要因は、「持ち家社会」との文化的差異もさることながら、住居費が低いことによって、家族に高水準の福祉を負担するだけの余力が生じるからである。逆にいえば、持ち家社会では住居費が高いために、低税率／低支出の福祉が支持されやすい。すでに述べた通り、競争国家の誕生にともなって、持ち家居住者は、自らの財産にふくまれる市場価値に特別な注意を払い、自宅を「金庫」、すなわち、いざという時のための経済的なセーフティネットととらえる動機を与えられた。こうして、ハウジングの「レジーム」は、福祉国家の発展パターンにとって、相当に強い影響をおよぼす。ハウジング・レジームと福祉国家類型は密接に結びついていると言ってもよいほどである（くわしくは第6章参照）。

5　公営住宅の緩慢な死

公営住宅購入者の多くは、中年層のホワイトカラーもしくは熟練ブルーカラーで学齢期の子どもがいた。諸調査が明白な根拠を示しながら報告するように、買い取り権を行使したのは、全体として公営住宅の入居者のなかでも暮らし向きがよい人たちだった。それがとくにあてまったのは南イングランドで、同地域では住宅価格は他の地域よりもかなり高かったし、依然として高いままである。逆に、この時期に公共セクターに参入した世帯には単親世帯や若年夫婦が圧倒的に多く、彼らは基本的に、公営住宅を一時的な住居と見なしていた。所得および雇用の諸指標の分析は、公営住宅には、最貧世帯がきわめて不釣り合いに集中する顕著な傾向があることを明らかにしてきた。たとえば、所得十分位の下位三階層に該当する世帯のうち、六五％が公営住宅に住んでいたのに対し、持ち家は一六％だった（なお、このデータは、絶対数でみれば大勢の貧しい自宅所有者がいることも意味している）。当然のことながら、公営住宅に居住する世帯では、稼ぎ手がいなかったり、世帯主が失業中であったりする割合も高い。

これらサッチャー政権期の遺産は、英国の福祉国家の性質を転換しようとする確固とした政治的意志の産物である。多くの面で、この目標は達成されておらず、とりわけ福祉支出の抑制には失敗したのだが、ハウジングについては、それにかかわる言説を刷新したという点で成功を収めた。すなわち、入居者は消費者となり、住宅供給部門は企業となり、ハウジングのさまざまな領域に競争入札が適用されるようになり、ハウジングのガバナンスは、もはや引き返せないところまで変化した。公営住宅は、新しく形成された世帯、ホームレス状態にある人々、そして待機リストに登録された応募者のために恒久的住宅を提供するものとは考えられなくなり、頻繁な入れ替わりや人口構成上の不均衡（若年層と高齢層の割合が高い）によって特徴づけられるように、かなり不安定で、多くの場合、むしろ劣悪な居住環境となった。じっさい象徴的な決定打となったのは、キャメロン＝クレッグ政権下で成立した二〇一一年地域主権法である。同法は公営住宅入居者の借家権保障を撤廃した。この方針は、労働党政権下の住宅政策担当相によって提案され（コラム5-3参照）、広く報道された首相演説で表明されている(PM Direct, Number10.gov.uk, 3 August 2010)。

ここで起きているのは、かなり込み入った事態である。とはいえ、一九七〇年代中盤以降に英国の公営住宅に生じたのは、長期にわたりつづいてきたストックの「成熟」の徹底（ケメニーはこれを「成熟危機」と呼んでいる）

コラム5-3　社会住宅の緩慢な死

公営住宅の歴史的使命と、それが二〇世紀の全般にわたる長いハウジング史のなかに占めていた位置に最後の一撃を与えたのは〔保守党・自由民主党の〕連立政権であった。近年の状況を述べると、ゴードン・ブラウン首相時代の労働党政府は、バーカー報告（ブラウン大蔵大臣在任中に承認された）に示された方針に沿って、民間住宅と社会住宅の供給拡大を要求した。二〇〇八年住宅・再開発法では、住宅・コミュニティ庁（HCA）の設立によって、このプログラムと再開発計画を支える体制が整えられた。HCAは、住宅公社（HC）、イングリッシュ・パートナーシップ、そしてコミュニティ・地方自治省の業務の一部を継承した。また、住宅協会を規制する役割は、従来はHCが担っていたが、別の新しい機関であるテナント・サービス局（TSA）に引き継がれた。しかし、連立政権による「社会住宅の規制に関する報告」（二〇一〇年）を受けて、TSAは二〇一一年中頃までに廃止されることになり、その機能は主にHCAに移管された。同報告によって、TSAが展開していたきわめて広範囲にわたる規制機能は廃止され、住宅協会自身によって運営される、より地域に即した柔軟なシステムに置き換えられた。同様に、苦情処理も地域ごとのシステムに移譲された。各協会は、こうした変化をおおむね肯定的にうけとめた。

アフォーダブルな社会住宅を建設するための予算は、二〇一〇年の包括的歳出レビュー（CSR）によって、およそ六〇％削減された。しかしその後、政権任期中に一五万戸のアフォーダブル住宅を建設するという公約が作成された。多くの論者は、これは必要に対する建設戸数の割合の顕著な減少であり、新たに生じる必要をみたせないことは言うにおよばず、既存の需要に応えることすらできないとみている。じっさい、社会住宅の待機者リストには四〇〇万人の応募者が掲載されている。第1章で概説したように、公共セクターの住宅建設プログラムは資本支出であり、相対的に縮小が容易であることから、緊縮財政の時期には削減の対象になりやすい。この場合には、政府は、資金調達計画の不足額を埋めるため、各地域の民間市場の同等物件の約八〇％の水準まで家賃を上昇させる予定であると表明した。CSRが別の発表で、家賃補助の大胆な改革により、家賃の支払い額に住宅種別ごとの上限を設け、適用条件が現行より緩和されるとしたことをふまえると、これはやや信じがたい内容のようにも思える。実施されれば、アフォーダブルな社会住宅は、おそらくほとんど建設されなくなると思われる。とりわけ、住宅価格が高いために需要がもっとも大きいロンドンとイングランド南東部ではそうなるだろう。また、既存の入居者には、継続居住に対して強い動機が与えられる。新しい物件に移っても、いまより高い家賃を要求されるだけだからである。しかも、家賃が上昇すると、多くの入居者は家賃補助の支給対象になる。このことは勤労意欲の減退をもたらす。それは保有形態をより柔軟で「公平」なものにするという政府の狙いと完全に矛盾する。

　不利な条件に置かれた世帯や収入源のない世帯を高い割合でふくむ住宅保有形態——社会住宅の賃借人のうち、労働市場に参加しているのは四分の一未満——である社会住宅は、すでに全世帯のわずか一五%まで縮小した。ミューリが入居者の入れ替わりの激しさを指摘し、公営住宅を「過渡的保有形態」（Murie 1997: 457）と呼んだのは、いまとなってはずいぶん昔のことだ。その後、短期間で様相は一変し、既存の入居者の動きが止まった。転居により、公共か民間かにかかわらず家賃が上昇することを恐れるからである。英国のハウジングと社会変動の全体像のなかで、かつて数百万の家族のために、良質でまともな、しばしば新しい住宅を、安定した恒久的な住まいとして提供した公営住宅の歴史的ストックが姿を消したことは疑いようがない。公営住宅は、詩人T・S・エリオットが世界の終わりについて詠ったように、「バーンとではなくめそめそと」（Eliot 1925）最期をむかえたのである。

と、グローバル化が英国経済におよぼした衝撃の重なり合いである。グローバル化によって、英国はきわめて短時日のうちにサービス経済への転換を迫られ、中核的な製造業および鉱業が衰退し、公営住宅はその目的を喪失した。理屈のうえでは、これとは別な道もありえた。たとえば、民間セクターに比べて低家賃の、もしくは規制された賃貸システムを運営するという選択肢があった。これとは逆に、公営住宅を「市場化」して民間賃貸システムの論理に引き寄せつつ、完全な市場家賃を負担できない低所得入居者向けに所得補助を導入するという選択肢もあった。公営住宅の買い取り権とは、英国のように典型的な市場経済のもとでは、公営住宅の成熟という問題の「社会的市場」をつうじた解決はありえないシナリオであることを知らせる、サッチャー政権からの宣告だった。持ち家があまりに深く浸透しており、それを追求するという立場が疑われることはなかったのである。

その規模の大きさと歴史の長さにもかかわらず、公営住宅は、かなり早い段階から、持ち家という切り札をもつ、さらに強大な社会的・経済的勢力に敗北することを運命づけられていた。本書の前半で考察したように、持ち家社会の文化的・社会的基盤は、すでに第二次世界大戦前から確立していた。持ち家社会をささえる経済的・観念的基盤はゆるぎないものであり、成熟しつつある公営住宅ストック――ピーク時には人口の三分の一が暮らし、多くの中東欧の共産主義諸国の最盛期をしのぐほどの規模に達していた――をめぐって、「ハウジング論」が闘わされることはなかった。

6 結論

この章のかなりの部分は、「ハウジング」と直接にはかかわらない内容だった。グローバル化の衝撃のもとでの経済再構築という大局的な動きと、持ち家社会としての英国の成熟との間に相補的な関係があることを示すのが、その狙いであった。これは、場所と時間の双方を視野に収めた、かなり込み入った分析である。マクロレベルの分析によれば、グローバル化は、かつて「世界の工場」として知られた英国に、サービスを基盤とする（GDPの七〇％）経済の出現をもたらす急速な経済再構築を経験することを余儀なくさせた。この結果、旧式のベヴァリッジ型福祉国家に対する圧力は強くなり、サッチャーおよびブレア政権のもとで、経済効率を支えることに照準を合わせた新政策と制度構造をそなえた「競争国家」が定着した。さらに、もっともミクロなレベルの分析は、個々の世帯がこの複合的な再編成〔再配置〕に巻き込まれたことを明らかにする。とくに、（主として）パートタイムの女性労働の拡大が労働市場を変容させ、世帯および住宅市場において男女間関係に新たな変化がもたらされた。なかでも重要なのは、住宅価格の高さにかかわらず、共稼ぎ世帯が持ち家に耐えるだけの力をもつことである。このことは、この国の地理的配置の変化にもつながった。反〔もしくは脱〕都市化が進行し、持ち家郊外の景観は一九八〇～九〇年代のありふれた特徴となったのである。

結局のところ、このシナリオの範囲をこえる時間幅をとらえなければならない。なぜなら、前述の通り戦間期以来のハウジング史のなかで持ち家が保有形態の基本形として確立されただけでなく、公営住宅ストックの蓄積と成熟が、過去に形成された公営住宅の価値にいかに対処するかという新しい論点をみちびいてきたからである。大陸諸国の一部にみられる統合的賃貸市場（Kemeny 1995）とかなり類似した、一般向けの低家賃ハウジング・システムを運営する可能性がなかったわけではない。〔しかし〕持ち家社会はあまりに深く根を張っており、そのさらなる拡大、ひいてはハウジング・システムの支配をささえる好条件がそろっていた。これに加えて、製造業の衰退もまた、公営住宅の社会的役割をうしなわせた。こうして公営住宅は、経済再構築〔という短期的要因〕、および過去に形成されたストックの価値という長期的要因によって圧迫された。決定打は、一九八〇年住宅法ならびにその後の修正条項で定められた買い取り権政策である。極限まで切り縮められた「社会」住宅セクターは、新たな福祉国家合意の残余的な構成要素となった。そこでは、社会的シティズンシップは、「機会重視」の文化を前提としたアセット・ベース型の福祉という新しい発想に取って代わられたのである。

別な言い方をすれば、グローバルな規模から個々の世帯にいたるさまざまな時間・場所・発想における諸要素が重なり合っていた。ここに、労働市場の要請にもとづく競争国家と、共稼ぎ世帯を軸にした居住資本主義との新たな結びつきを解く鍵がある。「持ち家社会」の語りは、福祉ニーズと、その充足についての考え方を刷新する。必要を充たす主体は政府だけではなく、個々の世帯の役割が大きくなってきた。世帯は損得計算をつうじて、財産の中核となる住宅の資産価値がもっとも重要であることを理解し、低税率環境と低インフレ経済を歓迎する。女性が働きに出ることと、持ち家が拡大しつづけていることの間には密接な結びつきがある。家計上、住宅ローンを支払うためには共稼ぎをしなければならないからである。持ち家は女性の労働力参加にとって直接的な動機を提供した。第6章で見るように、この主張には、投票行動や世代間関係についての含意もある。

要約

⊙グローバル化によって、英国経済はサービス業中心の労働市場に向けた改革を余儀なくされた。一方、製造業と鉱業に基盤を置く「旧」産業は、一九八〇年代から九〇年代にかけて急速に衰退した。政府の制度は、ますます動きを速め、競争も激化するグローバル経済に対処するべく再編成された。

⊙時代遅れのベヴァリッジ型福祉国家は、「競争国家」に変容しはじめた。ワークフェア・プログラムに力点が置かれ、福祉支出はより広い範囲の経済を支えることになった。一九八〇年代には、国に管理・規制されたサービス経済（戦後以来の）は解体され、民間主導のより市場化されたものに変わった。この変化は、女性労働者が流れ込むきっかけとなった。

⊙サービス経済においては、かなりの割合の仕事がパートタイムの女性労働者によって担われた。数百万におよぶ製造業のフルタイム男性の職がうしなわれ、中国、アジア／太平洋諸国をはじめとする低コスト生産拠点に移った。

⊙新しいサービス業は、郊外地区と小都市に立地する傾向があり、これらの地域では新興の持ち家住宅地帯が形成された。女性の労働力参加と密接に結びつく、共稼ぎの家庭を基盤とする郊外化の新しい波が起きた。じっさい、持ち家は、女性に家庭の外に働きに出る動機を与えた。

⊙これらの産業が衰退すると、従来製造業の中心地であった大都市では人口が減少した。そしてこの過程で、これらの地域の公営住宅は社会的役割をうしなった。低需要危機は、多数の公営住宅の取り壊しにつながった。

⊙一方、公営住宅の成熟はその〔オルタナティブな〕将来についての問いを提起した。しかし、いくつかの欧州諸国と類似した統合的賃貸市場が形成される見込みはなかった。この〔成熟という〕要因と社会的役割の喪失は、相互に補完し合いながら、公営住宅の退潮を引き起こした。

⊙「持ち家社会」論は、福祉における必要と、それを誰が充たすのか――政府だけでなく個々の世帯の重みが増しつつある――についての新しい考え方に道を開いた。住宅という資産（housing wealth）は、競争国家モデルを補強しはじめた。このことは、福祉国家の変貌にとって「ハウジング」の重要性が増したことを意味する。

【読書案内】

グローバル化というテーマについては文字通り汗牛充棟の観がある。P・ハーストとG・トンプソンの『グローバル化問題』（Hirst and Thompson 1999）が定番である。また、ウィル・ハットンとアンソニー・ギデンズの『危機に直面する世界――グローバル資本主義と生きる』（Hutton and Giddens 2001）は、現代の世界においてグローバル化がもつ含意を明快に分析している。ハドソンとローの『政策過程入門――福祉政策・実践の分析　第二版』（Hudson and Lowe 2009）には、本章で考察した論点についてのより詳細な説明がふくまれている。低需要はさまざまな角度から報告されている。主要な論文はブレイムリーらが環境運輸地方省に提出した『低需要住宅と不人気地域』（Bramley et al 2000）に収録されている。英国の社会住宅に関する近年の良書としては、スザンヌ・フィッツパトリックとマーク・スティーブンズの『これからの社会住宅』（Fitspatrick and Stephens 2009）。成熟危機を初めて論じたのはジム・ケメニーの『公共住宅から社会的市場へ』（Kemeny 1995）である。

第6章

ハウジングと福祉国家

《キーワード》
コーポラティズム
二元的賃貸／統合的賃貸市場
グローバル化
ローン市場
社会的市場経済
居住資本主義の多様性
福祉国家レジーム

ハウジングは、近年まで比較福祉国家論では軽視されてきた。このことは、「ハウジング」それ自体がもつ諸性質に由来しており、とりわけ、他の福祉サービスと違って大部分が民間セクターから調達されることと関連していると思われる。ハウジングの重要性と、福祉国家との決定的な結びつきを最初に認識し、解明したのはケメニーであった。エスピン゠アンデルセンによる発見は、現代の資本主義社会には異なったタイプの福祉国家があることを明らかにした。ケメニーの分析は、ハウジング・システムにおいても異なったタイプを見出しうることを示唆する。とくに、持ち家が優勢な、開放的で自由な住宅市場と、ドイツのように、住宅が商品ではなく社会権であると考えられている「社会的市場」経済は対照的である。一九八〇年代の規制緩和の後に作り出された「深い」ローン市場は、自宅所有者をグローバル資本のフロー〔循環〕に接続し、課税と公共サービス支出についての有権者の態度に影響を与えた。ケメニーの研究を突破口として、ハウジングには、二一世紀の福祉国家について考え、理解するうえで欠くべからざる要素であるという正当な評価が与えられた。

1　はじめに

近年の金融危機は、やや極端なかたちではあるが、グローバル金融市場が証券市場と国際金融システムを核として、いかに緊密に統合されているかを明らかにした。二〇〇七～〇九年の金融危機の引き金を引いたのは、米国のサブプライム住宅ローン市場に蓄積されていた大量の不良債権であり、高リスク・ローンの価格設定に関する信用格付け機関の深刻なミスであった（Muellbauer and Murphy 2008）。これらの「不良資産」は一種の債券として、いわゆる「証券」に混ぜ込まれた。そして安全で長期保有に適した、年金基金などにはうってつけの投資対象として、グローバルな金融市場をつうじて投資家向けに販売された。住宅負債が他国の年金基金に姿を変えるという事実からも、現代の公共政策と福祉国家に影響を与えるいくつかの要素が垣間見える。

多くの――すべてではなかったが――ＯＥＣＤ諸国の住宅価格がかつてない上昇をつづけたのち、グローバルな金融バブルがはじけた。この価格上昇を支えたのは新しいタイプの金融取引、とりわけ「証券化」と呼ばれる手法の発明である。この発明によって巨大な資本のフローが解き放たれ、グローバル金融システム全体に広がった（第7章コラム7-1参照）。こうした出来事が生じた背景と、その空前の規模こそが、ハウジングと福祉国家の関係のとらえ方に転換を迫っている。それはまさしくグローバルな射程をもった新しいローン市場であり、世帯の家計に資本のフローを流し込む導水管の役割を担った。これは他方では、自宅所有者が自らの不動産を、たんに自分が住む家というだけでなく、率直に商品と見なしはじめたことを意味する。人々は、一九八〇年代の金融市場の自由化以前には想像もつかなかったようなやり方で、消費や福祉サービスの原資として、文字通り、住宅を「あてにする」ようになったのである。多くのＯＥＣＤ諸国では、自宅所有者の政治的態度と投票行動は低税率／低金利政策を強く志向するようになり、私的資産が質の高い選択肢を提供する領域では、公共支出が支持されにくくなった。福祉供給とリスクに対する態度は長い時間をかけて醸成される、文化に根ざしたものであり、その多様性に応じて多大な差異が存在することは言うまでもない。しかし、このとき生じた出来事からの影響を逃れたところはなかった。そのひとつの結果として、とくに持ち家が優勢の社会において、自宅所有者たちが、ローン債務の追加と引き替えに住宅のエクイティ（不動産に蓄えられた価値）を利用できるようになり、このことが消費に多大な影響をおよぼすとともに、本章の関心に照らせば、福祉国家と福祉供給に対する態度に重要な変化をもたらした。長年にわたって米国連邦準備制度理事会の議長を務めたアラン・グリーンスパンは、米国経済の実態を評価するうえで、資産価値の引き出しがきわめて重要な位置を占めていると考えた。ハウジングの「富」（wealth）のマクロ経済への転換が与える影響について、彼自身、一経済学者として研究に取り組んだほどである（Greenspan and Kennedy 2008）。

グローバルな制度・金融結合体《ネクサス》を、たとえ大づかみにせよ理解することなしに、福祉国家の変化を把握することは不可能であるというのが、本章の主張の核心である。銀行の規制緩和、（すべてではないが多くの国々で起きた）住宅価格の上昇、あたかも津波のように全世界を覆った新しい資本の巨大なフローが、いたるところに影響をおよぼした。これは本章だけで扱うには大きすぎるテーマであり、次章でも議論する。ハウジングと福祉国家の関係についての研究は、つい最近までほとんど知られていなかったが、しだいに注目を集めつつある。本章の多くの部分は、これらの研究を検討することに費やされる。ハウジングは比較福祉国家論のなかではほとんど無視されてきた。しかし、近年の研究成果と二〇〇七年に端を発する金融危機という現実によって、ハウジングが前面にせり出してきた。それはもはや端役などではなく、舞台の中心におどり出ようとしている。じっさい、ここでの主張は、基本的な福祉国家類型のいくつかが、強固な「国家本位的」／集合的供給システムを備えたものもふくめて、ハウジング結合体によって揺さぶられ、変化を被ってきたというものである。ハウジング結合体とは、グローバルな資本フロー、住宅ローン制度（自由な「開かれた」ものか、抑制／規制されたものか）、ハウジング・システムのあり方――一般にその社会の福祉国家の伝統を反映している――が相互に結びつき、混ざり合ってできたものである。第1章で論じたように、大まかに言って「ハウジング」のシステムには二つのタイプがある。ひとつは、「持ち家」が優勢な社会（英語圏諸国のほとんど、そして多くのポスト共産主義諸国がこれにあたる）、もうひとつは、借家と持ち家の統合の度合いが高いシステム（ドイツやスウェーデンなどの北欧諸国に見られる社会的市場／コーポラティズム的経済）である。

本章のテーマは、ハウジングと福祉国家の関係である。まずは、比較福祉国家論において、長年にわたってハウジングが（ひとつの注目に値する例外を除き）論じられてこなかったのはなぜかを考察することからはじめよう。福祉国家の他の柱――保健、所得保障、教育、雇用政策――と比べて、「ハウジング」の分析が困難であるとみなされたのはなぜか。住宅を扱うとき、社会科学者は、これを社会権とみなすのか、それとも市場で売買される商品とみなすのか、というむずかしい選択を迫られるからだ、というのがひとつの答えである。しかし、それで話が終わるわけではない。この論点を詳らかにするには、福祉国家類型の概念的な輪郭をしっかりと把握し、そのなかにハウジングがどう位置づけられるかを理解しなければならない。このような考察をつうじて、一九八〇年代における金融システムの規制緩和以来、福祉国家は資本のフローのグローバル化のもとで姿を変え、「ハウジング」がその過程で中心的な役割を担ったという、やや意外な見解がみちびかれる。本章ではまずハウジングが軽視されてきた理由を探り、それが主役の座を得るにいたった経緯を明らかにしよう。

第6章と第7章は別の話ではなく、ひとつづきのドラマである。第7章では、世界的な住宅価格にとくに注目し、この変化の過程をより詳しく検討し、古い福祉国家の地形《ランドスケープ》の崩壊を論じる。そして、姿を現しつつある新しい福祉国家の地形の描写に着手する。

2　福祉国家論におけるハウジングの軽視

比較福祉国家論を読み返すと、ひとつの不可解な問題に出くわす。それは、「資本主義的」福祉国家の間に差異を見出そうとする諸研究において、ハウジングが重要な次元として言及されることがほとんどなく、事実上考察の対象とされてこなかったことである。これは、第2章・第3章で英国の事例を検討したように、国家が、二〇世紀の二つの大戦に際して、世帯数と住宅数の不均衡に対処するため介入しなければならなかった歴史をふまえると、なおさら奇妙なことのように思える。欧州の戦後福祉国家は、例外なく、急激な住宅不足を背景に発展したのであり、福祉国家の幅広い諸課題とハウジング政策は切っても切り離せない関係にあったのである。

英国の場合、すでに論じたように、政府が建設し、補助金を受けた家賃が課される「公営住宅」と、「通常の」住宅市場と呼ばれるもの——すでに第二次世界大戦以前には持ち家が優勢となっていた——は、明確に区別された。二〇～二一世紀の英国の重要なテクトニック・プレートのひとつが、この国の社会経済的「地質」にがっちりと組み込まれたのは戦間期のことである。これは、本書で何度か指摘している、社会の変化の性質とタイミングの概念を考察することの重要性を具体的に示す実例である。すなわち、ここでの分析にとって決定的に重要なのは、出来事がいつ、そしてどのような順序（「連なり」）のもとで起きたのかである。英国の事例はさまざまな点で特殊であり、大陸のコーポラティズム諸国では、より開放的で脱中央集権的なシステムが運営され、幅広い利害関心が集約、反映されている。こうした諸国に特徴的なのは、民間家主が政府によって管理される統合的市場に参入することである。民間家主は、政府から補助金を受ける見返りとして、家賃設定と借家権について幅広く政府からの監督・調停を受け入れる。のちに見るように、こうした差異は、二一世紀初頭における福祉国家の変化について考えようとするときに、重要な示唆を与える。

社会政策研究においてハウジングが軽視されたのはなぜか

福祉国家論においてハウジングが軽視されてきた理由については、若干の説明が必要である。国家論の観点からもっとも明白なのは、トルゲルセンが指摘したように、ハウジングが主として資本のかたちをとった支出だということである。コストの多くは、「レンガとモルタル」〔建物〕の建設と土地の購入から生じる。政府が供給する住宅は、通常、市場に参加できない少数派の世帯に向けたものに限られる。ただし、このような見方が中・北欧の「社会的市場」諸国にはあまりあてはまらないことに注意しなければならない。これらの国々は、のちに見るように、賃貸に重点を置き、幅広い社会層に住宅を供給するハウジング・システムを有している。なお、トルゲルセンは、教育と保健〔医療〕サービスという福祉国家の核となる機能が、通常、普遍的に――あらゆる人々に――適用され（少なくとも欧州諸国では）、これらのサービスの運営コストがスタッフ――医師、看護師、教師、マネージャー、行政職員――の人件費にあてられており、そのため、財源システムは資本に対する投資よりも収益費用（給与支払い）に重点を置いたものとなっているとも指摘する。そのうえでトルゲルセンは、ハウジングを福祉国家の「ぐらついた」柱と呼んだ。なぜなら、財政緊縮期には、給与よりも資本支出計画の方が削減の対象になりやすいからである（Torgersen 1987）。二〇一〇年五月の選挙期間中に、保守党・自由民主党連立政権が「歳出削減」という政策課題の目玉として、早いうちから社会住宅への資本支出の大幅削減、公営住宅入居者の借家権保障の廃止、地域住宅建設目標の優先順位の引き下げを打ち出したことは驚くに値しない。

ところでケメニーは、比較福祉国家研究においてハウジングが軽視されてきたことについて、ふくみのある見解を述べている。つまり、あまりに社会に深く「埋め込まれ」ているがゆえに、ハウジングという題材は扱いにくく、それが見過ごしの原因となるというのである。ケメニーは、ハウジングがライフスタイルを左右すると主張する。それは、ギデンズの「個人化」の概念にもつうずるようなプロセスである。すなわち、われわれが身を置く「家」は、われわれが人としてのアイデンティティを獲得する場所であり、われわれがもっとも「自分らしく」なれる場所であり、ジェンダー役割およびステレオタイプが形作られる場所である（Giddens 1989）。ここで見落としてはならないのは、ハウジングが、その重要性が見過ごされてしまうほどに、日常生活に密着した領域だということである。ケメニーはまた、ハウジング、とりわけ住宅保有形態（第1章参照）が都市の建造環境のあり方（賃貸住宅が支配的な都市では集合住宅が優勢となりやすく、持ち家が支配的な社会ではスプロール型の郊外が広がりやすい）と社会構造（高層集合住宅のような協同的な生活形態と、戸建住宅にみられる個別性の高い形態の対比）に影響を与えると主張している。彼は、ハウジング・システムが、より広範な福祉制度と結びついていること、すなわちハウジングが、異なったタイプの福祉システムの形成に決定的とまでは言えないが一定の作用をおよぼすことを、もっとも早くから理解していた社会科学者である（Kemeny 1980）。彼の議論の要点は、異なったハウジング・システムの形成と、その差異が福祉国家に与える影響は、政治的な（交渉の）過程と選択の結果であり、あらかじめ存在する選好――借家人ではなく自宅所有者となることを好むという通念など――によるものではない、というものである。ケメニーは自らの立場を修正しているので、この考え方についてはのちほどあらためて立ち戻ることにする。ここでは、彼の研究成果から、ハウジングと福祉国家の結びつき方に影響を与える諸要素の全体像を把握する必要があるとの見方が引き出せることを確認するにとどめよう。ケメニーによる考察については、さらにコラム6-1にて概説しておいた。

これまで、ハウジングに「他とは違う」性質を与え、福祉国家の発展に関する考察に組み込むことを困難にさ

せるいくつかの特性に着目してきた。すなわち、

・ハウジングは資本のかたちをとった支出であり、土地取得と建設に多額の初期投資が必要で、支出削減の対象とされやすい。
・ハウジングへの国家介入は、通常、低所得世帯というマイノリティの支援のために行なわれる。ただし、これは主として「持ち家」型の社会に見られる現象である。
・多くの世帯は自宅を住宅市場で購入する。そして、自宅を生活の場であるとともに金融資産と見なしている。
・ハウジングは社会に埋め込まれている。あまりに身近で日常的な経験であるがゆえに、その影響力が見過ごされやすい。

それゆえ、ハウジングが軽視される要因は、それが、社会に対して、いささか複雑で広範囲にわたる影響を与える可能性をもつところにあるようである。そして、所得保障、保健もしくは教育——これらはみな、より明確に政府によって運営されるサービスとされている——などと比べて、比較福祉国家論で扱われにくいのもこのためである。さらに、やや即物的な理由として、ハウジングの計量分析がかなり厄介な仕事であるという点を付け加えておきたい。というのも、住宅保有形態の違いが何を意味するかは社会によって異なるからである。「所有すること」と「賃借すること」の法的根拠はきわめて多様であり、住宅種別、居住水準、住宅規模（一家族あたり何部屋、何平方メートルの空間が使えるか）の大雑把な比較をこえて、ハウジングを「数える」（計量的に把握する）のは至難の業である。容易に計量化できる指標を用いるのは、初期の比較研究の特徴であった。これらの研究は、現代の福祉国家が大同小異であり、対処している問題にも大差がないという見方をとりがちであった。たとえば

コラム6-1　ハウジング形態の違いが福祉に対する態度を左右するのはなぜか——ケメニーの発見

ケメニーの主張の要点は、自宅所有者が課税と公共サービス支出について共通の見解をもつようになり、それは居住用不動産の購入にともなう経済的論理に由来するというものである。このトレードオフは、住宅購入のコストが、通常、ライフサイクルの前半に重くのしかかることから生じる。自宅所有者は頭金を用意するために貯蓄しなければならない。そしてローン返済費用は、人生前半の収入が低くなりがちな時期に重くのしかかる。つまり、住居費負担は居住経歴の初期に集中し、ローンが完済されると軽くなる。とはいえそれは一般に二〇～二五年もあとのことである。自宅所有者が低税率／低支出の福祉国家を支持しがちなのはこのためである。彼らは高水準の公共支出に反対する。それが金利上昇のリスクをともなっており、高金利は必然的に月々のローン支払い額を増やすからである。

一方、借家人の住居費支出のパターンは起伏こそ小さいものの、生涯にわたって支払いがつづく。彼らの住居費は子どもの誕生によって家賃支払いが上昇する中年期にピークをむかえる。しかしそれは、ライフコース中盤の稼得能力がピークに達する時期と重なる。子どもが家を離れる高齢期には、ふたたび住居費が減少する。借家人にとっての住居費は、程度の差はあれども生涯にわたって均等であり、前半に偏る自宅所有者に比べるとなだらかである。

ひとたびローンの支払いが終わると、自宅所有者の住居費は激減する。このことは、第7章で論じるように年金制度に対する態度と密接にかかわっている。ケメニーによれば、この論理により、自宅所有者は残余的で低税率の福祉国家を支持しやすく、とくに年金制度にそれがあてはまるという。なぜなら、年をとってローンを完済した高齢の自宅所有者にとって、住居費の支払いは安くすむからである。ハウジングが政策選好の問題として福祉と公共支出に対する態度を形成するという発想が、ケメニーの研究の核心である。

ウィレンスキーによれば、福祉国家の変化は高齢化という人口学的現象が必然的にもたらすものであり、あらゆる福祉国家は年金制度と介護支援の提供という共通のニーズをめぐって収斂しつつあるという。彼は、諸国間の違いは主として時間差の問題であると主張し、福祉の「先進国」と「後進国」と呼んだ。ウィレンスキーは、その研究において、ＯＥＣＤ諸国の計量的分析の際にハウジングという指標をあっさりと除外した。その理由について、「この領域における公共支出の比較は不可能に近い」からであると述べている（Wilensky 1975: 7）。

ハウジングに着目する比較研究は一九八〇年代までほとんど存在しないに等しかった。その先駆的研究においてドニソン（Donnison 1967）は、住宅政策を公的な／政府による住宅供給と狭く定義したうえで、三種類のハウジング・システムを区別している。ウィレンスキーと同様に、彼は諸国がいくつかの段階――「対症療法的」「残余的」「包括的」――に位置づけられると考えた。これは基本的に「先進国／後進国」論である。彼は一方の極、すなわちもっとも無計画な段階にある国としてトルコとポルトガルを挙げ、もう一方の極にスウェーデンとオランダを位置づけた。ドニソンの研究の背後にあるのは、発展の諸段階は政治的選択ではなく、その国の経済発展の水準によって決まるという想定である。これと似た「収斂」論は、その後のハーローの研究にも見られる。彼は、各国が、市場経済の周期的危機に対応して、「商品化」（民間ハウジング・システムの優越）、「脱商品化」（政府による介入）、「再商品化」（公営住宅の民営化）という段階的な変化を経験すると主張した（Harloe 1985）。ハーローの研究にはかなりの影響力があり、それぞれの国を対象とした研究が数多く生み出された。戦後、各国がこれらの諸段階を実際どのように経験したのかが明らかにされている（スウェーデンについてはLundquist et al 1990参照、オランダについてはPriemus 1995参照）。

これらの諸研究が共有するのは、福祉国家やハウジング・システムを共通の結末への収斂にみちびく支配的な単一の要因が存在する――それが何であるかは、高齢化、資本主義の危機、経済発展の諸段階など、論者によって異なるにせよ――という想定である。また、「ハウジング」と福祉国家の関連についてはほとんどふれられない。ハウジングを「政府による住宅供給」と同一視する狭い見方があるのみである。

3　収斂から分岐へ

ところが、一九八〇年代、一国単位の研究や国家群の研究はかなり大きな方向転換を遂げた。とくに、同程度に進んだ経済および経済発展の類型に属する国々の間で、福祉国家やハウジング・システムが大きく異なることに関心が向けられるようになった（Kemeny and Lowe 1998）。分岐という発想は、主に量的データに依拠した主流の研究とは逆方向の潮流のようなもので、ほどなく、エスピン＝アンデルセン『福祉資本主義の三つの世界』（Esping-Andersen 1990=2001）という、最強の影響力をもつ比較福祉国家研究に結実した。

政治勢力と異なる社会階級の間の関係に関する理論を出発点として、エスピン＝アンデルセンは明瞭に区別される三つの福祉国家「レジーム」を提示した（詳細はコラム6-2参照）。これがじっさいにどのような働きをするのかといえば、それぞれの社会が、中核的な福祉ニーズの供給に、異なったやり方で対応するということである。政府供給、市場、コミュニティ／ボランタリー・セクター、家族、個人の間での資源配置のされ方には重要な違いがある。たとえば、保健サービスが主に政府によって供給される国もあれば、もっぱら市場による国や、政府と市場の混合による国もある。エスピン＝アンデルセンが示そうとしたのは、簡単にいえば、ある社会が福祉ニーズの充足のために政府または市場にどれだけ依拠しているかを見れば、各社会の福祉システムの類型についてかなりのことがわかるということ、そして何より、これらのシステムが社会のなかにさまざまな機会や不利益を生み出すということであった。富裕な世帯は、市場優勢の保健システムでも問題はないだろうが、経済力が乏しい世帯は政府運営の保健サービスがあればこそ、なんとかやっていける。エスピン＝アンデルセンによれば、福祉国家は、彼のいう社会の「階層化」において重要な役割を果たす。

コラム6-2　エスピン＝アンデルセン『福祉資本主義の三つの世界』（一九九〇年）

エスピン＝アンデルセンは広く知られた著書『福祉資本主義の三つの世界』を理論から説き起こす。彼は、どのような福祉国家が形成されるかは、さまざまな社会階級の間で展開される権力闘争がどのように決着するかで決まると主張した。彼は、こうした階級間の連携または対立の所産を、階級論的権力論の発想に力点を置きつつ、「レジーム」と名付けた。三つの「世界」とは以下の通りである。

・社会民主主義的福祉レジーム――労働者階級の運動が、ミドルクラスの諸政党・集団との連携に成功したことに由来する。保守勢力は分断されたままであり、時間が経つにつれて、このレジームは社会形成において支配的な力となる。このタイプの福祉国家は、典型的にはスウェーデンやノルウェーなどの北欧諸国にみられるもので、脱商品化されたシステムを福祉供給の基盤とする。つまり、政府による供給や集合的な処理に重きが置かれている。自由市場から切り離されていると言ってもよい。このレジームのもとでは、高水準の福祉に対する社会的権利が重視されている。このアプローチは、階層化、すなわち富と機会が社会のなかでどう配分されるかに重大な影響を与える。

・コーポラティズム的福祉レジーム――どの勢力も卓越した地位を獲得できない、膠着状態に陥った権力闘争に由来する。この結果、社会を構成する各部門が、それぞれ独自の福祉供給のサブシステムを備えるにいたる。ここで重視されるのは、伝統的な社会的序列を維持することであり、社会政策は社会秩序を保全する手段となる。政府、労働組合、雇用主は手を携えて、かなり寛大な給付をともなう社会保険制度を確立する。このレジームの源泉は、強大な国家、コーポラティズム的経済秩序、宗教とりわけカトリシズム（家族に関する伝統的価値観を補強する）の役割の大きさである。このレジームは保守的なものとされることがあるが、これは、同レジームが社会を変えることではなく安定させることに重きを置いているからである。

・自由主義的福祉レジーム――労働者階級が分断され、保守勢力が支配的な社会で形成される。自己責任が重視され、商品化の度合いが高く、福祉へのアプローチは残余的なものである。このレジームのもとでは、福祉国家の目的はコーポラティズム的な安定性や社会秩序の保護とは対極的であり、個人は自らの潜在能力を存分に開花させねばならず、社会的序列ではなく業績が重んじられる。福祉国家は、ケアの必要を充たし、保健〔サービス〕、社会保険を提供するために市場との連携を強化することを目指し、私的な、市場主導の解決を基軸としたものとなる。米国が典型的な事例であることは言うまでもない。

エスピン＝アンデルセンが、これらの福祉国家の諸類型を設定したうえで、さらに彼の概念を支持する経験的な証拠を追求したことは特筆すべきである。彼は、社会政策が社会の階層化に与える影響を測定することを目指した。そして、自らの分類を補強するため、年金政策、保健および所得保障を用いて、一連の統計的検証を行なった。この方法論に対しては、きびしい批判が寄せられている。批判は、一九八〇年という単一の時点のデータのみにもとづいていることはもとより、彼が相当に用心深く、自らの理論に合致するデータだけを用いている点に向けられた。この研究は、データ分析の誤りに関しても批判されてきた。ただし留意すべきは、経験的研究における不備ではなく、エスピン＝アンデルセンの理論がかかえる問題こそがもっとも重要であるということである。「三つの世界」が形成される要因として、階級と勢力が重視されることで、ほぼ確実に、階級と関連づけられない広範な文化的な問題や影響が考察から除外されてしまう。じっさい、これ以外の資本主義の類型化や多様性の探求は、もはや実りの少ない作業だと見なされかねない。

なお、エスピン＝アンデルセンは、彼の「三つの世界」が純粋な姿で存在するわけではなく、数多くの国々がいずれにも収まりきらないことを認めている。たとえば英国は、規模の大きい福祉国家を備えているにもかかわらず、通常、自由主義的レジームに該当するとされる。

エスピン＝アンデルセンの研究は社会科学のさまざまな分野で多大な反響を呼んだ。「三つの世界」研究に「ハウジング」は登場しない。しかしここでもやはり、このモデルにハウジングに関するデータが適合しなさそうであること以外に、除外の理由は見当たらないのである。ところが、すでにケメニー（Kemeny 1981）は、彼が暮らし、働いた三つの国、すなわちオーストラリア、英国、スウェーデンのハウジング・システムを比較していた。彼は、政府の政策が、補助金の使い方の違いによって、持ち家の拡大を優遇したり（オーストラリアおよび英国）、非営利システム――賃貸も（持ち家と）同様に主要な選択肢であり、ハウジング・システムのなかで持ち家が優位に立っていない――を優遇したりすることを明らかにした。ハウジングへのアプローチにきわめて大きな違いがあるのは、持ち家に対する選好が賃貸に比べて強力だからではなく、それぞれの社会においてなされた政治的選択の結果である。この発想にもとづいてエスピン＝アンデルセンの研究を評価するところからはじめたケメニーは、ハウジングという領域においては、究極的には三つではなく二つのハウジング・システムが存在することをつきとめたのである。

4　ケメニーのハウジング・レジーム論

ケメニーによる理論的な発見がなぜ重要なのかといえば、これによって初めて「ハウジング」と比較福祉国家論が直接結びつけられたからである。ハウジングは、多国間比較研究に取り入れにくい対象として、理由がはっきりしないまま敬遠されるわけでもなく、特殊事例として孤立して扱われるのでもなく、福祉国家がどのように、そしてなぜ変化するのかを明らかにするうえで核心的な重要性をもつテーマとなった。さらにケメニーは、ハウジングが人々の退職年金、ひいては福祉供給の他の諸側面についての考え方に根深い影響をおよぼすと指摘した。控えめに見積もっても、この理論的ブレークスルーが、ようやくハウジングと福祉国家を関連づけることを可能にしたのである。ケメニーが予見したように、ハウジングは福祉国家研究にとって周縁的どころか、中心的なテーマと見なされることになるだろう。

ケメニーの主張の核心部分は、二つのハウジングの類型もしくはシステムが存在する――それぞれの内部にはかなりのバリエーションがあるとしても——というものである。第一に、自由主義的福祉レジームと関連づけながら、「二元的賃貸市場」という類型を設定した。そこでは、政府は一般市場において住宅を購入する力をもたない低所得世帯のために賃貸住宅を供給する責任を負う。これらの住宅は、通常、国庫から手厚い補助金を受け、必要にもとづいて配分される。民間賃貸システムは、これとはまったく異なるやり方で運営される。補助金は受けず、家賃は不動産の各時点の資本価値によって決まる。この「二元的賃貸市場」では、純粋に営利を目的とする賃貸住宅と社会住宅とが明確に区別されている。ケメニーが「非営利賃貸」と呼ぶ社会住宅は、〔営利賃貸とは〕かなり異質な機能を担う。営利にせよ非営利にせよ、賃貸は一般に「二流」のハウジング形態と見なされる。公営住宅へのアクセスは社会政策の対象となる低所得世帯に限定されているので、公共賃貸セクターと民間賃貸セクターの間にはくさびが打ち込まれる。一般的な傾向としては、非営利セクターが小さければ小さいほど、その入居者は、より困窮し、不利な立場に置かれた人々に限定されるようになる。こうした背景のもとで、持ち家が多くの人々にとって既定路線とされ、「正常な」ハウジング形態となる。そして、政府はこのような考え方にお墨付きを与え、資産売却益に対する税額控除や、場合によっては住宅ローンに対する減税すら認めて持ち家を支援する。

英語圏諸国——米国、英国、カナダ、オーストラリア、ニュージーランド——は、すべて、このベーシックなハウジング・システムの典型例である。このほか、アイルランド、スペイン、ポルトガル、ギリシャなどの持ち家志向が強い社会もこれにふくまれる。むろん、これらの国々のなかには幅広いバリエーションがあるのだが、ロジック〔の共通性〕は明瞭である。二元的賃貸社会では、程度の差はあれ、持ち家は支配的なハウジング形態として圧倒的な強さを誇っている。歴史的な経緯を反映して、非営利賃貸セクターの規模にはかなりの幅がある（前章までに概観したように、英国では例外的に公共住宅の割合が高く、一九七〇年代のピーク時には全人口の三分の一近くが入居していた）。また一般的に、「社会住宅」の対象が低所得世帯に限定されればされるほど、そこで暮らす家族の困窮の度は増す。むろんケメニーがそう分析しているわけではないが、「持ち家社会」の概念はエスピン＝アンデルセンの自由主義的福祉レジームと密接にかかわっている。

もうひとつのハウジング類型は、ケメニーが「統合的賃貸市場」あるいは「統合的市場」と呼んだものであり、「社会的市場経済」に代表されるコーポラティズム的政治システムと密接に関連している。そこでは、住宅補助金があらゆる種類の家主に交付され、通常、中央政府は住宅そのものを供給しない。このシステムには多様な供給主体が関与する。すなわち、住宅協同組合、住宅協会、独立系住宅供給者であり、供給主体としての地方自治体の役割はかなり限定されている。これらの組織は民間家主と同等の条件で競争する。よくある誤解は、原価賃貸住宅がつねに公的または半公的に供給されるというものである。実際には、ドイツがそうであるように、原価賃貸住宅のかなりの割合が民間家主によって供給されているのである。彼らはみな補助金を受け取るので、政府は基準の一律的な充足を保証することができる。また、住宅補助金はあらゆる供給主体に行き渡るので、公共セクターが各地域の家賃水準の決定権を握りやすい。その結果、家賃から得られる利潤を最大化することにはかなりの制約がかけられる。この統合的市場では賃貸住宅はそれほどスティグマ化されず、あらゆる社会階層に開かれている。このため持ち家はさほど魅力的ではなく、優勢でもない。各世帯は、持ち家を「住宅」それ自体の特徴——物件のタイプ、立地上の要望、庭が使えるかどうか——を理由に選ぶ。「いかなる代償を払おうとも住みかえのはしご《ハウジング・ラダー》を昇ること」が最優先され、公共賃貸住宅が大多数の人々に対して門戸を閉ざしている「持ち家」社会とは異なり、ほかの選択肢が存在しないがゆえにやむをえず持ち家を選ぶわけではないのである。このシステムを有する国々のなかでとくに重要なのは、ドイツ、スウェーデン、デンマーク、オランダ、そしてスイスである。

ここで、この発想の歴史的起源をたどると一八八〇年代のビスマルク時代までさかのぼることができるという、第2章での指摘を思い起こすことは有意義である。当時、ドイツ社会民主党は、エリート社会階層を強力に優遇する政府への参加を拒否していた。コラム2-1で概説したように、ビスマルクの社会保険制度はドイツ労働者階級の目の前にぶら下げられたニンジンであり、その狙いは、社会主義者を買収することによって社会に安定をもたらすことであった。これを支えていたのが、三階級投票制という、きわめてバイアスの大きい仕組みであった。この選挙制度は大地主をふくむ少数の富裕エリート層に有利に働くもので、彼らは州議会と連邦政府の選挙において三分の一の投票権を有していたのである。このような関係構造から生じる社会的・政治的妥協が、ドイツのコーポラティズム的社会組織モデルの基盤であった。この発想は、一九三〇年代という、(一八八〇年代とは) かなり異質な状況のもとで、オルドー自由主義者たちによって「社会的市場」というかたちで再定式化された。オルドー自由主義者は、ワイマール共和国 (第一次世界大戦後、ヒトラーのナチ党が一九三三年に政権を乗っ取るまでドイツを統治していた) 末期における、有力な哲学者や経済学者からなるグループである。彼らの主張は、政府は、競争を促進するとともに、適切な行政を妨げ社会を支配するにいたる独占を食い止めるために、資本主義経済の運営と規制に対して強い関心を払うべきである、というものであった。こうした考え方は、第二次世界大戦後のドイツ再建 (いわゆる「経済の奇跡」) に貢献した「社会的市場」システムの根幹をなす特徴となった。これにより、他と明確に区別される資本主義のひとつの「型」が形成された。そこでは、経済の運営における諸機能が次のように区分されている。

・中央銀行は金融政策の立案の責任を負う――インフレを監視し、通貨の安定を保つ。そのためのあらゆる任務の遂行に際して政治的干渉を受けない。

・その時々の政府は財政政策に責任を負う——たとえば、防衛と、「国営」年金や失業手当などの所得移転をはじめとする福祉国家に対する公共支出のバランスについて決定する。
・雇用主と労働組合はマクロ経済の全領域においてその基盤を提供する——富を生み出す産業部門であり、産業投資、国際貿易、経済活動の長期的基盤をふくむ。

政府が経済・社会政策を方向づけ、社会におけるさまざまな利害を調整するという考え方は、コーポラティズム的社会モデルの基盤であり、エスピン゠アンデルセンの「保守的」レジームにぴたりと合致する。そしてこれと同じ社会的条件が、同じ社会的合意の一環としての統合的賃貸市場（コラム6-3参照）をもたらした。民間家主の力が強く、政府が運営する社会住宅の導入は阻止されたため、かわりに、ドイツの労働組合その他の労働者組織は、社会保険基金（一八九〇年の廃疾老齢保険基金法にもとづいて創設された）から、協同組合住宅を建設するための資金借り入れを許された。諸団体はこれらの住宅を各自で所有し、入居者選考をはじめとする管理運営権を行使した。補助金によるハウジング・システムが、この資金源を用いるさまざまな家主の参入をともないながら発展した。そのため、家主には多元性がある。ほとんどすべての社会住宅が地方自治体によって、われわれになじみ深い「公営住宅」として供給される英国のケースとは大きく異なる状況である。すでに一九世紀末には、二つの「異なる種類の資本主義」がはっきりと姿をあらわしていた。すなわち、ドイツの例に典型的なコーポラティズム的モデルと、ヴィクトリア朝後期の英国を原型とする市場経済である。そしてここに、ケメニーが指摘した二つのハウジング・レジームの起源を見出すことができるのである。

・多元的システム。公共および民間の家主は、同一条件で競争できるように補助金を受ける（これが「統一的」も

コラム6-3　統合的賃貸市場

英国のハウジング言説の多くは、「持ち家社会」が当たり前のハウジング・システムであることを前提に語られているので、ドイツ、スウェーデン、デンマーク、オランダ、スイスなどの統合的賃貸市場諸国のことはよく知られていない。持ち家社会がそうであるように、統合的賃貸市場であることが明らかな国々の間でもかなりの違いがある。この多様性は、それぞれの国家の中核をなすコーポラティズムの諸形態（すなわち、重要な役割を担うさまざまな社会的アクター――労働組合、雇用主、政府――の力関係）を反映している。統合的賃貸市場諸国をさらに細かく区分するひとつのやり方は、借家人、民間家主、建設会社、住宅協同組合などが有する利害関心を反映させるために、諸圧力団体がどの程度のロビー活動を行なえるかに着目することである。こうした諸勢力は、かなりの影響力を行使することができる。なぜなら、これらの国々では多党制の政治システムがとられ、政権はほとんどの場合、政党連合から構成されており、さまざまな政党や彼らが代表する利害当事者たちからの支持を集めなければならないからである。コーポラティズム的権力システムは妥協に道を開きやすい。持ち家社会では、敵対する二大政党からなる政治システムが、少数派の利害関心を締め出してしまいがちである。要するに、どちらのシステムを評価するにしても、勢力バランスとハウジングの当事者の影響力の強さに注意しなければならない。たとえばスウェーデンとデンマークでは、住宅協同組合と借家人自主管理組織の規模は民間家主に匹敵する。スウェーデンでは、システムを運営するのは地方自治体であるが、デンマークでは、非営利セクターは借家人によるコントロールが強く作用する住宅協同組合／トラストによって私的に所有されている。ドイツとスイスでは、非営利セクターがかなり小さく、民間家主の割合が高いので、非営利セクターの影響力はずっと小さくなる。統合的賃貸市場システムのなかでも、非営利セクターが賃貸市場の形成においてどれほど「強い」影響力をもつかは、国によって大きな違いがある。

しくは「統合的」市場というシステムである)。そして、すでにさまざまな選択肢が存在していたために、持ち家が支配的な影響力をもつことはなかった。

・市場優位のシステム。政府による住宅供給は、つねに二重に住宅市場から分離されている。ひとつは、一九二〇～三〇年代の英国がそうであったように、補助金を受けない民間家主からの分離であり、もうひとつは持ち家からの分離である。持ち家は、たとえ世帯に占める割合が少ない場合であっても、優勢かつ既定の保有形態となる。それは、二つの賃貸システムが分離されているからである(これが「二元的賃貸」市場である。すなわち、一方に資力調査による制限が設けられた低所得世帯向けの賃貸があり、もう一方に民間家主による衰退しつつある賃貸市場がある。補助金が受けられない民間賃貸は、他の二つの保有形態〔公共賃貸と持ち家〕に対して圧倒的に不利となる)。

5　資本主義の多様性

一九八〇年代、現代資本主義を支える発想と方法に関する研究が、そのさまざまな形態を明らかにしはじめた。そして、資本主義には原理的に二つのタイプのシステムがあると指摘する、影響力の強い研究系譜が形成されてきた。たとえばクラウチは、労使関係についての研究で、労働者と経営者の紛争を処理するにはいくつかの方法があると主張した(Crouch 1977)。彼はコーポラティズム的なモデルを示し、労働運動の影響力によって(「強い」型と「弱い」型を)区別しうるとした。また、労働運動の強さに応じて「競合的交渉」(英国やイタリアなど)と「多元的交渉」(スペインやフランスなど)の違いが生じるとした。

最近の研究では、比較をテーマとした研究に取り組む政治経済学者が、二つの中核的な資本主義の類型を区別しており、ケメニーの主張とちょうど符合するように、社会民主主義型とコーポラティズム型をひとまとめにしている。これらの研究の問題意識はさまざまであるが、グローバル化、欧州統合と通貨統合、一九八〇～九〇年代における新自由主義イデオロギーによるアジェンダ設定に直面した諸社会の相違点と類似点を明らかにすることを目指した。

「資本主義の多様性論」（VOC＝varieties of capitalism）（コラム6-4参照）と総称される重要な議論が展開されてきた。そして、クラウチがそうであったように、とりわけ製造業に関して、異なった構造をもった国民経済がいかにして形成されるかに注目してきた。ホールとソスキス（Hall and Soskice 2001）は、グローバル化という試練に対処し、フィルターとしてはたらく中核的な制度は、「適応の主たる担い手」としてふるまう企業であると主張した。企業の成功と失敗の程度は、労使関係、生産システム、従業員訓練、対外関係——納入業者、顧客、労働組合、その他の取引先、銀行、さらには政府との——を遂行する能力にかかっている。それは、この複雑なネットワークの統合であり、「制度的相補性」——これらの諸要素が密接に結びついていること——の形成である。こうした諸研究が、二つの主要な政治経済形態、すなわち英国や米国のような開放的な資本主義経済と親和性の高い自由主義的市場モデルと、エスピン＝アンデルセンのいうコーポラティズム諸国に典型的な「社会的市場」社会に見られる調整された市場経済を区別していることは、驚くに値しない。

しかしながら、資本主義の多様性論の大きな弱点は、シュウォーツとシーブルック（Schwartz amd Seabrooke 2008）によって明らかにされた通りである。彼らは、第一に、少なくとも二〇〇七年にいたる一〇年間に果たしてきた消費の牽引役としての重要性、第二に、諸国際機関がマクロ経済の安定における居住用不動産の中心的な役割についての共通認識をもつようになったことをふまえると、資本主義の多様性論が居住用不動産市場を無視しているのは「理解しがたいこと」であると主張した。ここで指摘したいのは、資本主義の多様性論の立場が誤っているということではなく、その視野が狭すぎるということである。その方法と分析手法は、居住用不動産

コラム6-4　資本主義の多様性

この、先進工業諸国の間の差異と類似を理解しようとする試みが重点を置くのは、経済諸制度がどのように調整されるのかという点である。

・自由主義的市場経済（ＬＭＥｓ）のもとでは、企業は原則的に、古典的な意味での供給と需要にもとづいて、〔産業間の〕序列と競争的市場をつうじて活動する。製造業はこの序列のもっとも低技能の部分に位置づけられることが多い。金融機関は調整を受けず、古典派経済学的なモデルに沿って活動する。

・調整された市場経済（ＣＭＥｓ）のもとでは、システムにはより協調的な取り組みが求められる。社会的状況に反応しやすい経済モデルに向けた調整を行なうために、経済指標よりも〔諸組織間の〕ネットワークが重視される。これらの社会を特徴づけるのは、長期にわたって銀行、寛大な（ただし高コストの）福祉国家、公費による教育・訓練との結びつきを保ってきた高技能・高収入の工業部門である。

資本主義の多様性アプローチについては、その柔軟性の乏しさ、「企業」偏重、経済運営に影響を与える他の要素――とりわけ政府および広義のガバナンス――の軽視といった点が批判されてきた。また、西側経済圏において製造業の地位が従来に比べて大幅に低下し、（ＣＭＥｓにおける）高技能製造業とＬＭＥｓの特徴とされてきた低技能製造業の差異が縮小してきたことにも配慮しなければならない。そのことはいずれの国々にもあてはまるが、中核的経済活動が知識経済とサービスを軸に構成されているＬＭＥｓにおいて、より顕著である。資本主義の多様性論は、グローバルな金融市場が投資計画や経営や安定化にどの程度の影響を与えるかという論点を射程に収めようとしているが、その考察は製造業にかかわる範囲にとどまっている。そのため、この種の議論によくあるパターンは、グローバルな金融市場が経済の特定の領域におよぼした種々の影響に視野を限定するというものである。じっさい、ＶＯＣ研究は国家間の比較に取り組むことが多く、近年の世界経済構造に生じた変動がその本質において有するグローバルな性質を小さく見積もる傾向がある。失業と社会的補償〔失業給付など〕への関心をつうじて、ある程度は福祉国家との制度的相補性〔についての想定〕があるとはいえ、VOCアプローチは、やはりわれわれの主題である「ハウジング」という領域には目を向けず、個人資産――その多くは不動産として所有されている――がマクロ経済におよぼす影響には冷淡である。ハウジングは、ここでもやはり、重要な理論的立場にとって周縁に位置づけられているのである。

市場に適用する際にも有効である。シュウォーツとシーブルックの研究は、まさに「ハウジング」というわれわれの主題に立ち戻るための手がかりを与えるとともに、ハウジングと現代福祉国家の結びつきについての論拠の一端を提示している。重要なのは、一九八〇年代における金融市場の自由化によって、グローバル金融市場をめぐる一連の新しい制度構造が生み出されたことである。シュウォーツとシーブルックによれば、「住宅金融システムは、租税制度、公的債務、雇用よりも直接的なやり方で、人々をグローバルな金融資本のフローと金利水準に結びつけることができる」(Schwartz amd Seabrooke 2008: 242)。

居住資本主義の多様性

シュウォーツとシーブルックは、資本主義の多様性論から重要な発想を受け継いでいる。それは、制度的「相補性」――企業、機関、銀行、政府方針などの間の相互関係とその副産物――である。彼らは、一九八〇年代から二〇〇六年頃までの巨大なグローバル金融フローの時代をつうじて、住宅金融システムが、この大量のグローバル資本に、各世帯をきわめて直接的なかたちで接続したと主張した。そして、人々の家計支出に占める住宅の重要性ゆえに、この変化が政治的態度、さらには福祉ニーズについての考え方に多大な影響をおよぼしたのだという。彼らの議論の特徴は、資本主義の多様性論が、基本的に各国の産業構造に焦点を合わせていたのに対し、こうした金融フローがグローバルなものであり、〔国境をこえた〕世界規模の現象として理解せねばならない点を論じるところにある。自由を重視し、商品化の度合いが高いハウジング・システムでは、自宅所有者は、住宅ローン債務を負うこと（さらには住宅のエクイティ〔正味価値〕を換金してモノやサービスを購入すること）に対して抵抗を感じにくく、ひいてはあるタイプの政治的態度——福祉国家による供給の財源確保のための課税に反発する、お金でサービスを購入することを好む、私有財産に好意的でこれを保護する政党を支持する——の形成につながる。シュウォーツとシーブルックは、資本主義の多様性と同じように、「居住資本主義の多様性」が存在することを示唆しているのだ。

シュウォーツとシーブルックは、一国のハウジング・システムにおける二つの次元にもとづいて類型を設定している。第一の次元は借家人に対する自宅所有者の比率——われわれにとってなじみ深い住宅保有形態の考え方——であり、これが一定の脱商品化の水準のもとでの私事化の度合いの指標となる。第二の次元は、その国のローン市場がどの程度「自由である」か、あるいは「規制されている」かであり、これは、ローン債務が経済に占める重みや、ローンの証券化の度合いを反映する。もし、ローン市場が開放的で、完全に機能しており、重要な諸制度構造——銀行および住宅金融組合、不動産業者、ローン業者、そして何よりもローンがグローバル資本のフローにしっかりと接続されていること——を軸に構成されているならば、自宅所有者は転居することなくローンを追加し、債務残高を積み増すことができる。世帯にとって不動産は、必要なときに金を引き出せる、一種の金庫のようなものになる。とりわけ、住宅価格が上昇し、資産価値が増大する一方、金利が低い時期にはそうである（世帯は、より低いコストで借金を増やしたり、収入に比べてより高価な住宅に移ったりできる）。ミュエルバウアーが主張するように、持ち家は必ずしも「住宅資産」の獲得につながるわけではない。しかし、ローン市場で利用できるさまざまな制度や商品は、エクイティ〔潜在的な不動産価値〕を解錠する鍵となる。その結果としてもたらされるのは、より正確に言えば、「住宅資産」効果ではなく「住宅担保」効果である（Muellbauer 2008）。住

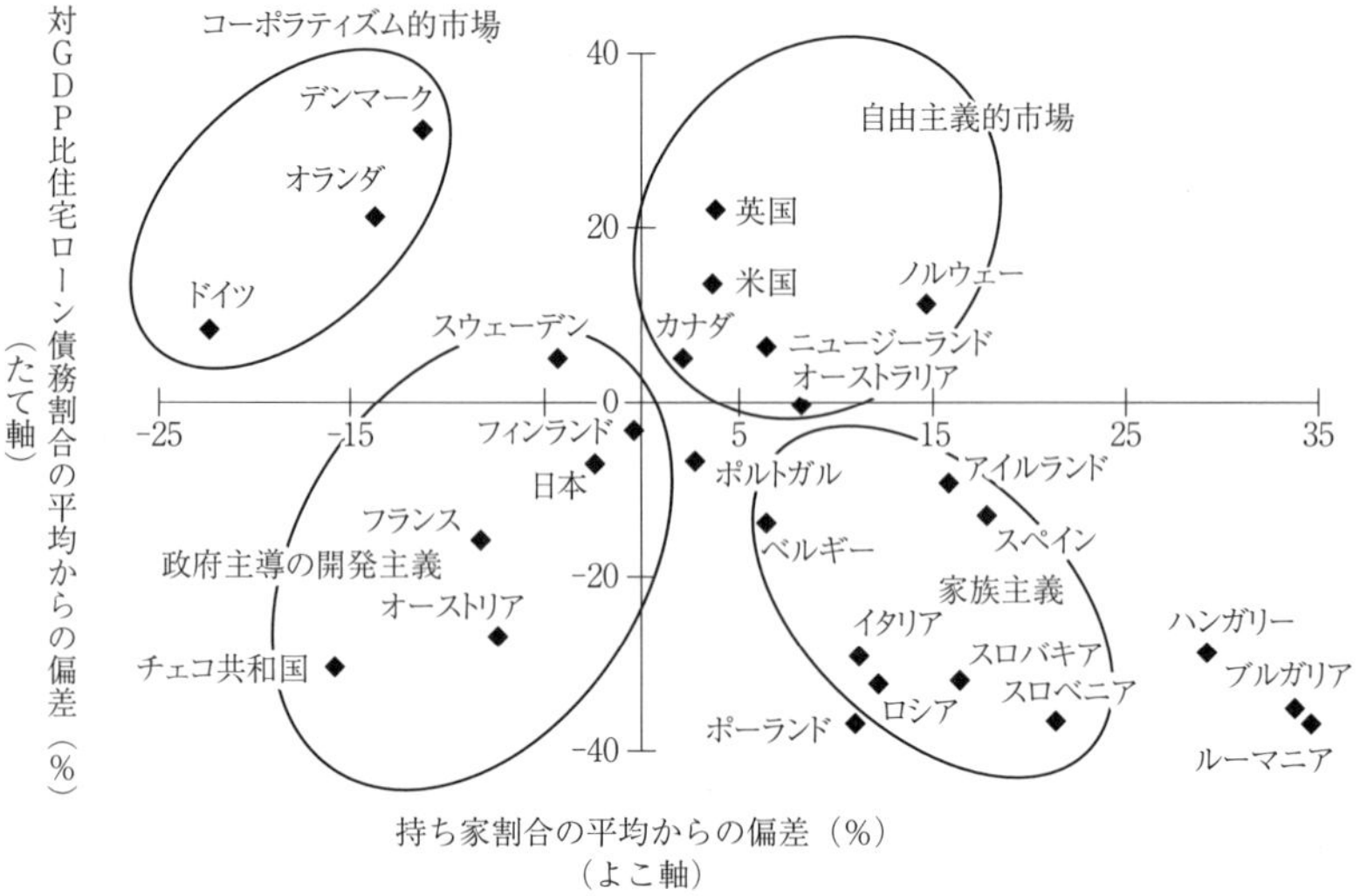

図6－1　居住資本主義の多様性

出典：Schwartz and Seabrooke（2008: 244）

宅のエクイティは、主に新しい借り入れとローンの積み増しによって解錠される。自宅所有者が負う債務の水準は、ハウジング・システムの脱商品化の程度を明瞭に示す指標である（なぜならこの負債は世帯収入から返済されるからである）。

逆に、ローン市場規制と制度構造がより限定的で、かつ／または、住宅市場が停滞するなかで持ち家居住者が少ない場合には、グローバル資本市場にさらされる度合いは低い。これらの二つの要素――その社会における自宅所有者の割合、およびローン市場のタイプ（開放的／自由な市場か管理／制御された市場か）、そしてローン債務額の対ＧＤＰ比――を手がかりとして、シュウォーツとシーブルックは「居住資本主義」の類型を構成した（コラム6-5と図6-1参照）。

シュウォーツとシーブルックの類型論のうち、われわれの目的に照らしてもっとも興味深い成果は、「コーポラティズム的市場」というグループを見出したことである。これらの国々では階層化の度合いが低い。非営利部門は統合的賃貸市場に、やや力の弱いプレイ

コラム6-5　居住資本主義の多様性

シュウォーツとシーブルックの類型論は、資本主義の多様性論で言うところの「自由主義的」経済システムと「コーポラティズム的」経済システムの双方をふくみ、エスピン＝アンデルセンの福祉国家レジームともよく似ている。一九九二〜二〇〇二年の一〇年間の平均値にもとづき、自宅所有者の割合という軸と、ローン債務の対GDP比という軸を直交させることで、以下のように、四つの異なるハウジング金融システムが区別される。

・コーポラティズム的市場――持ち家の割合が比較的低い（平均四七％）が、ローン規制は比較的弱いため、グローバル金融市場に対する開放性が高い。社会住宅の割合は相対的に高い（平均二〇・七％）ものの、これらの社会はだいたいにおいてケメニーの言う「規制された賃貸市場」と密接なかかわりがあり、公共賃貸と民間賃貸の違いはほとんどない。デンマークとオランダが典型であるが、ローン債務割合の低いドイツとスウェーデンもふくまれる。

・政府主導の開発主義――持ち家率が五八％とやや高く、社会住宅の割合も相対的に高い。ただし、この群を特徴づけるのは、ローン債務に対する開放性の低さである。このことは、ローン市場がかなりきびしく管理／規制されており、グローバルな資本循環から一定の距離を置いていることを示唆している。フランスとオーストリアが典型例であるが、ドイツとスウェーデンはこの類型と〔コーポラティズム的市場と〕の境界線付近に位置する。賃貸市場に対する相当に強力な政府管理をともなっており、基本的には、やはり住宅を社会権と見なす「規制された賃貸」システムの論理を示唆している。政府が投資を産業部門に誘導することを目指すことから、「政府主導の開発主義」と呼ばれる。

・自由主義的市場――平均の持ち家率が七〇％を上回り、社会住宅は低水準で、人々は住宅を〔社会権ではなく〕商品と見なしている。ローン債務の対GDP比は、コーポラティズム的市場と同様、かなり高い。二〇〇七年までにローン諸制度がほぼ「完備」され、多数の〔関連〕商品が利用可能となっていた。これらの社会では、持ち家は主流の住宅保有形態であり、第一次取得者は「住みかえのはしご《ハウジング・ラダー》を登りはじめた」若年層が多い。「英語圏」諸国は、例外なくこの群に属する。

・家族主義――持ち家率は先進諸国のなかでもっとも高

く、たいていの場合、社会住宅はほとんど、あるいはまったくない。このタイプの社会では世帯所得が比較的低いため、ローン市場はきわめて脆弱で未発達である。社会住宅がなく、ローン関連の制度構造も未整備のため、住宅の入手は家族の「自助努力」に強く依存している。子世代の親世代との同居、相続、自力建設は、いずれもこれらの国々の特徴である。旧共産主義諸国の多くがこのグループに入る。イタリア、スペイン、ベルギーがここにふくまれるのは、ローン貸し付け規制がきびしく、かつ／または、ローンの証券化が認められていないためである。

ヤーとして参加している。さらに、ローン市場はそれほど規制を受けない。このことは、デンマーク、オランダ、ドイツ、スウェーデン、スイスのように、統合的賃貸市場をもつ主要なコーポラティズム諸国にみられる、住宅を社会権と見なす文化とは相容れない。要するにシュウォーツとシーブルックは、統合的賃貸市場諸国のなかでも、もっとも市場に敏感な国々をあぶり出したのである。根幹をなすハウジング・レジームに加えて、ローン市場の構造からの影響により、統合的賃貸市場社会の一部がかかえる脆弱性が表面化し、かなりの変化がもたらされた。なかには統合的賃貸市場というアイデンティティをうしないかねない国も出てきた。とりわけデンマークとオランダは、二元的賃貸／持ち家モデルに急接近したのである。

たとえばデンマークでは、政府が開放的なローン市場を作ったことが、二〇〇六年までの一〇年間にわたる空前の不動産ブームの引き金となった（Mortensen and Seabrook 2008）。かつて強力な福祉国家とリスク回避姿勢で知られた国で、考え方の転換が生じた。住宅を社会権と見なす立場が後退し、富を得る手段としての不動産を称揚する言説が優勢となったのである。政党政治は明らかに右傾化し、借家人に有利な税制改定や都市再開発計画などは、ことごとく住宅市場政策に沿うべく制約を受けた。制度における変化がどれほどのものであったかは、かつて社会民主主義モデルの花形であった、伝統ある協同組合型住宅供給（cooperative housing）システムの廃止という出来事において、もっとも劇的なかたちで現れている。従来、これらの住宅協同組合――大都市では住宅の三分の一を供給していた――は、中間所得世帯（公共部門の労働者が多かった）に、相互所有型集合住宅の住戸を購入する権利を提供していた。ドーリング（Doling 2006）が予見したように、EUの競争ルールは、統合的賃貸市場の弱体化において決定的な役割を果たした。これらの集合住宅について、市場での価格決定が許可されたことで、協同組合は、伝統的なシステムから離脱する動機を与えられた。これにより、集合住宅の価格上昇が引き起こされたのである（二〇〇〇年から二〇〇五年までに一一〇％以上）。意図的な価格の引き下げという路線から、その対極への移行は、協同組合住宅の所有者に、自由所有市場への乗り換えをうながす一方で、社会権としての住宅という理念の終焉を意味した。さらに、この転換は一挙に重大な世代間不均衡をもたらした。協同組合住宅セクターの大部分は、第一次購入者層および中間所得世帯にとって、もはや手の届かないものとなったのである。寛大な福祉国家が、この衝撃をいくらかは吸収したものの、第一次購入者たちは、ともかくこの市場に参入するために、リスクの大きい高金利ローンや、利息のみを支払うタイプのローンに手を出さざるをえなくなった。これは、統合的賃貸市場というより、もはや「持ち家社会」に典型的な現象である（オランダの例についてはコラム6-6参照）。

じっさい、こうしたハウジング・システムの変容は、統合的賃貸市場システムに限られたものではなかった。次章で概説するように、持ち家社会は、グローバル金融レジームと人口構成の変化によって劇的な影響を受けた。そして、所得の上昇（場合によっては〔住宅供給の〕計画的規制）、および低金利という経済状況に支えられて、住宅需要は拡大した。たとえば、典型的な南欧型持ち家社会であり、社会住宅がほとんど存在しないスペインでは、住宅ローンの利率は一九九一年の一七％から二〇〇五年の四％まで低下し、ローン満期は一〇年から二五年まで

コラム6-6　オランダの統合的賃貸住宅市場が直面する課題

オランダは英国と並ぶ巨大な社会住宅部門を有する。それはオランダ独特の社会的既得権の長きにわたる歴史、とりわけカトリックとプロテスタントという宗教による分割に根ざしている。社会住宅のストックには全世帯の三分の一以上が暮らし、現在のところ約五〇〇の非営利住宅協会（housing association）が所有している。ＥＵの競争ルールにしたがい、協会の純粋に「社会的」な機能は、他の諸活動（再開発など）から切り離された。そして、政府から拠出された資金が営利活動に「流用」されることのないよう、開放された市場で競争しなければならなくなった。エルジンガら（Elsinga 2008）は、オランダの統合的市場システムには、三つの脅威が存在しうると指摘している。

1　社会住宅部門を分離する効果をもつＥＵの競争ルールの押しつけ。

2　社会住宅セクターに蓄積された高水準のエクイティ（住宅資産）は、支出計画のための財源調達、および歳入不足の解消を迫られる政府にとって、格好の標的となる。

3　政府が住宅ローン控除によって持ち家を奨励してきたため、高所得世帯においては持ち家が一般化しつつある。持ち家率は一九九五～二〇〇七年に四五％から五五％まで上昇した。同じ期間に住宅価格はほぼ二倍となり、ローン債務は対ＧＤＰ比で一一一・九％まで急増、欧州でもっとも高くなった（Kim and Renaud 2009）。比較的国土が狭いオランダでは、計画上の制約が大きいため、地域ごとの住宅供給の弾力性も考慮すべき要素である。住宅供給の弾力性の低下は、住宅価格の上昇圧力となる。まだ兆候にすぎないが、過去一〇年ほどに生じた変化によって、統合的賃貸市場が根底から脅かされ、その解体が進みつつあることはたしかだ。内側からはＥＵの競争ルール（純粋に「社会的」なハウジング機能の分離につながる）によって、外側からは、他国と比べても開放された／自由なローン制度構造を介したグローバル金融市場によって、それぞれ圧力をかけられている。持ち家は、いまや多数派の保有形態となり、低所得の借家人と裕福な所有者の間に引かれた社会的分断線がはっきりしてきた。これは、典型的な「持ち家社会」の特徴である。

引き延ばされた。その結果、年間住宅建設戸数は二〇万戸から六〇万戸に急増した。同時期に、世帯の債務総額は、可処分所得の四二%（一九九五年）から一四〇%（二〇〇六年）まで増大した。なお、住宅価格は一九九六〜二〇〇六年の一〇年間に一七〇%という高騰ぶりであった。第一次購入者である若年世代の取得可能性におよぼす影響も多大であり、近年の住宅価格の急落にもかかわらず、金融危機によって緩和されたわけではない。

欧州のいくつかの国々についてのスナップショットが示唆するのは、あらゆるハウジング・レジームがグローバル金融の津波をかぶりつつも、（これこそが「ハウジング論」にとって決定的なのだが）それぞれの特性に応じて対処したということである。その際にとくに重要なのが、ローン市場の諸制度がどれほど開放的か、あるいは抑制的かという点である。住宅価格はどの国でも（少数の目立った例外はあるが）上昇し、住宅所有者が抱えるローン債務は増大し、財・サービスの消費はかつてない伸びを見せた。もっともそれは、住宅バブルの崩壊と二〇〇七年八月に始まった金融危機までのつかの間の出来事であった。

こうした住宅市場の展開を背景とする世代間不均衡や、持ち家社会における共稼ぎ世帯の増大にともなう女性労働人口の変化の兆候は、あらゆる国で見られる。言いかえると、住宅市場の特性は、課税／公共支出、リスク、世代間政治、男性と女性の関係、消費、福祉国家変革についての態度に関して、重大な影響をおよぼす。それは歴史／制度的そして経済的・社会的な諸要素が入り組んだ複合体であり、次章で見るように、重要な結果がもたらされつつある。とりわけ注目すべきは、一九八〇年代後半から九〇年代およびそれ以降にかけて発展した金融市場が、真の意味でグローバルだということである。このシナリオ全体にとって鍵となるのは、グローバル金融における重大な構造的変化、とりわけローンの証券化である。これにより、預金をもとにした伝統的な貸し出しシステムに、新たに巨大な資金源が付け加わったのである。このことが福祉国家の変容におよぼした作用、そしてハウジングと福祉国家の関係については次章で検討する。

6 結論

ハウジング研究はほとんど手入れのされていない荒れ地のような領域であり、ごく限られた「社会政策」の世界に住む専門的な研究者にしか知られてこなかった。社会科学のさまざまな分野からは隔離されてきたのである。ハウジングは、比較福祉国家論においてほとんど無視されていた。そして本章で見たように、産業経済の「堅固な実証データ」にもとづいて「資本主義の多様性」を解明しようとした比較政治経済学者も同様であった。このジャンルでもっとも影響力の大きい書物であるエスピン＝アンデルセンの『福祉資本主義の三つの世界』（Esping-Andersen 1990＝2001）の索引には、ハウジングという語すら見あたらない。米国住宅市場の破綻と、サブプライム・ローンの不適切な販売が大々的に実行されたというスキャンダルが、グローバル金融を崩壊の淵にまで追いやり（Schwartz and Seabrooke 2008; Kim and Renaud 2009）、ここ数十年で最悪の景気後退の引き金となったことは明らかである。この一連の出来事をふまえたうえでなお、われわれの社会の本質についての考察にとって、ハウジングが些末なテーマにすぎないと主張できる者はいるだろうか。

本章は、この射程の長い議論の基礎となるいくつかのテーマを素描した。「ハウジング」が、あまりにも長期間にわたり主流の福祉国家論において見過ごされつづけてきたことを知る必要があったからである。ハウジングが社会のパターン、政治的言説、福祉国家の性質にとって重要であるというのは、いまに始まったことではない。そのことを誰よりもよく理解していたのはジム・ケメニーである。そして彼は、数十年にわたって、ハウジングを〔社会科学の〕本流に呼び戻すための論拠を積み重ねてきた。ここ数年の間に起きた出来事は、ともすれば荒野の遠吠えにも聞こえかねなかった彼の主張の正当性を示すものだった。むろん、ここで作用している要素はハウジングだけではない。しかし、ハウジングが社会の形成と、より幅広い福祉国家におよぼす影響は、もはや無視できない。本章で明らかにしたように、いくつかの影響力の大きい福祉国家論、とりわけ『福祉資本主義の三つの世界』には修正が必要である。なぜなら、勢力関係が転換し、新しい諸勢力が舞台に登場したからであり、とりわけ、グローバルな政治経済が決定的な変容を遂げ、統合度が高まったからである。それは、インターネットの発明以前にはとても想像できないほどであった。

ともかく重要な点は、住宅市場とこれに関連する制度構造が、福祉国家の変容を方向づけるうえで軽視できない要素になったことである。それは、ローン市場が新しいグローバル資本と個々の世帯を結びつける導水管の役割を果たすようになったからである。これは持ち家社会に限られたことではない。厳格な社会的市場経済もまた、グローバル金融の津波の力に揺さぶられてきた。ここで生じるのは、二一世紀のこれからの局面において、ハウジングと福祉国家はいかなる関係を結ぶのかという問いである。個々の世帯に接続されたグローバル金融は、「わが家《ホーム》」の意味さえも変えてしまったのだろうか。自宅が生活する場であるのみならず必要に応じて価値を引き出せる資源もしくは金庫でもあるというリスク志向の考え方。そして、やがて住宅は、政治的態度や選好を左右するようになる。思い起こしてほしい。われわれは、福祉国家の諸制度が相当に「粘着的」で、変化に抗する性質をもつことを知っている。それらを束ねてきた糊の接着力は、どの程度弱まったのだろうか。その根拠は次章で吟味することにしよう。

要約

⊙ハウジングは、国際・比較福祉国家研究では、ほとんど注目されることのない領域であり、多くの場合、福祉国家の主要な柱とは見なされなかった。たとえば、ハウジングはエスピン＝アンデルセン（Esping-Andersen

1990=2011）の画期的な著作『福祉資本主義の三つの世界』には登場しない。

⊙このようなハウジング軽視は、ハウジングがもつ独特の性質に由来する。その大部分が資本投資であること、かなり深く社会に埋め込まれていること、社会科学者の間で、住宅を商品と見なすべきか社会権と見なすべきかという見解の相違が存在すること、等々である。実際には、住宅は商品でもあり社会権でもあると見なすことができ、またそうすべきである。

⊙ケメニーの先駆的な業績は、ハウジングが福祉供給に対する政治的態度の形成に影響をおよぼすことを示した。その理由は、持ち家にかかわる経済的負担は人生の前半に集中するため、投票者は低税率、低金利、低支出の社会政策を支持するようになるからである。

⊙中欧・北欧のコーポラティズム的社会では、統合的賃貸住宅市場が形成された。そこでは、持ち家は既定の住宅保有形態ではなく、多種多様な家主から住宅を借りることが標準的である。

⊙一九八〇年代における金融システムの規制緩和は、ハウジングと福祉国家を論じる新たな文脈を作り出した。ローン市場の新しい諸制度構造が、自宅所有者をグローバルな資本フローに接続しはじめたからである。

⊙シュウォーツとシーブルックは、各社会の持ち家率とローン債務割合の組み合わせから、「居住資本主義の多様性」の類型を構築した。この業績によって明らかになったのは、「社会的市場」諸国の一部、たとえばデンマークやオランダでは統合的賃貸市場が解体しつつあるという事実であった。

⊙ハウジングは、社会科学のなかで人の寄りつかない荒れ地であったが、いまや、マクロ経済と社会階層構造に与える影響についての研究が活発になっている。そして、ハウジングが二一世紀の福祉国家のあり方を左右することを示す根拠が蓄積されつつある。グローバル金融危機の引き金を引いた米国のサブプライム・ローン市場危機の結果、ハウジングに対する注目は顕著に高まった。

⊙自宅所有者は、自らの不動産を「金庫」と見なすようになった。そして、消費財と民間福祉サービス――私的年金、有償教育、自由診療など――を購入するため、巨額のローン債務を抱えるようになった。世帯の福祉戦略についての新しい発想が、住宅市場の諸制度の込み入った複合体のなかから姿を現してきた。

【読書案内】

ジム・ケメニーの『ハウジングと福祉国家』（Kemeny 1992=2014）は、彼の基本的な考え方を述べた書物で、彼の著書のなかでもっとも読みやすいものでもある。統合的賃貸市場という発想は、『公共住宅から社会的市場へ』（Kemeny 1995）で展開されている。キャッスルズとの論争については、*Housing, Theory and Society* の特集号がよくまとまっている。エスピン＝アンデルセンのよく知られた著作『福祉資本主義の三つの世界』（Esping-Andersen 1990=2001）は、数々の批判にさらされてきたが、依然として古典的な文献であり、それほど読みにくくはない。ピーター・マルパスの『ハウジングと福祉国家』（Malpass 2005）からは、英国に関する有益な歴史的背景知識が得られるが、視点が自国中心的で、英国のことしかわからないという欠点もある。キャッスルズの『比較公共政策』（Castles 1998）は、比較福祉国家論についてより深く知ろうとする者の必読文献である。シュウォーツとシーブルックの論考の初出は「国際政治経済における居住資本主義の多様性――古い福祉国家と新しいハウジングの政治学」（Schwartz and Seabrooke 2008）である。これが掲載された *Comparative European Politics* 特集号のすべての論文は、シュウォーツとシーブルック編『ハウジング・ブームと破綻の政治学』（Schwartz and Seabrooke eds 2010）に収録されている。「資本主義の多様性」論については、ホールとソスキス編『資本主義の多様性』（Hall and Soskice eds 2001=2007）で詳しく検討されている。

第7章

住宅ローン市場のグローバル化

《キーワード》
住宅価格バブル
住宅エクイティの引き出し
オフセット型住宅ローン
二次的住宅ローン市場
証券化

一九八〇年代、金融自由化につづいて起きたグローバル金融の激変と、債権を束ねて債券にする証券化という新たな手法の発明により、銀行は、住宅ローンの組成と、それらの債権の長期保有を分離できるようになった。この新しいグローバル金融システムにおいて生み出された資本はあたかも津波のように地球上を覆いつくし、いたるところで住宅価格の高騰をもたらした。とくに顕著だったのは、二〇〇〇〜〇五年の住宅価格バブルである。しかし、住宅ローンというシステムの制度構造には多くのバリエーションがあり、新しい融資方式へのアクセスが経済・社会にもたらした影響は国によって大きく異なっていた。開放的／自由市場をもつ社会は、きわめて大きな恩恵を被った。数知れない新手のローン商品によって、このグローバルな資本フローと世帯とが結びつけられたからである。そして、社会的市場経済諸国でさえ、このグローバル金融の新時代の衝撃からは無縁でいられず、一部の国々では統合的賃貸市場に対する風当たりが強くなった。住宅エクイティの引き出しという手法によって、自宅所有者は、かつてないやり方で資産価値を利用できるようになった。

1　はじめに

ハウジングというテーマを、マクロ経済、社会変動、さらに本書の主題である福祉国家の変容についての議論の本流に押し上げたのは、二つの出来事であった。第一に、一九八〇年代の金融システム自由化、第二に、これと結びついたグローバル化の進展をつうじて、新しい資本の巨大な波が世界規模の経済に解き放たれたことである。ハウジングに関して言えば、昔ながらの業務の進め方が歴史のくずかごに投げ捨てられたことを意味する。旧来のシステムでは、銀行と住宅金融組合は、投資家から集めた預金を原資として新規住宅購入者にローンを供与し、期日が到来する――多くの場合二五年以上先――までローン債権を保持するというのが基本であった。新時代の方式では、銀行は国際的なホールセール型〔＝機関を対象とした〕金融市場で資金を調達することが可能であり、ほとんど無尽蔵に供与される信用貸しをつうじて、必要に応じて資本を更新する。「証券化」――複数の住宅ローン債権〔抵当権〕を束ねて債券を構成し、投資家に販売する仕組み――の発明によって、銀行は、これらの融資にかかわる長期リスクを他者に転嫁できるようになり、つまりは新しい資本供給の源泉を手に入れた。この過程で、基本的に国内に閉じた制度であった住宅ローン市場は真にグローバルなアクターになったのである。ほぼ三〇年にわたって、地球上のあらゆる場所が金融革命の波をかぶり、人々の生活が変わった。というのも、「ハウジング」はふつうの家族をこの新しい資本のうねりに接続する導水管の役割を果たしたからである。それは消費に大きな影響を与え、第8章で詳述するように、福祉国家についての論点を一変させた。もし公的福祉制度が弱体化あるいは解体しはじめたとしても、いざというときには、何はなくとも自分の持ち家という私的資産《アセット》だけは頼りになる。資本市場のグローバル化は、それと見合うだけの人々の態度の劇的な転換と軌を一にしていた。この転換は低税率・低金利環境、およびそうした路線の公共政策を支持する政党を好む政治意識にとどまらない。なぜなら、住宅が生み出す資産が、新たに行動の選択肢を広げた――収入を得る前に消費すること、家族内で多額の金を貸し借りすること、危機に備えて私的資本を保有すること――からである。自宅所有者は、自らの住宅を金融資源であると考えるようになった。スーザン・スミスとビヴァリー・サールが指摘するように、人々は「住宅頼みの資金調達《バンキング・オン・ハウジング》」に手を染め、自宅を、文字通り、時に応じて金を引き出せる制度的資源ととらえつつある（Smith and Searle 2010）。ハウジングが、各世帯の福祉供給戦略に決定的な影響を与えつつあるとの見方は、一九八〇年代、住宅ローン市場の自由化が緒についた頃に登場した。当時は、転居時や高齢の所有者が介護施設に移る際の「人生最後の売却」にともなうエクイティの引き出しが、いかなる福祉選択をみちびくのかに焦点が当たっていた。ローは、住宅市場からのエクイティの引き出しが福祉選択および福祉国家の再構築に相当な影響を与えると指摘した（Lowe 1992a）。さらに、持ち家が上層階級から下層階級まで行き渡るにつれて、社会の幅広い層にさまざまな新しい機会がもたらされると主張した。「公共セクターと民間セクターの間を柔軟に行き来する能力は、部分的にせよ、持ち家の負債およびエクイティに関する決定によって左右される」（Lowe 1990: 58）。住宅ローン市場のグローバル化はその後も進展し、家族は、転居不要のリモゲージングによってかなりの額のエクイティを引き出すことができるようになった。結果として、かつて指摘された事態が、さらに数段加速されたのである。

　本章の第1節は、前章につづいて、二〇〇七年八月に金融危機が発生し、住宅バブルがはじける（それ以前から価格が下落しはじめるところもあった）までの一〇年間に世界の隅々にまでおよんだ資本の波について解説する。そのなかで、米国の住宅ローン市場の構造に簡単にふれる。なぜなら、住宅金融市場のグローバル化にとって証券化という手法が顕著に重要な役割を果たしたのは米国だったからである。これがもたらした結果のうちで鍵となるものは、一九九五年頃から二〇〇六〜〇七年頃にかけて先進諸国の経済（いくつかの無視できない例外はあったものの）を席巻した、かつてない住宅価格の高騰であり、これにともなっていたるところで増大した世帯の住宅ローン債務である。それはいまだ生々しい経験ではあるが、この常軌を逸した住宅価格バブルの崩壊について、何らかの考察が求められている。とりわけ欠かせないのは米国である。巨大な米国住宅市場の崩壊こそが、グローバル金融危機の引き金を引いたからである。

2　住宅ローン市場のグローバル化

グローバル資本市場の複雑な網の目を解明することは本書の役目ではない。ただし基本的には、この資金の大部分が米国に由来するものだったと言うことはできる。巨大な米国経済は、あたかもエンジンのようなはたらきをした。その燃料は、大量の貯蓄をかかえ込み、配当や金利を求める国々――とりわけ中国――から短期で、たいてい低い利率で借り入れた金であった（Seabrooke 2006）。米国の銀行は、のちに災難を引き起こすことになる投資銀行、リーマンブラザーズ商会がそうであったように、これらの資本を長期の計画で、多くの場合、リスクが大きいかわりに高利回りが期待できるビジネスに再投資した。こうした資本の主要な流入先のひとつが米国の住宅市場であり、これによって住宅市場は大きな推進力を得たのである。ところがその後、資本はサブプライム市場にも流れ込むようになった。この市場では、さまざまな魅力的な低金利ローンが低所得世帯向けに提供されていた。しかし、ほどなくローン条件の変更が求められ、金利は跳ね上がった。いわゆる「ティーザー金利型住宅ローン」である。

米国の住宅市場

米国の住宅市場における住宅ローンの巨大化をもたらしたのは、一九三〇年代に端を発しながらも、ここ数十年で世界中のどの国の住宅ローン市場とも異なる独特の様相を呈するようになった出来事である。この出来事を、グリーンとウェヒターは住宅ローン革命と呼んだ（Green and Wachter 2010）。住宅ローン債務は一九四九年には家計のバランスシートの二〇％を占めていたが、一九七九年には四六％、そして一九八一年には七一％に達した（Mishel et al 2003）。住宅が大きな割合を占める世帯資産の価値は上昇したものの、一九八一年には、住宅ローン債務が世帯資産の四一％にまで拡大した。この状況を理解するうえでとくに重要な事実のひとつは、米国の住宅ローンの制度的編成である。そこでは、ごく少数の組織、とりわけ連邦住宅抵当公庫（ＦＮＭＡ）が絶大な影響力をもつ寡占状態がつづいてきた。ＦＮＭＡは大恐慌時代の一九三八年に、ルーズヴェルト大統領による「ニューディール政策」の一環として設立された。連邦政府は、低所得世帯でも簡単に利用できる住宅ローンの仕組みを導入することを狙ったのである。その基本的なモデルは次のようなものである。ファニー・メイの愛称をもつＦＮＭＡは、他の貸し手が設定した抵当を保障し、借り手の返済不能（焦げ付き）リスクを軽減する。同公庫は巨額に膨らんだバランスシートを連邦予算から切り離すため、一九六八年に民営化されて現在にいたる。一九七〇年には、政府はファニー・メイと競合させる目的で、連邦住宅金融抵当公庫（いわゆるフレディー・マック）を設立した。両社には、新規のローン設定を制御するという役割があった。二次的住宅ローン市場における取引のかなりの部分が両社をつうじたものであった（コラム7-1参照）。この種の業務のなかには、（すでに二〇〇五年以前の段階で）複数のローンを束ねてさまざまな種類の抵当権と抱き合わせる、いわゆる「証券化」の仕組みがふくまれていた。

証券化の背後にある発想の核心部分は、ローンの組成（オリジネーティング）と、長期投資としてのローンの保

コラム7-1　二次的住宅ローン市場と証券化

二次的住宅ローン市場は、住宅ローンを組む行為――通常「組成」と呼ばれる――と、住宅ローンを保有するという行為を切り離す。なぜかといえば、資本市場に集う投資家、なかでも利回りがよく長期にわたって安定した投資先を求める年金基金や保険会社などにとっては、ローンを束ねた方が、その長期的な投資価値を効率的に扱えるからである。ローン組成業務――英国では主に一般消費者向けの住宅金融組合や銀行が担ってきた――は、「不動産担保証券（ＭＢＳ）」と呼ばれるローンの束の管理業務とは、かなり性質が異なる。

住宅ローンを束ねてＭＢＳを作成する手法は「証券化」と呼ばれる。理屈のうえでは、これらの債券は、（「セキュリティーズ」という名称が示す通り）安定した投資形態である。なぜなら、不動産価値を担保としており、債務は少しずつ「分割償還」されるためである（完済までに、住宅所有者は二〇～二五年以上にわたってローンと金利を返済する）。もし所有者が支払いをつづけられなくなれば、不動産は売りに出され、その代金によって債務が弁済される。この仕組みを使えば、あらゆる資産を証券化することができる。

住宅ローンの束を買うことで、投資家は、個々のローンの焦げ付きリスクから、かなりの程度、解放される。ただし債券の質は、それが何から作られたかに大きく左右される。米国のサブプライム住宅市場では、大量の劣悪なローンが作り出された。これらのローンは、住宅ローン市場のなかでももっともリスクの高いところで作られたものであり、その多くは低所得世帯向けであった。サブプライム・ローンは、「プライム」市場とは異なる経路で販売された。そのローン条件がファニー・メイのプライム貸付けの業務引受け指針（借り手の信用力、借り手の収入に対するローンの額、金利に関する取り決め、不動産価値に対するローンの額）に適合しなかったからである。

そもそも、二〇〇七年夏、グローバル金融市場を直撃する危機を引き起こしたのは、サブプライム・ローンの不正販売であった。サブプライム住宅市場で組成された債券の価値が暴落し、リスクをふくむ債券がデリバティブ市場を汚染していたからである。債券が売りに出され、その出所から遠く離れれば離れるほど、投資家が不良債権の発生源を見失いやすくなるのは当然の理である。

有（ホールディング）」を、二つのまったく別々の機能をもつプロセスとして分離するというものである。ルノーとキムが指摘したように、「現代金融において証券化は、計画的借入金融（＝債務をつうじた資金調達）の主要な柱のひとつとなった」（Renaud and Kim 2007: 6）。これを行なう理由は、債務不履行のリスクを分散すること、予測不可能な金利変動からローン組成業者や銀行を保護すること、そして、それらの企業のバランスシートから住宅ローン債務を切り離すことで資本の回復とさらなるローンの組成を可能にすることである。抵当の抱き合わせは多かれ少なかれリスクをふくむが、それがどの程度かは、ローンが何に由来するかに左右される。たとえばそこには、一九八〇〜九〇年代に米国住宅市場で堅調に発展した、いわゆるサブプライム市場――これにより低所得世帯が借金へと引き寄せられたのだが、結果的に、返済能力を超えていたことが明らかとなった――がふくまれていた。プライム市場は、組成業者と抵当抱き合わせ商品の購入者の仲介役となるファニー・メイとフレディー・マックにとって、きわめて割のいい取引手数料が魅力的であった。

不動産担保証券（MBS）は、住宅ローン債務がグローバルな金融市場を流通しはじめるきっかけをつくった仕組みのひとつである。安全性にばらつきのある債券が束ねられ、債券市場で売られるようになると、それらがどの程度のリスクをふくんでいるのかが見えにくくなった。国際業務を行なう銀行、年金基金、保険会社は、そろって、安全とされる債券の割合を喧伝した。MBSやこれに類する債券により、これらの巨大金融機関は長期保有型の資本を入手できるようになった。そうした長期投資商品は、まさに年金基金が必要としていたもの――債務の分割償還（ローン期間をつうじて徐々に返済される仕組み）をふくんだ長期的・安定的資産――である。この意味で、住宅市場と年金の間には制度的な結びつきが存在し、そこには重大な相互補完的トレードオフ関係がみられるのである。

一九八〇年代、こうした住宅市場における制度結合体《ネクサス》はその複雑さの度を増した。しかし、この時期の発展のなかでとりわけ重要だったのは、MBS市場に参入する民間企業の成長であった。そこでは、借り手はプライム住宅ローンのルールにしたがわなかった。この「民間レーベル」市場は、米国における住宅価格の高騰にともなって劇的に拡大した。二〇〇三年には五八六〇億ドルだったのが、二〇〇五年には一兆二〇〇〇億ドルに達した。そのほとんどを占めていたのがサブプライム住宅ローンである（England 2006）。

バブルの崩壊

二〇〇八年になると、米国の住宅価格の下落が、通常の好不況の循環的調整にとどまらないものであることが明らかになった。新規住宅建設と中古住宅取引には急ブレーキがかかり、住宅市場は深刻な打撃を受けた。価格は二〇〇七年のピーク時に比べて全国平均で約二〇％下がり、場所によってはさらに下落幅が大きかった。数百万件のローンが返済不能に陥り、サブプライム市場の崩壊後には不動産担保権が実行され〔所有者は自宅をうしなっ〕た。これがどれほどの規模だったのかといえば、グローバル金融システムが大きく揺さぶられるほどであった。かつては安全な投資と考えられたものが、またたく間に「不良」債権と化し、その額は数兆ドルに達した。問題の核心は次の通りである。前代未聞の好況に沸いた時期、民間レーベルの諸企業が扱った債券には、通常と異なり、リスク評価にもとづく引受情報が付与されていなかった。当時、信用情報がなかったり、ランクが低かったりした住宅購入者は「ティーザー金利」と呼ばれるローン――はじめのうちは魅力的な低金利なのだが、すぐに金利が高くなっていくタイプ――を勧められた。そもそも、かつてないブームのまっただ中でリスクを評価することに無理があったのである。貸し手は、プライム市場では相手にされない低所得世帯向けの住宅ローン市場を拡大しようと試み、基本的にはそれに成功した。この業界は急拡大し、競争も激化した（Green and Wachter 2010）。

プライム市場もまた、二〇〇〇年代初頭には過熱状態にあった。年間住宅着工数は、二〇〇一年一〇月までの一年間には一五二万戸だったが、二〇〇三年末までの一年間には二〇〇万戸をはるかに上回った。この時期、リモーゲジングの件数も急増しており、各世帯は急上昇する住宅資産の一部を現金化するため、新たな〔不動産担保〕ローンを組んだのである。これがピークをむかえたのは二〇〇三年第3四半期で、九五二〇億ドルもの借り換えが実行された（Case and Quigley 2010）。二〇〇六年のバブル崩壊まで数年間つづいた好況期、抵当貸付の四分の三が自宅のローンの借り換えであった。この金は米国の消費市場に流れ込み、それを下支えしたと言っても過言ではない。このときの住宅価格上昇と債務の津波をもたらした要因の説明は本書の射程をこえている。しかし、持ち家所有者が心理的な網にからめとられ、リスク志向の戦略が平常の保守的行動に取って代わるきっかけになったことはほぼたしかであると思われる。人々は住宅価格の上昇を期待するようになり、じっさい、毎年のように対前年比価格が上昇した結果、長きにわたって富を増やしてきたのである。価格が上昇するとの予測は、貸し手の行動にも影響を与えた。なぜなら、融資比率が高い〔＝不動産評価額に比べて融資額が大きい〕高リスクのローンに対する消極姿勢は、将来の不動産価格の上昇を根拠に、いとも簡単に退けられるようになったからである。優遇期間が短いティーザー金利型のサブプライム・ローンを借りた人々もまた、低金利期間が終了した後も、ローン支払いがつづけられると見込んでいた。

そんなうまい話が転がっているはずはなかった。しかし三〇年近くにわたって、米国住宅市場は、ほとんどとぎれることのない好況期――途中、上昇と下降はあったが――を現出させ、最終的には、二〇〇六年、膨れあがった住宅価格とローン残高の破裂が避けられなくなるまで上昇をつづけた。問題は、このモデルが市場に供給過剰をもたらす本質的に不安定なものであり、ひとたび減速、さらには下降のシグナルが点灯すると、一気に瓦解するという性質をもっていたことである。その引き金を引くのは何でもよかったのだが、前代未聞のバブルの崩壊が迫っていた。市場は、早急に供給過剰を解消するための競売を進め、場所によっては通常の市場は徐々に回復しはじめていた。しかし、もっとも打撃の大きかったところ、いわゆる「過剰都市」（マイアミ、ラスベガス）や地域経済の産業基盤が崩壊した地域（デトロイトなど）では価格が下落しつづけ、回復の兆しは見えなかった。

米国の住宅ローン市場・証券化・グローバル資本

話の発端は米国である。同国の住宅市場の規模、グローバルな資本リサイクルにおける役割、住宅ローン市場における証券化手法の発明などがその理由だ。しかしながら、われわれの目的にとって重要なのは、米国以外の世界中の国々を巻き込んだ、グローバルな資本流通への不動産担保証券（ＭＢＳ）による新たな貸付および販売の手法の導入である。巨大地震のように、米国で起きた出来事は地球上に波及した。これによって、かなり安定した性質をもち、国による違いが大きい住宅およびローン市場の根幹までもが揺らいだのである。

ここで銘記しておかねばならないのは、証券化という手法が住宅市場とグローバル資本市場の結びつきを左右すること、そして、この手法により、銀行による新しい資本の引き受けと、さらなる融資先の開拓をつうじた巨額の新しい債務が創出されたという点である。ほとんどのＯＥＣＤ諸国では、この証券化された負債の流通が契機となって、一九九〇年代から二〇〇六年の間に自宅所有者の債務が急増した。これが、多くの先進諸国で住宅価格が上昇した第一の理由である（図7-1参照）。それはまた、家族が新たな福祉の機会および選択肢を得ようとするときに頼りになる資金源であり、こうした機会や選択肢の拡大は、いわゆるアセット・ベース型の福祉国家の登場を支持する論拠となっている（第8章参照）。

持ち家が広がり、先進諸国の幅広い年代に主要な家計金融資産となったもうひとつの重要な条件は、低インフレ戦略を重視する中央銀行によって下支えされた経済的安定である。低インフレが、自宅所有者にとって理想的

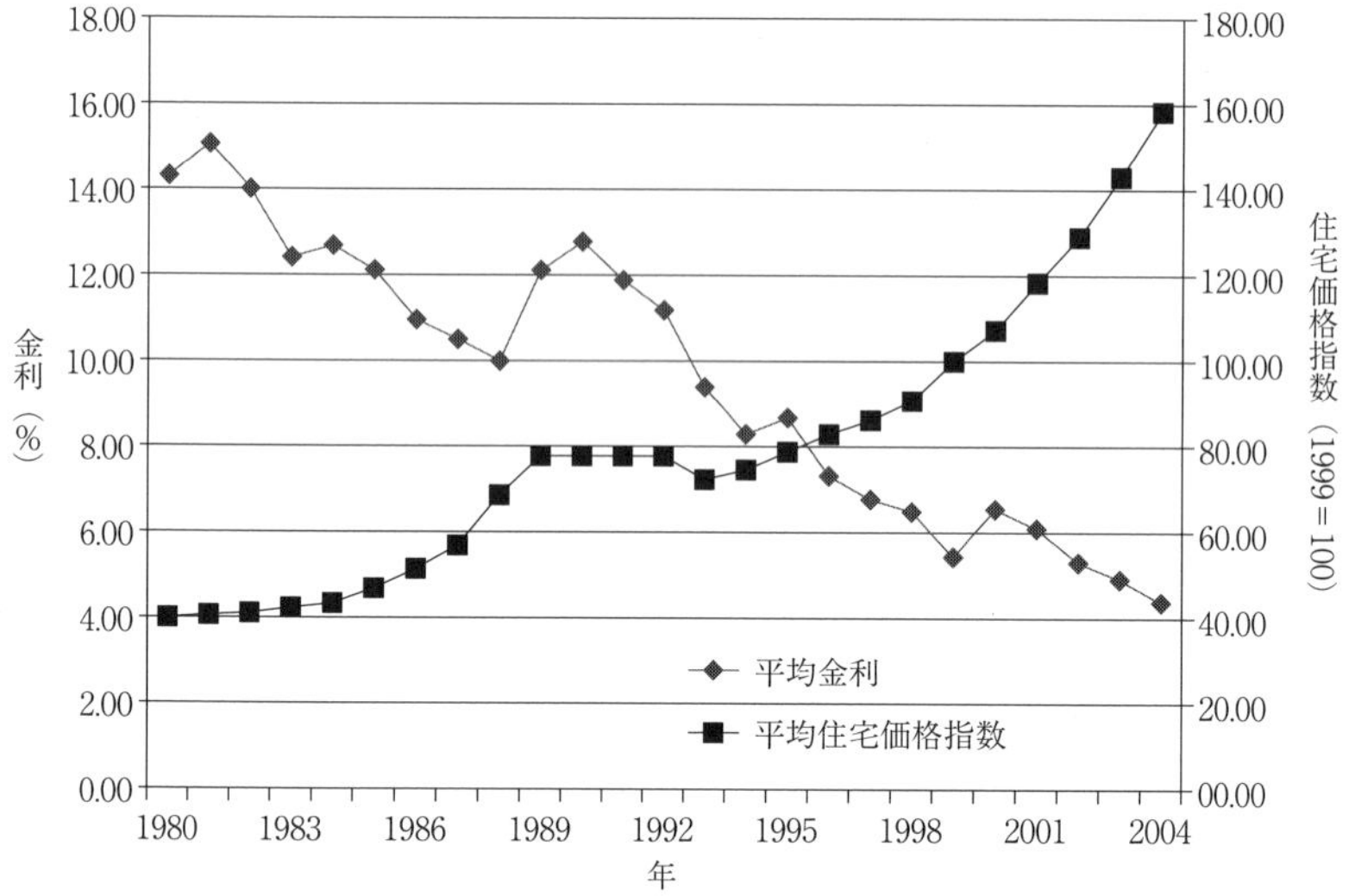

図7－1　世界平均金利と住宅価格指数

出典：国連統計データベース（Green and Wachter 2010: 419からの再引用）

な低金利環境をもたらすことは言うまでもない。図7−1は、過去二五年間の主要先進諸国における金利低下と〔住宅価格と〕の関連を示している。平均金利は、一九八〇年の一五%から、二〇〇五年の四・四%に下がった。これによって、各国で長期にわたって低い利率の住宅ローン融資が可能となったのである。さらに、政府が金融システムの規制緩和を進め、市場ベースの金融に軸足を移すにつれて、自宅所有者は、政策を介して、グローバルな資本フローに接続されていった。安い金利で借金ができるだけでなく、グローバル資本へのアクセスが容易になったことで何が起きたのか。その結果のうち特筆すべきは、ほとんどあらゆる場所で三〇年近くにわたってつづいた住宅価格の上昇である。上昇傾向は一九九五年以降さらに強まり、図7−1に見られるように二〇〇〇〜〇五年にかけてピークをむかえた（Green and Wachter 2010）。

世界規模の住宅価格上昇と住宅ローン債務

実質住宅価格（インフレ率で調整された価格）は、多

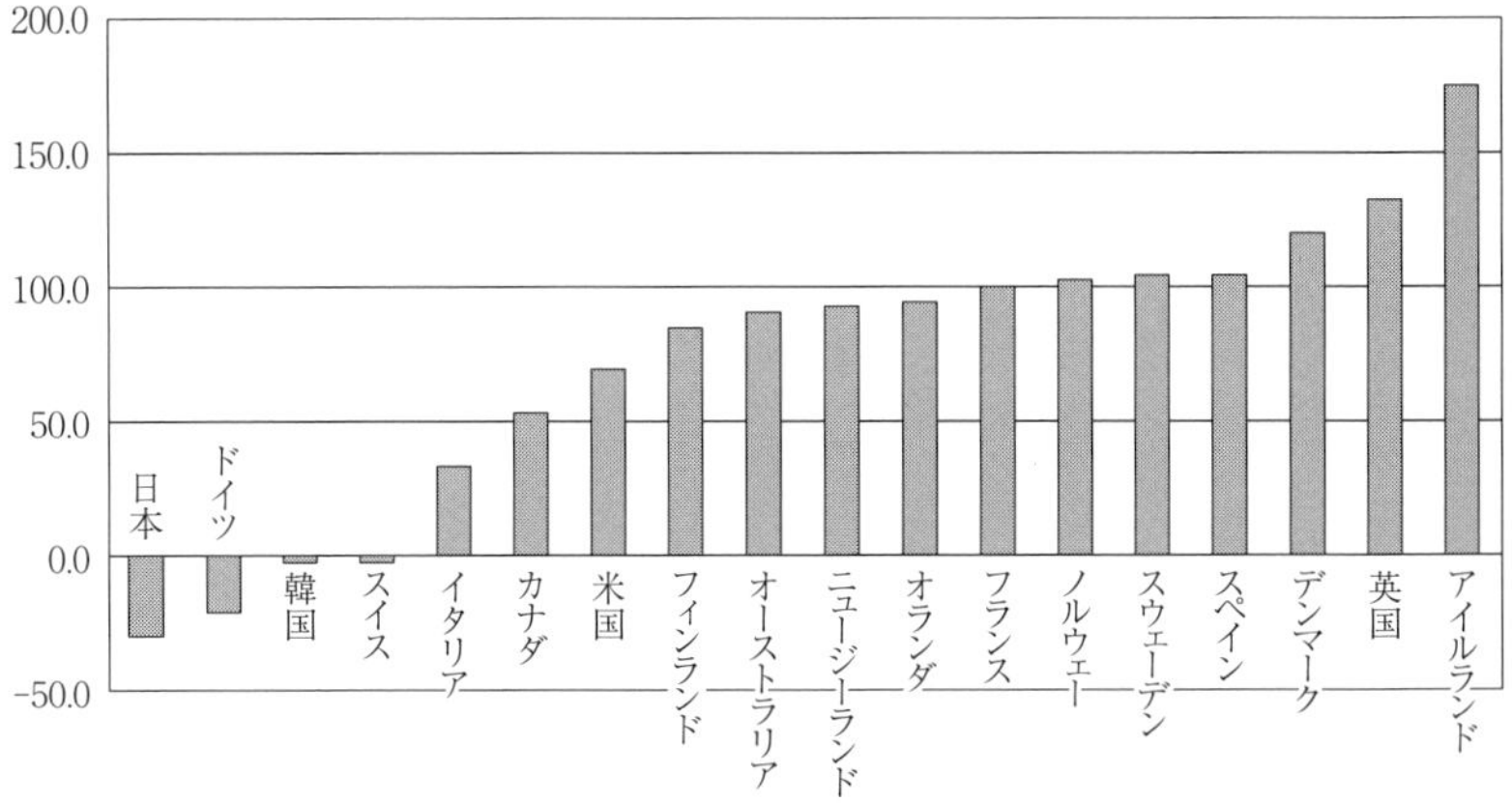

図7-2　OECD 諸国における住宅価格変動（1995〜2006年：％）

出典：Hennigan（2008）

くのＯＥＣＤ諸国で一九九五年頃から急上昇した。一〇年あまりの期間の上昇率は、アイルランド一八〇％、英国一三三％、スペイン一〇五％、フランス九九％、オランダ九三％、米国六九％であった。わずかにドイツ、日本、スイスでは、価格が変わらなかったか、微減した。この世界規模の住宅価格上昇は歴史上例を見ないものであった。世界経済が急成長していたとはいえ、これだけ多くの先進工業諸国で生じた住宅価格上昇が、全世界での信用取引の拡大と軌を一にし、切っても切り離せない関係にあることは明らかである（Kim and Renaud 2009）。

図7-2からわかるように、住宅価格は多くのＯＥＣＤ諸国で顕著に上昇したが、例外もある。集計期間をさらに引き延ばせば、これらの諸国で一九九〇年代からブームが終わる二〇〇七年までに起きた住宅価格上昇、なかでも二〇〇二年以降の急上昇が、かつてない規模のものであることが理解されるだろう。ＯＥＣＤ諸国における上昇幅は、ほぼ五〇％から一二〇％の間に収まる。いわゆる「新興経済国」、すなわち中国、インド、ブラジルでも住宅価格の上昇を示すデータがある。これらの諸国は、それほど世界不況の影響を受けてはおらず、現在も急激な都市化の途上にある。たとえば北京と上海では、二〇一一年

にいたるまで不動産市場が減速する兆しは見えない。中国経済が、ペースは落としつつも成長をつづけてきたからである。

この住宅市場ブームの重要な特徴は、世界規模でのシンクロの度合いが高かったことである。大幅な価格上昇と、数多くの国々への拡大という出来事が雄弁に物語るのは、その要因が、国内に閉じた通常の住宅市場システムをこえていたということである。複雑な要素が絡まり合ってはいるが、一九九五年以降、とりわけ二〇〇〇～〇五年の住宅価格バブル期にいたるところで起きた住宅価格上昇にとっての主要な推進力が、低金利環境のもとでのグローバル金融市場をつうじた信用取引の拡大であったことは明らかである。その根拠を示す文献は枚挙にいとまがない。一例を挙げると、ジルアード（Girouard 2010）によれば、OECD諸国の住宅価格の上昇および下降のサイクルは、かつては全般的な景気循環を後追いしていたのだが、近年の住宅価格バブル（二〇〇〇～〇六年）ではこの関係が崩れたのだという。ここで作用しているのは、金融市場における信用取引流通のグローバル化であった（Girouard 2010）。われわれは歴史上初めて、一国内での好不況にとどまらない、真にグローバルな住宅ブームとその崩壊を目撃することになったのである。

世界規模の住宅価格ブームは、一九八〇年代初頭からの二〇年間にわたって概して健全な状態にあった世界経済を反映したものである。この時期の世界経済は、とりわけ、安価な工業製品の供給源であるとともに外国資本の直接投資先として開放された中国経済の台頭に支えられた。この時期の世界経済の加速を特徴づけるのは、貿易額の急増を招いた自由化と、インターネットの発明をはじめとする技術革新である。イングランド銀行によれば、世界の国内総生産（GDP）――購入可能なすべての財とサービスの価値の総計――は、一九八〇年の一〇兆ドルから二〇〇六年には四八兆二〇〇〇ドルに拡大した。この成長のうちのかなりの部分が金融資産によるものであり、その多くは高所得諸国が保有している（Bank of England 2007）。世界のGDPのうち、金融資産の規模は一九八〇年代初頭に比べてほぼ三倍となった。そして金融のグローバル化の進展と、これにともなう新たな資本の爆発的増大が世界規模の住宅価格ブームをもたらした。その原動力は次の通りである。

・一九八〇年代の金融自由化。
・インターネットの発明と「無形」商品の大量取引をふくむ貿易自由化による世界的な貿易拡大。
・中央銀行の主導で維持された低インフレ環境。
・証券化をはじめとした、住宅ローン市場における新たな資金調達手法および資金源へのアクセス。

3　国ごとの違い

国ごとの状況を見ると、住宅価格がさまざまな基本条件に左右されることがわかる。この点についても説明しなければならない。世帯収入に関するデータによれば、二〇〇〇年代初頭の住宅価格上昇は、可処分所得の上昇と関連していた。住宅価格が高騰したアイルランド、ノルウェー、スペインでは、いずれも収入の増加率が高かった。一九九〇年代半ば以降、人口増加も堅調で、世帯形成期の成人人口の割合も上昇をつづけた。人口構造の変化——人口の自然増、移民政策、世帯数の増加——も鍵を握る基本条件であるが、当然のことながら、それぞれの国で状況は異なる。経済学は、建設産業がどれだけ需要に対応できるかによっても、住宅価格が変動することを明らかにしている。〔需要の発生から〕供給までには、かなりの時間差が生じる。土地の購入、建設、そして最終的な販売にいたるまで、住宅を市場に出すまでには通常、数年かかるからである。もし住宅生産が需要に追いつかなければ、価格は確実に上昇するだろう。ケイト・バーカーによる英国大蔵省報告の重要な知見のひと

コラム7-2　ドイツのハウジング・システム

ドイツの住宅市場は、長年にわたって比較的安定を保ってきた。なぜなら、第6章で概観したように、持ち家の支援と並行して、統合的賃貸市場の発展に重点を置いてきたからである。自宅所有者に対する融資の多くは地方銀行や建築貯蓄金庫（Bausparkassen）によって実施された。建築貯蓄金庫は第一次世界大戦後の深刻な経済危機と高失業率を背景に設立された。この制度により低所得世帯も住宅ローンを利用できるようになったが、利用にはきわめて厳格な制限が設けられていた。その仕組みは、預貯金を条件として借り手に優遇金利で資金を融資する英国の住宅金融組合と似ている。これはドイツではいまだに主流のシステムで、長年にわたって資金の安定供給を確保してきた。ただ、米英モデルと比べると制約が厳しく、ローンは一〇年以上の固定金利のみで一括繰り上げ返済はできない。世界的な金融自由化により、住宅ローン市場は、これに取って代わる民間サービスに対して門戸を広げた。しかしながらドイツの建設コストは高く、冷戦時代の終わりを告げた東西統一の後に市場に生じた難題が積み残されている。

グローバルな資本フローに直面しつつも、ドイツの住宅市場は安定性を保ち、住宅価格が上昇することはなかった。毎年約一〇〇〇億ユーロの新規融資が実施されているにもかかわらずである。ただし、その背景には、厳格な計画規制（利用可能な土地があるとしても）と、家族向け賃貸集合住宅の供給に対する政府の持続的支援がある。つまり、統合的賃貸市場、高建設コスト、厳格な建設規制、統一後の諸問題、そしてとりわけ建築貯蓄金庫制度の根強い影響といった諸要因が、いずれも市場の相対的安定を支えてきた。それは、「アングロサクソン型」の持ち家社会とはかなり性質が異なるものである。

つは、英国では住宅供給の弾力性がきわめて低いということであった。計画上の制約、建設適地の不足、住宅ローン商品の乱立が相まって、住宅価格は持続不可能な水準にまで上昇し、若年層の第一次購入者層には手が届かないものとなった（Barker 2004）。マルペッジとウェヒター（Malpezzi and Wachter 2005）もまた、供給の弾力性が乏しい国々――英国やオランダ――では価格が高止まりし、より供給が容易で需要圧力に対応しやすい国々――ドイツやフランスなど――と比べると変動にさらされやすいと指摘する。スペインとアイルランドでは住宅価格の急上昇が供給の拡大をうながしたが、かえって供給過剰につながった。

国ごとの違いを生み出すもうひとつの主要な要素としては、それぞれの国の住宅ローン制度がある。これが、先に第6章で概観した「居住資本主義の多様性」と関連していることは言うまでもない。国による住宅価格の違いは、各国の金融構造が、規制が強く／閉鎖的な官主導の制度に比べて、どれほど自由／開放的であるかを反映している。グローバル資本の波が世界経済を席巻しはじめたとき、〔各国に〕いかなる構造があろうとも、あたかも津波のように自らの運動法則にしたがって流入した。自由主義的システムは変わり身が早く、短期間のうちに高度に競争的な市場を作り上げた。そして、低所得世帯の住宅市場への参入を可能にする数々の住宅ローン商品を取りそろえた。不動産価値を上回る金額を、わずかな頭金または頭金なしで貸し付けることさえあったのである。証券化の普及と住宅ローン市場の発展によってリスクベースの貸し付けが拡大し、貸し手の間で競争が激化した。利幅は縮小し、金利は低下した。

こうした発展があったからこそ、金利は割高とはいえ、信用力の乏しい世帯でもローンが利用しやすくなった。米国のサブプライム市場が貧困世帯に住宅ローンを乱発したことで、大量の「不良」債権が産み出された。彼らは知らず知らずのうちに、返済の見込みのない契約を結んでいたのである。サブプライム融資が米国における持ち家の拡大に寄与したことは言うまでもない。しかしすでに述べたように、その崩壊が世界規模の金融危機と、その後に起こったさまざまな出来事の引き金を引いたこともまたたしかである。

表7-1は、コーポラティズム諸国と自由主義的市場経済諸国の主要なハウジング指標のいくつかをまとめたものである。目につくのは、予想に違わず国によってかなりパターンが異なることである。英語圏諸国の間には

表7-1　コーポラティズム諸国および自由主義的市場経済諸国における主要な「ハウジング」指標（2004/05年）

	統合的賃貸住宅市場	持ち家率（%）	GDPに占める住宅ローン債務の割合（%）	証券化の可否	住宅価格上昇幅（%）（1995〜2006年）
コーポラティズム諸国					
オーストリア	○	56	22	×	1
スウェーデン	○	41	40	○	56
ドイツ	○	43	41	○ ただし担保つき社債として	0
デンマーク	○	51	98	○	102
オランダ	○	53	65	○	97
自由主義的市場経済諸国					
英国	×	69	80	○	152
米国	×	68	70	○	55
ニュージーランド	×	70	78	○	102
オーストラリア	×	72	74	○	100
スペイン	×	85	48	○（最近解禁された）	180
イタリア	×	69	18	×	24
フランス	×	54	30	○（制限つき）	50

出典：Schwartz and Seabrooke（2008 Table1）および Kim and Renaud（2009 Table3）

ある程度の一貫性がある。「コーポラティズム的市場」経済のデンマークとオランダでは、顕著な住宅価格インフレが発生した。これは、住宅ローン市場がほぼ完全に開放された結果であると思われる。しかし、計画上の制約が強く、人口密度が高く面積が狭いなかでの住宅建設という条件が大きく作用していることを忘れてはならない。イタリアとフランスは、よりコーポラティズム諸国に近い状況であると考えられる。両国は住宅ローン市場の開放にかなりの制限を加えており、このことが、住宅ローン債務割合の低さと、住宅市場におけるインフレ圧力の弱さにつながっている。どの国にもそれぞれ固有の事情がある。事実、OEC

コラム7-3　イタリアの住宅ローン市場

イタリアは、自由市場への開放がきわめて限定的であり、借り手が受けられる融資額にきびしい制約を設けた金融システムの好例である。銀行は、返済責任を借り手に直接負わせなければならず、証券化によってバランスシート上のリスクを不動産担保証券の購入者に移転することはできない。金利は高く、収入―融資比率は欧州の平均に比べて相当に低い。このため、イタリアでは住宅ローンの借入額が低くなる傾向があり、家族は手持ちの資産を利用した増築（多くの場合「現金払い」による）、および／または拡大家族での同居を選ぶ。同居期間は、開放的な住宅ローン市場をもつ諸国に比べてかなり長い。その結果、国際的にみると住宅ローン債務の水準はきわめて低く、当然のことながら、住宅市場は脆弱である。自由市場に出回る不動産は、ごく一部にとどまるからである。住宅ローン債務の対GDP比は二〇％を下回っているが、七〇％近くのイタリア人が持ち家に住んでいる。同国の住宅価格は一九九五～二〇〇五年の世界的価格上昇の影響をほとんど受けなかった。自由化の度合いが低く、取引費用が高いため、住宅から引き出せるエクイティはごくわずかである。他の資産をほとんどもたない世帯にとって、消費を押し上げる機会はさらに乏しい。

D諸国のなかでも、住宅市場の構造は大きく異なる。その違いをもたらす主な要因は、住宅ローン市場の開放性と、持ち家を促進または抑制する税制である。

世界規模の資本移動が福祉国家にもたらすインパクトについては第8章で詳しく検討するが、その前に、各国の住宅ローン制度について若干の説明が必要である。なぜなら、それらが金融新時代に対する各国の対応を左右してきたからであり、福祉国家に与える影響を解釈するうえでも重要だからである。

世界規模の住宅価格ブームと債務

大量の資本が世界金融市場に流れ込んだ結果のひとつが、いたるところでみられた住宅ローン債務の急増である。この債務は、自宅所有者が「潤沢」な手持ち資金を獲得することを可能にした。彼らは低金利環境のもとで多額の金を借り入れるとともに、住宅価格が上昇をつづけ、家計資産を漸増、ときには急増させるという見通しをもつことができた。すでに述べたように、住宅は多くの人々が保有する資産のなかで、その規模および価値ともに他を圧倒している。一九八〇〜九〇年代の「自由主義」経済の成功を支えた主要な条件のひとつが、自宅所有者の多額の借金による財およびサービス消費の増大であったことについては、ほぼ異論の余地はないだろう(Schwartz and Seabrooke 2008)。価格急落は、多くの国で二〇〇七年半ば頃にはじまったが、それまでの二〇年間における住宅資産効果は、開放的・自由主義的住宅ローン市場においてとくに顕著であった。こうした市場では、いずれも、住宅資産を活用するという長期的な傾向が見られる。活用の狙いは、消費の元手を得るとともに、本章の後半で見るように、基幹となる資産を形成することである。後者は福祉ニーズについての新しい考え方と軌を一にしている。スミスとサールは、これを「住宅頼みの資金調達《バンキング・オン・ハウジング》」と呼んだ（第8章参照）。じっさい、本書でたびたび指摘してきたように、住宅——何はともあれ持ち家でなければならないが——は、膨大な資金の流れと、自らの福祉ニーズについてどう考え、計画を立てるかという各世帯の課題をつなぎあわせる連結器の役割を果たす。より重要なことは、資産課税、低金利環境の維持、福祉への公共支出を支える一般課税についての人々の政治的態度が、いずれも、住宅にかかわる債務とエクイティを前提として形成されるという点である。

図7-3から明らかなように、債務の規模にはかなりのばらつきがある。好況期の不動産価値の上昇と比較すると、家計のバランスシート上の住宅資産が増大し、いくつかの国々では負債側に巨額の住宅ローン債務が積み上がったことがわかる。この図でまず目を引くのは、一部の国々における住宅ローン債務残高の大きさである。

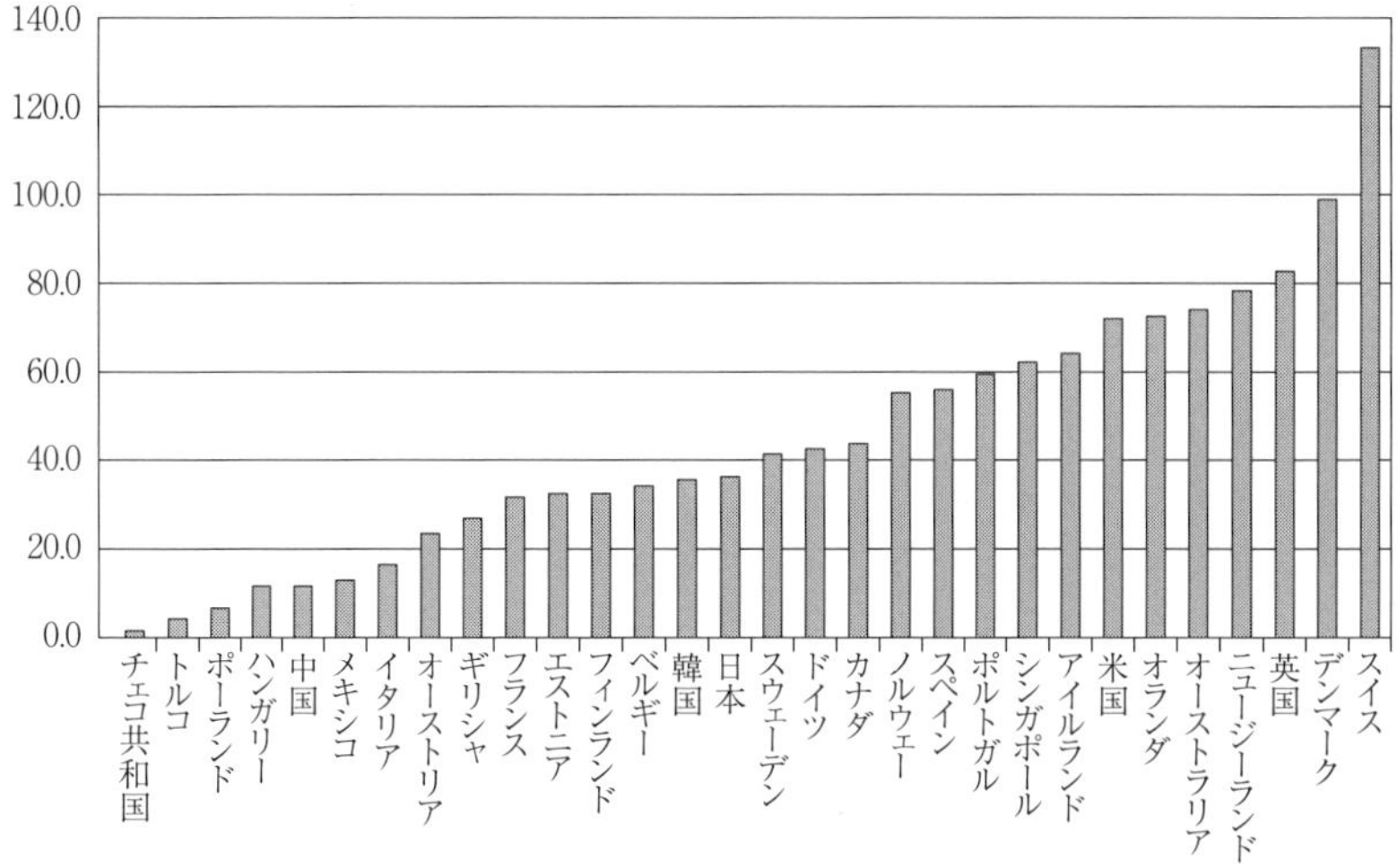

図7-3　住宅ローン債務残高の対GDP比（2005/06年）

出典：Miles and Pillonca（2007）

GDPの五〇%に達するところも少なくない。これが、ハウジングが一国のマクロ経済、あるいは経済運営全体（インフレ率、国民所得、失業率、物価等々）に大きな影響を与える要因のひとつである。住宅価格が下落する時期には、こうした債務を抱える世帯の多くが苦境に陥る。彼らは不動産の価値を担保として金を借りているからである。いくつかの証拠が示すように、ほとんどの世帯がこのことをよく承知しており、支出をコントロールしてはいるが、環境の変化が問題を引き起こすこともある。家計を支える者が失業すると、返済をつづけることは困難になる。

この図の二つめの特徴は、国によって債務残高にかなりの違いがあることである。第6章で概観した「居住資本主義の多様性」を思い起こそう。ここで重要なのは住宅ローン市場の制度構造の違いであり、場合によっては、市場がどの程度整備されているかが鍵となることもある。第6章で論じたように、著しく持ち家率が高い国々——とくに欧州の旧共産主義国——のなかには、まともに機能する、開放的な住宅ローン市場が存在しないところも

コラム7-4　旧共産主義国ロシアのハウジング――市場なきプライベート・ハウジング

一九九〇年のソ連および中東欧の衛星国の崩壊後、公営賃貸住宅の大部分は売りに出された。住宅ストック――大規模中高層アパートが典型的である――を所有していた地方自治体と国営企業が、これらを維持する能力をうしなったからである。しかしながらこの急激な民営化〔もしくは私事化〕は、正常に機能する住宅ローン市場や民間建設業が不在のまま、さらには不動産取引に関する適切な法整備がなされないまま進行した。

「旧体制」のもとでは、政府が建設する低家賃アパートは、国家への貢献度にもとづく配分システムのもとで、共産党官僚、熟練労働者、あるいは専門職など、全国で必要とされる人材に優先的に割り当てられた。じっさいのところ、住宅は移動に対する見返りであって、家賃はタダも同然だった。こうした「スターリン型」ハウジングは、共産主義諸国ではどこでも見られた（Szelenyi 1983）。ただし、これらのアパートを売買する巨大なヤミ経済が存在しており、そこでは外貨での現金取引が通例であった。政府の住宅供給制度の枠外に置かれた人々は、親族と同居したり、都市周辺部や農村部に自力で住宅を建設したりした。ソ連では、一九五三年のスターリン死去後、フルシチョフが数百万戸のアパート建設を命じ、全家族に住宅を与えることを約束した。質よりも量が重視された結果、これらのアパートは狭い土地に高層住宅を詰め込むかたちで建設され、〔住環境は〕劣悪であった（三室以上の住戸はわずか五％にすぎなかった）。フルシチョフの住宅建設キャンペーンにもかかわらず、深刻な住宅不足は解消されなかった。一九八五年、ロシア政府は、フルシチョフの約束を果たすには、既存ストックの倍以上にあたる四〇〇〇万戸のアパートが必要であると見込んだ。

ベルリンの壁が崩れ、共産主義が終焉をむかえると、政府は開放的市場経済への弾みとするべく、住宅の（自由）民営化を画策した。この方針は国際通貨基金、世界銀行、さらには「ワシントン・コンセンサス」を支える諸機関による賛同を得た。民営化が解決策であるとの信念が広く共有されていたのである。そもそも国家は破綻しており、家主としての機能を果たすことはできなかった。高級アパートに住んでいた人々（旧体制における特権階級）と子育て期の家族は、とくにこの変化を歓迎した。しかし大部分の世帯は、自らの権利――共産主義体制のもとで〔借家権は〕きわめて強く保護され、所有権とほぼ同等であった

――をうしなうことに恐怖を覚えた。政府の住宅建設は暗礁に乗り上げ、ほとんど休止状態にあった。このため、民営化はすでに存在していた不平等を強化し、住宅不足を激化させたのである。自由民営化は二〇一〇年には終了し、政府による第一次購入層支援計画（子育て家族プログラム）が開始され、急減した出生率の刺激策となることが期待されている。

二〇〇六年以降、住宅ローン市場は三大国営銀行の支援を受けて急成長した。しかし、住宅ローン債務は依然として低調である（対ＧＤＰ比で約二％）。これは、頭金の準備や借金の返済に耐えうる人々がほとんどいないためである。当時でさえ、プーチン大統領は住宅ローンを利用できるのは人口の一〇％未満であると認めていた（Zavisca 2008: 380より）が、世界金融危機後も状況は好転していない。つまり、ロシア人のなかで民営化の恩恵に浴したのは少数の富裕層だけであり、建設産業は彼らの必要を満たしたにすぎない。モスクワの住宅価格は急上昇し、世界の主要都市と肩を並べるか、追い越すまでになった。少数の大都市以外では、基本的に自助努力に任され、政府の支援はほとんどあるいはまったくない。住宅ローン市場は国内で資金調達しており、もともと低調であるが近年さらに減速している。

ロシアの事例から、多くの旧共産主義諸国で何が起きたのかを知ることができる。民営化は住宅市場の起爆剤とはならなかった。何の制度構造も確立されていなかったからであり、ロシアでは圧倒的多数の家族が市場に参入できるだけの経済力をもっていなかったからである。ザヴィスカが指摘するように、「住宅は、ほとんどの場合、凍結された資産である」（Zavisca 2008: 383）。ロシアは自宅所有者の国である。先進諸国のなかで持ち家率がもっとも高い国々のひとつである。ところが、少数の大都市を除けば、まともな住宅市場が存在しない。むしろ、自力建設、相続、そして複数の世代がひとつ屋根の下に暮らす過密居住などにみられるように、ハウジングはほぼ完全に家族の問題として扱われる。このような状況は、旧共産主義諸国――とくにブルガリア、ルーマニア、ハンガリー――を、われわれの分類でいうところの「家族主義」型の居住資本主義に接近させることになる。唯一異なるのは、ロシア人がいまだに、最終的には万人の暮らしがよくなると想像しており、為政者もそのように語るという点である。これは、共産主義の詐術を生き延びた人々にとってはなじみ深いストーリーである。

ある。なぜなら、超富裕エリート層を除けば、グローバル金融市場から資金を集めるタイプの民間住宅ローンを返済できるほどの所得水準に達していないからである。家族間の融通、自力建設、そして相続が、こうした「家族〔依存〕的」状況——持ち家ではあるが、語るに足る住宅市場が存在しない——の特徴である（ロシアについてはコラム7-4参照）。

債務比率の順位は、必ずしも居住資本主義の諸クラスターと対応しておらず、自由主義的住宅ローン市場と、抑制的な金融システムという基本的区分とも一致しない。

4　住宅ローン商品の多様性

世界的な経済成長と新しい住宅ローン市場構造によって信用取引が格段に利用しやすくなり、二〇〇七年にいたるまで、持ち家に対する膨大な有効需要を創出したという事実は、いくら強調しても足りない。多くの国々では、住宅ローン市場が新しいタイプの金融業に成長し、目新しい多種多様な商品を取りそろえ、たとえば金利も、固定型と変動型が選べるようになった。ドイツや日本のような例外はあったが、グローバルな市場統合が徐々に、しかし確実に進行し、とくにユーロ圏内では住宅ローン融資のコストが平準化されていった（Kim and Renaud 2009）。図7-3を見ると明らかなように、幅広い国々で住宅ローン債務が増大した。キムとルノーは、これが「住宅ローン市場がどれほど深く浸透しているかを示す指標」（Kim and Renaud 2009: 15）そのものだと指摘している。エクイティと負債のバランスを左右する諸要因は、各国に固有の状況を反映している。ただし、とくに重要なのは、グローバル金融の波に対処するためにどのような政策が展開されてきたかであり、さまざまな住宅ローン商品をつうじた信用取引の利用を、制度構造がどの程度抑制したり促進したりしてきたかである。

金融自由化は、その初期段階においては、銀行および住宅金融組合に対する規制の緩和というかたちをとった。これにより、金融機関は消費者の預金に頼ることなく、外部から資本を調達できるようになった。ホールセール型金融市場の利用拡大は、新たな競争を生み出した。そして、すでに述べたように、不動産担保証券と証券化手法の開発によって、投資家から集められた新しい資本が利用できるようになった。借り手を惹き付けるべく、数多くの金融機関によって、さまざまな新商品が投入された。オーストラリアでは新手の仲介業者が販売する返済額変動型のフレキシブル住宅ローンが普及した。英国では文字通り何百ものフレキシブル住宅ローンが存在する。「オフセット型」ローンは、貯蓄、当座預金、ローン債務をひとつの商品に束ねたもので、とりわけ注目に値する。貯蓄額と平均収入を勘案したうえでローン債務額を見積もる（住宅価値の評価をふくむ）ことにより、銀行が融資できる限度額が算出される。「事前承認積立金」は、銀行取引明細書にまで記載される。大蔵省の委嘱を受けて住宅ローン市場を調査したマイルズによれば、プライム市場では四〇〇〇以上の商品が出回っており、その内容は似たり寄ったりだったというが、こうした乱立状況は英国の〔ローン〕市場がいかに高度に発達しているかを如実に示している。

要するに、一九八〇年代における金融の自由化と証券化された債券の開発――現在流通しているタイプの債券は一九七〇年代に米国で登場した――の末に生まれたのは、住宅購入とリモーゲジング〔抵当再設定〕のためのまったく新しいシステムであった。技術革新は、政府による金融規制の緩和、真にグローバルな金融市場の開拓、ほとんどあらゆる場所での金利低下と相まって、世界規模の住宅金融システムを作り出したのである。世帯は、グローバル金融の津波、不動産に蓄積されたエクイティの利用を可能にする仕組み、そしていつ、どのくらいの金額が引き出せるかによって大きな影響を受けたが、それを左右したのはこれらの要因であった。世界有数の完備された住宅ローン市場をもつ英国の事例について、さらに詳しく見てみよう。ただし、まずはエクイティの

「リーケージ（leakage）」とはいかなる手法なのかをはっきりさせねばならない。

エクイティ引き出しの登場

本章の前半でふれたように、住宅価格上昇と家計消費の相関関係には有力な根拠がある。米国、英国、オーストラリア、オランダといった国々では強力な「住宅資産」効果が存在するが、フランス、ドイツ、イタリアでは、はるかに結びつきが弱い。このような違いは、基本的には住宅ローン市場が「完備」されているかどうかを反映している。言いかえると、各世帯が、どれほど容易にエクイティ引き出しをつうじて自ら所有する不動産に蓄えられたエクイティを利用できるかが決め手である。エクイティ引き出し（＝資産担保余力の現金化）は、住宅資産に蓄えられた富を、一般的な経済価値へ変換する仕組みのうち、筆頭に挙げられるものである。

ジルアードがＯＥＣＤ諸国の分析をもとに主張するように、「住宅資産、住宅ローン債務、消費の間の結びつきは国ごとに大きく異なる。金融市場の性格をはじめとして、住宅の取引コスト、資産売却益の免税措置、持ち家率の高さといった要因が、この違いをもたらす」（Girouard 2010: 47）。彼女による、住宅ローン市場の整備状況についての分析によれば、「完備された市場」には以下のような特徴があるという。

・多様なローン商品が利用可能であること
・サービスが幅広い層の借り手に提供されていること
・融資比率の基準が緩いこと
・二番抵当が許容されていること
・多様なエクイティ・リリース商品

住宅ローン市場の特色のうち、鍵となるものがもうひとつある。それは固定・変動金利の活用であり、開放的な市場ほど多様な選択肢を提供している。たとえばドイツでは、一〇年固定金利が中心で、繰り上げ返済や借り換えはきわめて困難で、できたとしてもコストが高い。米国はこれとは対照的で、固定金利ローンがほとんどだが、違約金なしで繰り上げ返済ができるようになっている。これは、ローンの大部分が不動産担保証券を原資としているからである。英国とフィンランドでは、変動金利が一般的で、月々の返済額は〔市場における〕金利変動をほぼ時間差なく反映する。英語圏の持ち家諸国は、ほとんどの場合、きわめて開放度が高い、完備された住宅ローン市場をもち、金融危機以前は、きわめて容易にエクイティ引き出しが利用できた。

　自宅からエクイティを引き出すためには、所有者は規模の小さい住宅に住み替えて不動産価値の差額を手に入れるか、または住み替えることなく、自宅を担保に融資を受けるかしなければならない（コラム7-5参照）。それゆえ、転居時、または住宅価格の上昇時もしくは急騰時——前述の二〇〇〇〜〇五年の頃のように——には、エクイティは「溶け出て」しまうかのように見える。所有者が自宅を売り払うか、介護施設に入ったり亡くなったりする（一般的には、不動産は相続される。Hammett 1991参照）場合、すなわちいわゆる「人生最後の売却」の際にも、大規模な溶け出し《リーケージ》が生じる。最初の二つが示唆するように、エクイティ引き出しが消費支出にインパクトを与えるタイミング、そして住宅資産がマクロ経済に与える影響の大きさは、大量の住み替えがいつ発生するのか、あるいは自宅所有者が（無理のない範囲で、収入の増加にかかわりなく、借金の増加は月々の支払いを重くすることを考慮したうえで）財・サービスの消費をいつ「平準化」できるのかと相互に関連すると考えられる。

　英国では、エクイティ引き出しは、金融市場の規制緩和にともなって、一九八〇年代初頭から国民経済計算のなかで存在感を増してきた。純引き出し額は、四億七〇〇〇万ポンド（一九八〇年）から一五億九六〇〇万ポンド（一九八一年）に急増し、一九九〇年代の住宅価格下落以前のピーク時（一九八八年）には一六〇億ポンドに達した。

コラム7-5　さまざまなタイプのエクイティ引き出し

ＨＥＷ（Housing（or Home）Equity Withdrawal）〔ＭＥＷ＝Mortgage Equity Withdrawal とも〕は、自宅所有者が「資産」を現金——経済学用語で言えば「流動性」——に換え、消費することにより、自ら所有する不動産に蓄えられた価値を引き下げること一般を指す。ＨＥＷには、転居を前提とした現金化だけでなく、転居することなく、住宅担保融資を増額して現金を得るという方式もある。グローバル金融革命以来、激増したのは後者の方である。ＨＥＷが行なわれる一般的な場面は次のようなものである。

・所有者の死亡により、「人生最後の売却」が行なわれるとき。相続人がその戸建てまたは集合住宅の売却代金を手にする。高齢の所有者が介護施設に移り、売却代金がその費用に充てられるというのも、人生最後の売却のひとつのあり方である。

・退去する世帯がより安価な住宅への買い換えを選び、差額を手に入れるとき（売却代金から最優先で支払われねばならない未返済債務がないと仮定した場合）。退職時に行なわれることが多い。

・自宅所有者がホーム・エクイティ・プラン（事実上の二番抵当）を利用する場合。不動産を担保に定期的な収入が得られる。副収入を必要とする退職世代で広く用いられる。

・戸建てまたは集合住宅を売却して賃貸住宅に移るとき。

・リモゲージング（＝住宅ローン条件の変更）を行なうとき。すでにローンを借りている所有者が、転居することなく不動産価値を担保にローンを増額すること。この「再融資」は既存の債務の返済に使うこともできる（新しいローンの方が有利な条件の場合は実行する価値がある）。あるいは、自動車を購入したり、医療費や教育費（授業料など）の支払いに充てたりすることができる。それなりに住宅ローン市場が根付いた社会なら例外なく、二〇〇七年までの三〇年ほどで、この種の居住継続型融資が増大した。

自宅の価値を担保とした取引は新しい支出を可能にするが、当然ながら、新しい債務も背負うことになる。「タダで手に入るもの」など存在しない。しかし、これによって人々は強気の消費計画を立て、人生のあらゆる場面での急な支出に対応できるようになった。住宅価格の上昇は債務を軽減し、追加の借り入れの余地を開いた。ところが、住宅市場危機により、家族は債務超過に陥りやすくなり、何らかの理由で月々の返済が滞れば担保権が実行される可能性が出てきた。自宅所有者が直面するリスクと利益の危ういバランスは、自由主義的な住宅ローン市場を有する社会の特徴をよく示している。

これは、総消費支出額の七％超に相当する規模であった（Wilcox 2000: 50）。住宅価格は一九九九年に高騰、その後も回復がつづいた。このことは、新しい融資商品とリモーゲジングによって新しい資金が大量に利用できるようになることを意味した。とりわけ重要なのは、転居することなしに巨額の住宅エクイティを引き出せるようになったことである。英国で引き出されたエクイティ総額は、二〇〇三年には、総消費支出額の九％近くにあたる六三〇億ポンドとなった（Wilcox 2010a）。すでに指摘したように、連邦準備制度理事会（米国の中央銀行）の議長を務めたアラン・グリーンスパンは、この問題を重視し、一経済学者として行なった調査の知見を数々の論文に公表している。グリーンスパンが明らかにしたところによれば、米国の自宅所有者に関して、住宅エクイティ引き出しは二〇〇〇年代半ばに空前の規模に膨らみ、住宅担保ローンと転居時の借り換えを合わせると、米国民一人あたり一八八〇ドルとなった。二〇〇〇年代初頭の住宅販売の拡大は、住宅エクイティのさらなる蓄積を可能にした。販売がピークをむかえた二〇〇五年には、資産売却益は約一兆ドルであった。調査データによれば、この利益の一八％は新しい不動産の購入以外の目的で使われた。つまりこれらの取引で得られた純引き出し額だけでも約一八〇〇億ドルにのぼったのである（Greenspan and Kennedy 2007）。それはあくまでも例外的な年であり、金融危機後、急激に下落したとはいえ、住宅エクイティは、数十年にわたり、家計消費、住宅改修、スモールビジネス、医療費などの資金源として重要な役割を演じてきた。

ベルスキーは、これが本当に「住宅資産」効果なのかを問う必要があると指摘する。なぜなら、世帯が金を借りる手段は他にもあるし、収入のうち貯蓄する分を減らして消費に回すこともできるからである。彼が諸研究の検討から得た結論は、住宅資産〔効果〕は米国にとどまらず、きわめて広範にみられる現象であり、他の手段、たとえば株式投資によって手に入れた資産などよりはるかに重要だ、というものである。きわめて幅広い層、とくに他の資産をほとんどもたない低所得世帯までもが、住宅エクイティを消費のために利用しており、もしそれがなければ支出は控えられたと推測される。住宅資産は、とりわけ価格上昇時には消費を上向かせる（Belsky 2010）。

じっさいのところ、多くの人々にとって、住宅資産は、保有する金融資産のなかでも飛び抜けて大きいものであるが、住宅ローン市場革命を経て格段に利用しやすくなった。少なくとも金融危機まではそうだった。エクイティ引き出しは住宅価格のサイクルと密接に関連しており、現在のように底にあたる時期——今回はかなり長くつづきそうだが——には、世帯は消費ではなく債務の返済を優先する。スティーブ・ウィルコックスの二〇〇九年のデータによれば、エクイティは二四〇億ドル以上増えた。これは、それに先立つ約三〇年の間に住宅エクイティから「溶け出し」た額をかなりの程度、取り返すほどであった（Wilcox 2010b）。不況による揺り戻しの過程で教訓が得られるだろうと仮定するのは不合理ではないが、住宅が換金可能な金融資産であるという前提は維持されている。住宅ローン市場がふたたび活況を呈するとき、自宅所有者は、この資産を当てにして金を使えるようになるだろう。長期的に見れば、この事実こそが、支出と消費のパターン、世代間の資産継承、さらには福祉国家の地形《ランドスケープ》を根底から変えた。つまり、住宅エクイティは、いざというときに頼れる「バッファー」となったのであり、国家の根幹的な機能はしだいにうしなわれつつある。言うまでもないことだが、問題は、この緩衝材が一番切実に求められているまさにその時に、かえって利用が困難になるという点である。住宅エクイティを軸として組み立てられた家族の福祉戦略は、価格が下落する時期には行きづまる。

5 結論

一九九七〜二〇〇六年に多くの主要先進国で生じたかつてない住宅価格の高騰が、地球上の隅々までおよび、各地に衝撃を与えた新しい資本の波が引き起こしたものであることはほぼ間違いない。これは他からの影響を受けない孤立した現象などではなく、インターネットを介した「無重力」取引、インフレ制御に向けた中央銀行による介入に起因する低金利の経済環境、そして東アジア経済圏、なかでも、工業生産拠点であるのみならず、近年、国際貿易の開放的かつ枢要な担い手となりつつある中国の興隆がもたらした世界経済の急拡大の一環として生じたものである。とりわけ重要なのは、資産を担保とする証券化された債券の市場、とくに不動産担保証券（MBS）によって産み出された膨大な資本である。さまざまな商品に組み込まれた資産は数兆ドル相当に達し、米国のサブプライム住宅ローン市場関連だけで六〇〇〇億ドルにのぼった。この保証なき債務は、シュウォーツとシーブルックの比喩を借りるならば、二〇〇七年八月に現代資本主義を沈没の淵に追いやった氷山だったのである。

しかし、一九八〇年代から二〇〇七年にいたる金融自由化以来、各国の住宅ローン市場に新たに導入された制度構造は、いずれも、グローバル資本の奔流に対応してきた。この押し寄せる資本の波こそが、多くの国々で住宅価格の上昇をみちびくとともに、世帯が自らの資産を手に入れ、住宅エクイティを活用しはじめるなかで、巨額の債務が積み上がった。本章の要点は、これらの国内的かつ世界的な新制度の絡まり合いのなかで、個々の世帯がグローバル金融へと組み込まれていった、というものである。グローバル金融が切りひらく新たな世界のなかで、決定打となる相補性が形作られた。とくに注目すべきは、不動産担保証券が、長期的かつ分割償還される投資対象を求める保険会社や年金基金にとって魅力的な商品となったことである。年金積立と持ち家誘導の間の「トレードオフ」〔というテーマ〕は、われわれをケメニーとキャッスルズの論争に立ち返らせる。

コラム7-2、コラム7-3、コラム7-4でみたように、あらゆる国々で同じことが起きたというわけではない。開放的自由市場から「抑制された」住宅ローン市場まで、「居住資本主義」に多様性がみられることは、何度でも強調しなければならない。そのなかには、いくつかの旧共産主義諸国もふくまれる。たとえば、まともな住宅市場や住宅ローン市場を欠いた状態で民営化が進められたロシアには、大量の持ち家が存在する。これらの新しい住宅ローン制度が導入された結果、自宅は、とくに自由主義レジームのもとではそうであるが、多くの世帯にとって、あたかもいつでも現金を引き出せる「金庫」のようなものに様変わりした。政府もまた、このハウジング中心のグローバル金融革命に便乗しようとした。福祉国家への風当たりが強いところではなおさらそうであった。次章では、新しい住宅エクイティの世界が、世帯、政府、そして福祉国家に何をもたらしたのかをより詳しく検討しよう。

要約

⊙一九八〇年代の金融自由化の後、新しい資本の流れが創出された。とくに重要なのは不動産担保債券の開発である。

⊙証券化の手法により、住宅ローンをはじめとする取引可能な資産が債券に束ねられ、グローバル金融市場で販売された。こうして、住宅ローンの組成と、それらに対する長期投資は分離された。

⊙世界経済の安定、低金利の経済環境、そして富の増大が、グローバルな住宅ローン市場の繁栄と、多くの先進諸国での持ち家の拡大の背景にある。

⊙一九九〇～二〇〇〇年代に世界の隅々にまでおよんだグローバルな資本の波によって、一九九五年から各国で軒並み住宅価格が高騰し、ブームは価格上昇期待に支えられて二〇〇六年までつづいた。

⊙サブプライム住宅ローン市場には膨大な債務が積み上がり、この投資バブルの崩壊は世界金融危機の発端となった。

⊙住宅ローン市場は国によって大きく異なる。なかには、きわめて開放的で「完備された」市場で、数千とは言わないまでも数百種類の住宅ローン商品がひしめき合っている国々がある。他方で、きわめてきびしい規制を受け、範囲が限定された市場しかもたない国々もある。さらには、住宅市場や住宅ローン市場がほとんど機能しておらず、〔商品としての〕住宅が少数の特権的富裕層のための贅沢品であるような国々もある。

⊙著しく上昇した住宅ローン債務の対ＧＤＰ比は、基本的には、各国の住宅ローン市場の開放性もしくは抑制の度合いを示している。

⊙住宅エクイティの利用は、主として住宅エクイティ引き出し（ＨＥＷ）による。引き出しは、通常、転居をともなって、または居住を継続したままのローン再契約をつうじて行なわれる。

⊙持ち家社会ではＨＥＷがさかんに行なわれ、消費の浮揚に大きく貢献するだけでなく、福祉にかかわる世帯の必要を充たしたり、機会を与えたりする効果をもちうる。とくに、自費で支払うサービスの利用や、生活上の困難あるいは例外的な出費に備えるバッファーとしてはたらく可能性がある。

【読書案内】

世界的な住宅価格ブームと国際的住宅ローン市場の成長については二つの重要論文がある。B・ルノー／K・キム「グローバル住宅価格ブームとその後」(Renaud and Kim 2007) と、K・キム／B・ルノー「グローバル住宅価格ブームとその反動――分析と解説」(Kim and Renaud 2009) である。両論文ともに、住宅価格ブーム、このブームと新しい住宅ローン市場のかかわり、グローバルな資本フロー、さらにはそれらがもたらす社会的・政治的影響について、卓越した洞察を加えている。数多くの章からなるS・スミスとB・サール編『ブラックウェル版 住宅経済学必携』(Smith and Searle eds 2010) は、こうした動向についての経済学的分析を提供する有益な書物である。とくに一部の章は事例研究のなかで効果的に分析を用いており、経済学の素人にも読みやすく、理解しやすい。同書は「ハウジング」を専門的に扱った貴重な経済学書である。グローバル資本の成長と循環における米国住宅市場の重要性については、L・シーブルック『金融権力の社会的由来』(Seabrooke 2006) で議論されている。ハーマン・シュウォーツ『サブプライム・ネーション――米国の経済力／グローバル資本フロー／ハウジング』(Schwartz 2009) は、米国サブプライム住宅市場崩壊の国際的な文脈を詳細に論じている。

第8章
アセット・ベース型福祉国家に向けて

《キーワード》
アセット・ベース型福祉
金融化
ローン・エクイティの引き出し
競争国家
重大なトレードオフ

英国では一九七〇年代、グローバル化の衝撃を受けて、ベヴァリッジ型福祉国家の解体がはじまった。かわって台頭してきたのが「競争国家」であり、経済効率の向上を福祉施策の主要な目標とするモデルへの転換が起きた。このパラダイム・シフトでとくに注意すべきは、日常生活の「金融化」に重点が置かれ、シティズンシップ〔市民という地位〕が個人の資産所有と結びつけられるようになったことである。ゴードン・ブラウン〔財務相・首相をつとめた労働党議員〕は、この政策転換を持ち家の義務化にはっきりと関連づけた。持ち家は、世帯にとって実質的な〔多くの場合、唯一の〕家計資産の取得を可能にする。キャッスルズとケメニーの論争では、人口の高齢化と年金支出の逼迫という状況のもとで、多くの国々に持ち家への誘因が存在することが明らかになった。とはいえ、この「重大なトレードオフ」論争は、「真に重大なトレードオフ」というべきもの、つまりリモーゲジングをつうじた住宅エクイティの現金化のような、自宅所有者が新たに手にした機会の全容解明にまで発展することはなかった。いくつかの先駆的な研究によって、自宅所有者が、福祉ニーズを緩和あるいは吸収するために自らの資産を「金庫」として活用していることが明らかになっている。これと並行して生じた態度の転換が強く示唆するのは、アセット・ベース型福祉が数十年にわたって広く実践されてきたこと、そして、これが家族が考える福祉戦略として一般化しつつあることである。

1　はじめに

住宅市場、持ち家の拡大、不動産担保証券（MBS）をはじめとするグローバル資本の諸制度の結びつきが、OECD諸国の福祉国家の再編成においてますます重要度を増しつつあること、さらにその影響が社会的市場経済諸国にまでおよびつつあることは、いくら強調しても足りない。「ハウジング」と、それを軸に形成された金融制度は、いずれも福祉に関する新しいパラダイムと新しい政治的態度の形成において重要な役割を果たしてきた。ここで起きていたのは政治学的にみて重要な転換であり、従来のパラダイムが後退するとともに、福祉国家の本質を再考すべき転機が訪れた。もちろん、他にも相互補完的な過程が進行していた。とくに重要なのは人口の高齢化であるが、すべてが変わったわけではない。福祉国家という制度は、周知のように社会に深く根づいている。制度論者が指摘するように、福祉国家には強い経路依存性があり、「粘着的」である。しかしながら近年明確になってきたのは、この新しい世界のなかでハウジングが演じるようになった役割、そして信用収縮時代が始まるまでの数十年にわたってハウジングが保ちつづけてきた重要性と影響力である。ポール・ピアソンが用いた地質学の隠喩をふたたび用いるなら、ハウジングのテクトニック・プレートが強化されたのは、国際金融市場を震源とする金融大地震が旧来の福祉国家に相当の衝撃と亀裂を与えるまでの束の間の出来事だった。いまなお古いシステムを少なからず引きずってはいるが、福祉国家の地形は、かなり大きく様変わりしたように見える。

2 福祉国家の変化に「ハウジング」が与える影響

第6章では、比較福祉国家研究においてハウジングが片隅に追いやられてきたという見方を示した。かけ足ではあるが、なぜそうした扱いを受けてきたのかを検討した結果、やはりハウジングの軽視は不当であり、米国住宅市場におけるサブプライム市場の崩壊とグローバル金融危機への波及を経たいまこそ、いっそうその見直しが求められていることが明らかになった。そこで焦点を合わせたのは欧州の統合的賃貸住宅システムが受けた打撃であったが、これは福祉国家一般における、より広範におよぶ潜在的危機の徴候でもあった。じっさい、この〔福祉国家の危機についての〕論争において、「ハウジング」にはきわめて重要な意義がある。かつての社会住宅団地の大部分が民営化〔または私有化〕されたり、ほとんどすべてのOECD諸国で持ち家が拡大したりしており、この変化が、きわめて安定的で堅固だった福祉国家レジームに衝撃を与えたからである。つまり、社会的市場を有する福祉国家の一部では、その勢力基盤が脅かされ、ある意味では崩壊してしまった。たとえば、オランダの非営利住宅協会の民営化の事例では、社会住宅を供給する役割と営利活動とを分離せざるをえなくなった。その主たる根拠とされたのはEU競争法である。近年、オランダでは持ち家が多数派となり、住宅価格はこの一〇年でうなぎ登りとなり、住宅ローン債務の対GDP比〔住宅ローン市場がどれだけ浸透しているかを示す指標〕が急上昇したのである。

住宅政策と住宅市場が福祉国家にどのような影響を与えるか、そして自らの福祉とケアの必要に応えるための計画の立て方にどう作用するかについて、具体的な根拠を検討する作業にすすむ前に、社会科学において、現代国家と福祉国家の本質の理論的把握に関する広範な論争が存在することを思い起こす必要がある。われわれの

「ハウジング論」は、これらの研究に照らして検証されねばならない。ハウジングが福祉国家の展開において中心的な、鍵を握る役割を果たしていること、そしてこの役割が一九八〇年代の金融規制緩和以降さらに強化されてきたことは明らかになったが、次になすべきは、福祉国家とハウジングの接点について、より内実に踏み込んだ評価を行なうことである。新しい福祉国家パラダイムが登場したのはほぼ確実であり、住宅アセット・ベース型福祉国家は、この新しいパラダイムに決定的な影響を与えていると思われる。

新しい福祉国家パラダイム

社会政策や公共政策に関する文献では、ここしばらくの間、企業重視型の福祉国家を中心とする新しいパラダイムが議論されてきた。たとえば「競争国家」論の主張によれば、英国では、グローバル化の影響のもと、ベヴァリッジ報告を範型とした旧式の戦後福祉国家（ケインズ流の、完全雇用、有効需要管理、福祉諸権利に関する計画）にかわり、より市場に敏感に反応するタイプのシステムが主流となった。端的に言えば、それは社会政策における個人責任の重視（ワークフェア・プログラムや積極的労働市場政策としての再訓練の導入）、公共サービスの市場化と民営化、保険方式の失業給付への全面的転換のことを指していた。第5章で述べたように、学術文献でも、ポストモダン期の福祉および福祉国家についての新しい理念や考え方が幅広く検討されるようになった。たとえば、サーニーとエヴァンズが提唱した「競争国家」（Evans and Cerny 2003）の概念と、ジェソップの「シュンペーター的ワークフェア型ポスト国民国家レジーム」（Jessop 2000）は、ともに、「生産中心主義」の理念を表現している。つまり福祉国家は、ますます競争が激化するグローバル経済のもとで、マクロ経済運営上の要請に従属するようになった。ジェソップは、この変化が社会権に対して引き下げ圧力をかけ、開放的な経済への転換によって高税率／高支出の福祉国家の維持が困難になったと主張した。これは方向の転換にとどまらず、社会政策の実行のされ方が、民間セクターとボランタリー・セクターを活用する新しいモードに切り替わることを意味する。

英国における変化について、ワトソンは、一九九七年から〔二〇一〇年まで〕の労働党政権期に、この政策課題に対する大蔵省の影響力が増大したと主張した。同省は、国家が供給する福祉サービスから、アセット管理者としての市民を軸とする、より個別化〔または個人化〕されたシステムへの転換を支持した。アセット・ベース型福祉国家は、こうした発想に根ざしており、「金融化された経済主体」の創出を前提としている（Watson 2009）。言いかえると、人々は積極的倹約家としての自覚を強め、自らの収入と住宅をはじめとする投資を活用して、人生のあらゆる場面で生じる福祉ニーズに備えなければならない。ワトソンによれば、この問題は、最低限の所得を保障する旧来の仕組みの維持がむずかしくなったことに端を発しており、とくに、将来の年金支給に関するマイナーズ報告を受けたものである（マイナーズは、政府による年金支給は現状のままだと維持不可能であると指摘した）（Myners 2001）。ワトソンによれば、大蔵省はゴードン・ブラウンの政治的リーダーシップのもとで、ハウジングを介した各世帯の貯蓄の促進という政策課題にとって、住宅価格を上昇させつづけられるかどうかが鍵になるとの立場をとるに至った。こうして住宅は、生活の場としての住まいにとどまらず、責任主体としての市民のアセット・ベースのなかで重要な意義をもつようになった。「社会改革の手段として住宅市場を活用するという大蔵省の選択」（Watson 2009: 49）の背景には、新しい労働党《ニュー・レイバー》の登場があった。以下では、こうした態度転換、すなわち人々が自宅をアセットと考えるようになったことを示す証拠を挙げてみよう。

ただし、アセット・ベース型の福祉システムを声高に擁護することには慎重であらねばならない。競争国家やジェソップの言うシュンペーター的ワークフェア型ポスト国民国家レジームは、共通の新自由主義モデルへと自動的に収斂することを意味しない。第6章でふれたように、「福祉資本主義の複数の世界」は基本的に無傷のままであり、しかも、各タイプのなかにもかなりの差異がある。とはいえ、エヴァンズとサーニー、そしてジェソップによる，欧米の資本主義経済の政治経済体制に重大なパラダイム転換が起きた，あるいは現在進行形であるとの議論には強い説得力がある。ここでのパラダイムは，ホールが「解釈枠組み」と呼ぶものである。それは一定のまとまりをもち，広く受け入れられた思考であり，政策課題を設定するとともに「行先案内図とは言わないまでも羅針盤」を政策立案者に提供する中核的信念である（Heffernan 2002: 743）。古いパラダイムは必ずしも崩れ去ってはいない。なぜなら，ハドソンとローが指摘するように，「政策パラダイムが重要である理由のひとつは，それらが強固な持続力を示し，めったに変化しない点に求められる」（Hudson and Lowe 2009: 57）からだ。

さらに，ある新しい思考の型が登場し，存在感を増してくるとしても――ポスト・グローバル化時代の開放的社会にもとづく新しいパラダイムのように――，これが現実の世界へと移行し，政策に転換されるまでには紆余曲折があり，一筋縄というわけではない。ヘファナンが主張するように，「思考はどのような変化が起きるのかを明らかにするが，実際に変化のための機会をもたらすのはアクター，制度，環境である」（Heffernan 2002: 749）。有力な政治機構が考えを切り換え，新しい思考にもとづいて行動しはじめるとき，中核的パラダイムは大きな打撃を受け，新しい思考が既存のモデルや手続きのなかに繰り込まれる。視野をひろげて世界全体の状況を考えるならば，新自由主義的なアジェンダが優位に立ったと早急に結論づけないことが重要である。じっさいエスピン＝アンデルセンは「福祉資本主義の三つの世界」論を自ら再検証し，彼のいう三つの中核的レジームにはほとんど，あるいはまったく変化が生じていないと述べている。彼によれば，「多くの国々でわれわれが目にするのは，根本的な変化ではない。むしろ，『凍りついた』福祉国家の地形《ランドスケープ》である」（Esping-Andersen 1996: 24）。このような見方は急速に時代遅れになりつつあるように映るかもしれない。そして，第6章および第7章で概観した知見には，これと矛盾するものもふくまれている。注意ぶかく議論をすすめる必要があるが，逆に，パラダイムがどのように覆されるか，不動であるかに見えたテクトニック・プレートがどう動くのかを示す徴候を無視してはならない。いまだ論争の渦中にあり結論は見えない。とはいうものの、ご存じの通り、実際には氷床や凍土が融けることもある。

ここで検討されるべき問いは、われわれの「ハウジング」というアジェンダが、エスピン＝アンデルセンのいう中核的レジームをどのくらい侵食するかである。シュウォーツとシーブルックの「居住資本主義の多様性」が示唆するのは、氷塊にいくつかの重大な亀裂が生じており、多くのコーポラティズム諸国において、ハウジングにかかわる制度構造の核心部分が氷床から剝がれ落ちて漂流しはじめたことである。住宅協同組合の構成員は、選挙において、自宅の市場価値を増大させる政策を支持した。そして住宅価格は急上昇し、住宅ローン債務がふくれあがった。これまで概観してきたように、ポスト・グローバル化時代の経済のもとで、新しい政策の模索と福祉国家の最近の動向に多大な影響を与えたのは、持ち家の持続的拡大――社会的市場経済の国々においてさえ持ち家は主要なハウジング形態となり、統合的賃貸市場モデルに深刻な打撃を与えた――、そして何よりも住宅ローン市場という新たに登場した発展途上の制度構造であり、それらと世界規模の資本のフローとの接続である。これはまったく新しい現象である。一九八〇年代の金融自由化までは、自宅は単純に自分が暮らす場所であり、家賃や住宅ローンはその対価にすぎなかったのだから。

その後、第7章で述べたように、不動産担保証券の開発や資本のグローバル化によって、福祉国家の変容に関する論争のテーマとして、新しい制度構造や、新しいプレイヤーたちが浮上したのである。ここでの問いは、結局のところ、住宅という新たなアセット・ベースはポスト・グローバル時代の福祉国家にどのような影響を与えたのか、というものである。それは既存のパラダイムの転換にどのくらい寄与したのか。おそらく、開放的な住宅ローン制度をもち、持ち家率が高い自由主義市場社会では、その役割は、一般に理解されているよりも、はるかに大きいだろう。福祉国家の特徴を把握するうえでハウジングが重要であるというケメニーの洞察の正当性は、

コラム8-1　日常生活の「金融化」

大蔵省は、老後の資金計画についての新しいアプローチが必要であることを示唆した（HM Treasury 2001a）。そのメッセージには、ワトソンが述べるように、「一目見ただけではわからない道徳的主張が埋め込まれていた」。そこでは、国家と市民の関係が根本的に変更されたのである。このとき提起された市民像は、将来の消費と高齢期の福祉サービスの利用にそなえて節約し、現在の消費を控えることで潤沢な資産を蓄えることを願うというものであった。このようにライフサイクル全体で消費を平準化するということは、高齢期に引き出せるだけの資産を準備するため、所得が高い時期に貯蓄に励むことを意味する。こうした形態をとるアセット・ベース型福祉国家は、市民と国家の紐帯を断ち切ってしまう。なぜなら、国家はもはや最低所得水準を保障しないからである。そのかわりに国家は、節約（＝貯蓄）習慣が生活に浸透した文化のもとで、万人に個人資産を形成する機会を保障する（HM Treasury 2001b）。さらに、シティズンシップは国家から無条件で支援を受ける権利を意味しない。個人は、もし支援を望むならば、節約の文化に積極的に参加する意欲を示さなければならない。ワトソンが指摘するように、「このように行動するうち、日常生活は、果てしなくくり返される金融上の決定の連鎖そのものとなる」（Watson 2009: 45）。

いっそう明白になった。そのことは、住宅ローンに関する新しい制度編成や、それが異なったタイプの資本主義的福祉国家に浸透したことからもわかる。要するに、持ち家には、世帯の福祉選択と関連づけて住宅のことを考えるよう誘導する効果がある、というのがここでの結論である。ワトソンのやや不格好な用語を借りれば、日々の生活は「金融化」（コラム8-1参照）された。前述の通り、ここでのひとつの重要な問いは、年金制度と持ち家の拡大の関係に光をあてるキャッスルズの言葉、すなわち「重大なトレードオフ」である。しかし、いまやグローバルな資本フロー、住宅価格インフレ、住宅ローン市場の新制度の時代である。このあと明らかになるように、この時代において住宅資産は、成熟した（＝ローンを完済した）自宅所有者の退職後の資金計画に限定されない。現在生じているのは「真に重大なトレードオフ」なのである。

3 「重大なトレードオフ」論争

この新しいパラダイムの最初の兆し、あるいは、少なくとも住宅がたんに住むための場所をこえたものになる徴候をとらえていたのは、年金のための貯蓄と持ち家の拡大の間のトレードオフについてのケメニーの研究である。この研究は、フランシス・キャッスルズとの本格的な論争に発展した。第7章で論じたように、ケメニーは次のように主張していた時期がある。すなわち、自宅所有者には「低税率」の公共政策を支持する傾向があり、これは要するに、住居費支出のライフサイクル、とりわけ住宅履歴の初期段階にコストが集中することから生じる政治的選好であると。この主張から論理的にみちびかれるのは、二〇年か三〇年後、ひとたび住宅ローンが完済されるならば、高齢期の住居費はかなり減少し、年金収入に対する圧力が弱まるという見方である。キャッスルズの研究も、おおむねこれと同じ結論に達した。

退職時には、かなりの割合の所有者が、自宅購入費用の支払いを終えようとしている。彼らが手にする純便益は、仮に自宅が借家である場合に支払わねばならなくなる家賃から、維持費や財産税といった出費を差し引いた額に相当する。つまり、自宅を所有している個人は、〔所有していない個人〕より少ない年金で暮らしていける。(Castles 1998: 18)

ケメニーの説が綿密に検証されたのはこのときが初めてであった。それ以前から、このトレードオフがあらゆる国に当てはまるわけではないとの指摘（Castles and Ferrera 1996）があり，さまざまな国について，持ち家率と，年金市場をはじめとする退職後の生活を支える資金源にかかわる複雑な構造を把握することによって，この主張を補強する必要があるのは明らかである（Dewilde and Raeymaeckers 2008）。とはいえ，私的に所有される不動産に蓄積される資産と，長期にわたる福祉ニーズについて人々がどんな計画を立てるのかが結びついているという見方は，現在ではかなり支持されていると思われる。もっとも，ケメニーは自らの研究に対する多くの批判をうけいれている。そのなかでとくに重要なのは，持ち家の拡大だけでなく，弱い福祉国家，もしくは弱体化しつつある福祉国家が，生涯をつうじた貯蓄の手段としての持ち家への誘導を図ることによってもトレードオフが生じるという，キャッスルズの指摘である。逆に，強い福祉国家は，頭金や割高のローン返済をつづけるための貯蓄を押しのけて高率の税を徴収し，高い歳出水準を実現する。ケメニーは，ここで重要なのはトレードオフが存在するという事実であって，それがなぜ生じるのかではない，と弁明する。「ニワトリが先か，タマゴが先か」を問うようなものであると。どちらが原因でどちらが結果かを示す証拠は，おそらくまだ見つかっていない。

トレードオフ効果の存在を直接に支持する根拠としては，欧州のいくつかの国で実施された自宅所有者へのインタビュー調査がある。多くの回答者が，自分の不動産のことを（たいていの場合，消極的にではあるが）高齢期のケアの必要に対処したり，退職後の所得を増やしたりするための資源になりうるものと考えていた。ドイツと英国では，住宅エクイティが安全装置としてはたらく理由として頻繁に言及されたのは，減りつづける福祉給付と貧弱な私的年金制度であった（Quilgars and Jones 2010）。

福祉が削減されると，借家人が退職後の貧困を回避しようとするので持ち家率が上昇し，統合的賃貸市場の目的と根拠がうしなわれるだろうとの意見は，かなり説得力がある（それはケメニーがもともと主張していたことでもある）。最近の債券市場や証券市場で起きた暴落によって明らかになったのは，「老人の貧困」に対する私事化さ

コラム8-2　アセット・ベース型福祉という発想

世帯が必要な福祉を自ら準備することを奨励すべきだとの考えは、文献上は、ヴィクトリア朝の自助重視の価値観にまでさかのぼることができる。それは近代的な福祉国家が発明されるはるか以前であり、人々は必要なときに使える資産を蓄積する以外の選択肢がなかったのである。第2章では、これが一九世紀には大勢いた小規模民間家主の主要な動機であったと述べた。彼らは老齢期に備えた保険として、わずかばかりの不動産を所有していたのである。最近の議論では、シャラーデン（Sherraden 1991）が「アセット・ベース型福祉」という語を使いはじめた。彼は、ミーンズテストつきの給付が依存の文化を生み出したと主張した。そして世帯は、個人資産を築くことを奨励されるならば、〔依存の文化から〕解放されるとともに長期的な目標を手にし、さらにはそれが起業の文化の支えにもなり、社会に広範な影響を与えるだろうと説いた。この資産蓄積の取り組みにはあらゆる社会層が包摂されるべきだ、というのが彼の考えである。

シャラーデンは、その着想の多くを持ち家についての研究から得たのだが、それらの研究には欠陥があることが知られていたので、彼の議論は批判も受けた。たとえば、持ち家が自然な本能であり、存在論的安全をもたらすというソーンダースの主張がそうである。持ち家がとりわけ低所得世帯に重大なストレスや経済的不利益を引き起こす可能性もあるとの調査結果は、このような見方が一面的であることを教える。アセット・ベース型福祉に関する近年の研究は、東アジア社会で、これがすでにかなり一般化していることを明らかにした。シンガポールでは、政府が強制加入の中央準備基金への資金提供と管理を行なっている。この基金は当初は年金制度を支えるためのものだったが、のちに他の多くの福祉ニーズに備えるものとなった。グローブズら（Groves et al 2007）は、これらの福祉モデルを概観したうえで、英国をはじめとして、ほとんどすべての国々で持ち家が多数派の保有形態となるにつれて、東アジアと欧州諸国の発想が急速に接近しつつある、と指摘する。しかしながら、第6章で示したように、こうした政策の収斂は、福祉レジーム全般に対する持ち家の一筋縄でいかない影響の与え方とは必ずしも相容れない。とくに一九八〇年代の金融自由化後はそうである。トゥサンとエルジンガ（Toussaint and Elsinga 2009）は、八ヶ国での質的比較研究にもとづいて、多くの欧州人が、自宅を「将来への備え」と考えていることを明らかにしている。欧州諸国の政府の多くは、キャッスルズとケメニーが主張したように、退職後の収入の支えとなるアセット・ベースを保全する手段として持ち家を奨励する。
ただし、ここで重要なことは、政府の政策と、ＯＥＣＤ諸国で一般的となったエクイティ引き出しの激増――第7章参照――をはじめとする家族戦略全般とを混同しないことである。住宅ローン市場のグローバル化は、アセット・ベース型福祉に関する思考のテンポを変えたのである。

れた防御策が、その種類を問わずふくんでいるリスクであった。ケメニーが主張するように、持ち家は高齢期の住宅ニーズに柔軟に備えることのできる手段である。長期にわたって資産を蓄積しておくことで、歳をとってから、より安価な住宅への買い換えをはじめとして、エクイティを引き出すためのいくつかの選択肢が得られる。いずれにせよ住居費は低く抑えられやすく、「ぎりぎりまで切り詰める」ことも可能だ。

ケメニーとキャッスルズの論争と、これによって触発された研究は、それ自体として重要である。もっとも、金融市場のグローバル化とまったく新しい資本の形態と源泉の創出――その到達範囲は真の意味で世界規模にひろがる――によって、この論争の性質は、より射程が長く重要なものに変わったというのが、これまでの本書の主張であり、とくにシュウォーツとシーブルックの「居住資本主義」論を導入した第6章の言わんとするところであった。証券化、ＭＢＳ、各国での時間差のない住宅バブルとその崩壊、その結果つみあがる膨大な住宅ローン債務。これらはすべて、持ち家と年金という限定されたトレードオフに焦点を合わせる――それも重要ではあるが――だけではカバーしきれない問題の存在を示している。これまで、ハウジングと福祉国家の関係についての、よりひろい視野で描かれた全体像のようなものが見えにくかった。ある意味で、両者の結びつきに関するケメニーの最初の着眼に立ち戻ることで、このような懸念を乗り越えることができる。しかしながら、この作業は社会におけるハウジングの役割——消費とマクロ経済政策の形成、女性の労働市場への参加に与える影響、富をめぐる世代間の緊張の発生、低税率レジームを支持する投票行動の明確化、等々——に関する論争に新たな一章を加えることになる。すなわち、ここで問われているのは「真に重大なトレードオフ」であり、論争は新しい、より高次の局面へと展開する。

真に重大なトレードオフ

第7章で概略を示し、本章の前半でさらに説明を加えたように、福祉国家とハウジングの結びつきに関する議論に刺激を与えたのは金融市場のグローバル化だった。つまり、もろもろの制度構造の複雑な網の目を伝って地球上を循環する資本の流れが、この議論のスケールと性質を書き換えた。それは、この資本の流れが家計とダイレクトに接続され、消費、債務、長期的福祉、近年はそのなかでもとくに短期的福祉の選択肢についての意思決定にきわめて大きな影響を与えるようになったからである。これは新しい状況であり、キャッスルズとケメニーの年金論争が見過ごしていた点である。「真に重大なトレードオフ」は、じつはケメニーが最初に言い出したことではあるが、二一世紀になって、この傾向はさらに強まってきた。持ち家率の上昇——政策選択によるものであれ、経済水準の向上によるものであれ——と住宅ローン市場のグローバル化の同時進行がつくり出した新たな状況のなかで、ハウジングと福祉国家の関係についての議論が著しく重みを増しつつある。

その変化の速度には目を見張るものがある。すでに述べたように、統合的賃貸市場をもつ社会のなかで、深刻な圧力にさらされたところもある。そうした国々では持ち家率が上昇し、政府が公共支出の削減をせまられ、低税率を訴える政策綱領が選挙で支持を集めるなかで、持ち家モデルの促進への政治的関心が高まった。これが福祉国家全般の変化にどうつながるかは、まだはっきりしておらず、軽率な判断は避けなければならない。変化の過程はそれほど単純ではないからだ。第6章で論じたように、福祉国家の政治経済構造は、堅固に確立されたものであり、きわめて安定的である。こうした福祉国家の根幹部分の再構成を示す徴候がもっともはっきりと現われているのは、もっとも開放的な自由市場諸国、すなわち「持ち家社会」の国々である。なかでも英国は、何が起きたのかを知るための格好の事例である。

4　新興アセット・ベース型福祉国家としての英国

英国はとりわけ興味ぶかい事例である。なぜなら、第2・3章で論じたように、英国はもともと借家人の国であり、借家世帯の割合は一九二〇年代までは九〇%以上に達していたからである。ゆるやかな、そして静かな革命が、英国を自宅所有者の国へと変容させた。この変化は、まずイングランドからはじまり、つづいて他の地方にまでおよんだ。イングランドでは、一九七〇年代に持ち家が多数派の所有形態となり、一九九〇年までには約七〇%に落ち着く。しかしじっさいには、そのはるか以前から、持ち家が主流の所有形態となっていたことは、これまでの章で主張した通りである。近年では、この〔持ち家化の〕プロセスは低金利状況と密接にかかわっている。そして、一九九〇年代の価格低迷にもかかわらず、持ち家は個人の可処分資産のうち五〇%近くを占めている。住宅の価値は、個人の可処分資産のなかで、他の金融資産（貯蓄、証券、保険など）をはるかに凌駕している。しかも、持ち家はもっとも社会階層間の偏りが小さい。

これは、長きにわたる歴史からの大きな変化である。たとえばアトキンソンらは（Atkinson et al 1989）、第二次世界大戦前は、不動産、貯蓄、証券などから推定される資産の大半が、ごく一握りの人々によって所有されていたことを明らかにした。一九二三年には資産所有者の上位五%が全体の八二%を占有していたのだが、この割合は一九六〇年には六〇％未満にまで下がる。この変化のかなりの部分が、持ち家の拡大と住宅価格の上昇によるものである。一九七〇年代はじめ、民間年金と純住宅資産の合計は個人の富の約三〇％を占めていたが、一九八〇年代後半には六〇％近くにまで高まった（Lowe 1988）。この数字は一九九〇年代をつうじてさらに上昇しつづけ、二〇〇六年八月には七八％に達した。純住宅資産と民間年金はちょうど半分ずつで、それぞれ三兆五〇〇〇億ポンドである（ONS 2009）。住宅がもっとも均等に分布する資産であることは、国家統計局の英国資産報告（*Wealth in Great Britain*）からも明らかである。二〇〇六年八月の自宅所有世帯の平均正味資産額は二〇万五五〇〇ポンドであった。ただし、これらの世帯の四分の一は正味資産が八万五〇〇〇ポンド以下だった。とはいえ、数多くの自宅所有者がかなりの割合で住宅というアセット・ベースをもっていることは明白である（ONS 2009）。大きな不平等があったこと、そしていまも解消されていないことは言うまでもない――むろん借家人は何ももたない――が、アセットとしての資産の拡大がもたらした実質的な効果は、富のさらなる集中というよりも再分配であった。これにより、歴史上初めて、かなりの規模のアセットを人口の大多数が分散して所有することになったのである（Hamnett 1999; Lowe 2004）。

英国が持ち家社会として成熟するなかで、二つの面で顕著な転換が生じた。ひとつは、住宅を価値が増大する資産と見なす態度である。英国の住宅価格が賃金上昇よりも速いペースで上昇するようになったのは一九六〇年代半ばのことで、その後は古典的な上昇と下降のサイクルがつづいた。二つめは、住宅は換金可能な資産である、つまり、住宅というかたちで蓄えられた金融価値を引き出して利用できるとの理解である。政府も個人資産の潜在力に着目しはじめた。それは、サッチャー流のイデオロギーとも親和的であった。サッチャーは、私有財産が、「社会」そのものの基盤とは言わないまでも、社会形成の基盤であると考えた。これは、第3章で述べた保守党の古典的信念の再演であった。財産所有民主主義は、二〇世紀の保守党思想にとって欠かすことのできない教養であった。持ち家は、政府の政策によって奨励される、住宅保有形態の選択肢のひとつにとどまらない。それは強力な道徳的含意をもつがゆえに、〔借家と比べて〕はるかに社会に深く根をおろしている。ガーニーが指摘するように、言語〔体系〕そのものが、借家と持ち家を対比させる格言に映し出されている。そして、「英国人の家は彼の城である」「いますぐあなたのものになる」「借家は金をどぶに捨てるようなものだ」といったフレーズが、ほとんど何も考えなくても口をついて出てくる。「ホーム」という発想そのものが、ガーニーの言う「正常化言説」（Gurney 1999a）をつうじて、借家に対する持ち家の優越を強化する。じっさい、イングランドでは、少なくとも一七世紀のイングランド内戦までさかのぼることのできる「所有個人主義」の根ぶかい文化が存在する（Macpherson 1962）。それこそが、「産業革命」によって財産所有についてのまったく新たな思想が形作られ、その過程で新しい社会階級が創出されるための条件を確立した。このテーマについて論じることは本書の範囲をこえる。しかし、社会に埋め込まれた深い文化的根拠、あるいはこれまで述べてきたような、社会構成体における上部構造としての「テクトニック・プレート」を探求することは、どんな場合であれ重要である。

文献上で、住宅エクイティが英国の社会政策におよぼす影響の検証がみられるようになったのは一九八〇年代の終わり頃だった。住宅における資本蓄積の規模と、それがライフコースのなかで家族福祉をどう変えるかについての研究（Lowe 1990）や、住宅相続についての研究（Morgan Grenfell 1987; Hamnett et al 1991）がそれである。英国における持ち家の増大と、エクイティ引き出しの拡大を示すデータをもとにローが論じたように、「家族の生活水準と福祉選択は、しだいに、住宅の売買可能性と選択に左右されるようになってきた。居住経歴《ハウジング・キャリア》と家族のライフサイクルは互いに影響を与え合っており、その重要性は高まりつつある」（Lowe 1990: 58-9）。

この点について、ローとワトソンによる推計が有力な根拠となる。彼らによれば、一九八四年——ずいぶん古い話だが——の一年間だけで、五万一〇〇〇人の所有者が自宅を売却し、一八億ポンドのエクイティが換金され、

コラム8-3　ガーニーの「正常化言説」論

正常化とは、ある概念が既定のものとなり、日常的な会話や用語法のなかに組み込まれることを指している。「持ち家」社会を事例としながら、ガーニーは「正常化言説」には次の三種類があると指摘した。

・新しいタイプのホームレス概念――これは、持ち家居住者と借家人を区別するときに「ホーム」という語が使われることが多くなったことを指している。

保守党政権の白書『われらの住まい――その将来像』(Department of the Environment and Welsh Office 1995) のなかで、持ち家について書かれた章は、「ホーム」の語を三五回も使ったのに対し、民間賃貸についての章では一〇回、社会住宅についての章ではわずか七回であった。このことは、ホーム〔すなわち自分の家〕にいるという感覚が、持ち家と、より強く結びつけられていることを示唆する。何しろ、社会住宅の五倍もホームという語が使われているのである。ガーニーは、公営住宅で育った人物へのインタビューを引用している。「楽しいわが家だよ。公営住宅だけどさ」。社会住宅の借家人として暮らすことは、明示的ではないが、ある種の寄る辺なさ《ホームレスネス》と結びつけられる。あたかも、本当にくつろぐということが、それ以外の保有形態でのみ可能になるかのように。

・よき市民であること――この言説は、持ち家を、誇り、自尊心、責任感、シティズンシップといった望ましい価値と結びつける。

『われらの住まい――その将来像』が指摘するように、「国民の八〇%が持ち家を好み、他の保有形態を圧倒している。これらの人々は独立性と自宅の管理権に価値を置く」(Department of the Environment and Welsh Office 1995: 173)。借家人、とりわけ社会住宅の住人には、どこか物事に無頓着で自尊心に欠けた人物であるというイメージがつきまとう。

・自然であること――正常化言説のなかでもっとも有力なのがこれであり、持ち家が正常で最善の保有形態であることは自明の理であるとの考えを強化する。

それゆえ、豊かなミドルクラス家族が借家暮らしをすることは「奇妙なこと」であり、「ばかげたこと」ですらある。「自然であること」は、一連の価値観と反応が完全に内面化されていることを示している。ガーニーが言うように、「フーコーの権力の定義の核心にあるのは、権力のメカニズムが、自然らしさや普通らしさという姿をとってあらわれるという発想である」(Gurney 1999b: 179)。

民間の要介護者向け住宅や民間介護施設に移るための資金として使われた (Lowe and Watson 1989)。ホルマンズとフロステガ (Holmans and Frosztega 1994) およびハムネット (Hamnett 1999) は、これと同様の結論に達している。つまり、民間部門の要介護者向け住宅と民間介護施設の多くは、主流の住宅市場において引き出されたエクイティを原資としていた。高齢の自宅所有者を対象とする他の研究も、どのように「ホーム・エクイティ」が換金され、退職後の収入を支えたり、不動産の本格的な改修の費用に使われたりするのかを調べた。住宅資産は将来世代に受け渡すための蓄えというよりも、現在の生活のために使うものであるとの考え方が急速に拡大した。変化は、一九八〇年代中盤に金融自由化の進行にともなって加速した、住宅エクイティ・負債に対する態度の変化を示す徴候のひとつである。金融自由化によって文字通り堰が切られたのであり、かつてのように、ローン債務をほとんどあるいはまったく抱えていない高齢の自宅所有者に限定されたものではなくなった。たとえばローは、さらに論を進めて、エクイティ引き出し——転居(「安い物件への買い換え《トレード・ダウン》」)、住宅相続、リモーゲジング——により、高齢者に限らずあらゆる年代の家族がサービス購入資金を手にするだろうとの見通しを示した。住宅エクイティは「福祉国家の再構築において、その方向と速度の両面に大きな影響を与えつつある」(Lowe 1990: 59)。

それが住宅ローン市場のさらなる開放によって可能になったことは言うまでもない。しかし、より重要なのは、ものの見方の転換が生じたということである。人々は、自宅をさまざまなニーズ——消費、クレジットカード負債の返済、いざというときに現金化できる貯え——を充たすための資金源と見なすようになった。ローが主張したように、「このような背景のもとで、自宅のエクイティは、公共セクターによる供給と民間セクターによる供

表8-1 「あなたの資金をもっとも有効に活用する手段はどれですか」(自宅所有者)

年齢	企業年金	個人年金	株式	不動産投資	高金利貯蓄	個人貯蓄口座(または他の非課税貯蓄)	特典つき社債	その他
18-34	7%	4%	10%	56%	10%	13%	—	—
35-49	13%	5%	8%	57%	7%	10%	—	—
50-69	12%	6%	8%	49%	7%	14%	1%	1%

出典:Clery et al (2007 : 134, Table7. 9)

給の間を柔軟に行き来する力を(所有者に)与え、強化する」(Lowe 1992b: 88)。まず、一九八〇年代はじめに、自宅からの「エクイティ引き出し」という考え方が、やや限定的ではあるが発展させられた。当時は、高齢者の介護ニーズと結びつけられることがほとんどで、社会政策研究では「低所得・高資産」、すなわち住宅ローンを払い終え、わずかな年金に頼りつつも、価値が増大しつつある自宅に暮らす人々を指していた。住宅の相続と、婉曲的に「人生最後の売却」とも呼ばれる自宅売却による遺産に何が起こるのかについての研究が続々とあらわれた(Morgan Grenfell 1987; Hamnett 1991)。それらの結論は最近の研究と同様で、平均寿命が伸びたことで相続額がふくらむものの、現在直面する重大な問題とは認識されにくく、さらに、いくつかの根拠が示す通り、住宅中心の相続には、やはり既存の富の不平等を悪化させる傾向がある、というものだった。

最近では、労働・年金省と歳入関税庁の共同研究が、人々の住宅観に、態度面および文化面での劇的な転換が生じていることを示す証拠を明らかにしている。それによれば、自宅所有者のおよそ三分の二が「自宅を退職後の資金源として利用しようと考えており、その際にもっとも多くの人が想定している戦略は、市場をつうじた安価な住宅への買い換えによるエクイティの現金化である」(Clery et al 2007)。この調査では、老後の資金計画についての質問に対して、自宅所有者の半数以上が、不動産への投資が退職後の収入を安定させるための最善の手段であると考えていると回答した(表8-1)。

年金ファンドに投資するという発想は、これらの選択肢のなかでもっとも魅力のないものであった。とくに若年層の回答者は、この種の長期貯蓄戦略に、かなり懐疑的である。このことは、スミスとサールが使いはじめた言い回しが現実味を帯びていることを雄弁に物語っている。つまり、人々は文字通り「住宅を金庫がわりに《バンキング・オン・ハウジング》」しつつあるのだ（Smith and Searle 2007）。じっさい、市場競争が激化すると、ますますフレキシブルな住宅ローン商品が開発され、そのハードルが下がった。さらに金利の低下もあいまって、転居することなく住宅エクイティを引き出すという発想が、より一般的なものとなり、幅広く議論されるようになった。エクイティ引き出しがいかに大規模かについては、すでに概略を述べた。ここでは、さらに考察を進めて、二つの関連する経験的論点を検討することにしよう。人々はこれらの資源を使って何をしたのか。そして、自宅が「金庫」であるという、この新しい感覚は、福祉ニーズに対する世帯の態度をどう方向づけたのか。

金庫としての住宅

スーザン・スミスは、最初は単独で、のちに彼女の同僚ビヴァリー・サールとともに行なった一連の研究で、住宅エクイティの引き出しという現象についての数多くの調査に取り組んだ。その際、この新しい行動の社会的帰結に、とくに重点が置かれた。スミスらが関心をよせるのは「住宅資産の換金可能性」の増大と名付けられた現象で、とくに、住宅資産を消費資金に変換するための手段である。彼女らの研究は一連の質的インタビューにもとづいている。それは、自宅所有者に、どのような状況のもとで、そしていかにして、引き出された自宅のエクイティを利用するかをたずねるものであった（Smith and Searle 2008）。

さらにスミスとサールは、英国世帯パネル調査（ＢＨＰＳ）――母集団から無作為抽出されたサンプル――を詳細に検討し、ローン返済中の自宅所有者（自宅所有者の大多数を占める）のうち、およそ三分の一が、直近一年間にエクイティを引き出し、総借入額の平均値は、ピーク時の二〇〇七年で二万二六〇〇ポンド（ただし中央値は八五〇〇ポンド）に上ることを明らかにした。このデータから、スミスらは次のように主張する。

この結果は、エクイティ借入れが些末な出来事ではないことを裏付けている。……さらに、二〇〇〇年代前半には、エクイティ借入れが日常化し、ローンを借りるという行動に組み込まれていたことを示唆している。それは、不動産バブルに乗じて借金を重ねるローン債務者たちの狂騒として片づけることのできない現象である。（Smith and Searle 2010: 344）

スミスらは、借り手がその金を何のために使うかについての説明の仕方が変わったと指摘する。すなわち、かつては所有する不動産の改修や増築（正確には「エクイティ引き出し」ではなく、住宅の価値を増大させる一種の投資）に結びつけて説明するのが一般的だったのに対し、最近では「その他の理由」が増えている。使い道がひろがり、特定の用途に限定されなくなってきた。スミスらによれば、人々は自動車をはじめとする消耗品を購入するために引き出すわけではなく——こうした目的は二〇〇七年には借入理由の一〇％未満となった——、「その他」が半数近くを占めている。「その他」の割合は、ＢＨＰＳがはじまってからの一七年で倍増した。スミスらは、その要因を次のように説明する。「住宅ローンが柔軟になればなるほど、住宅に関連しない支出のために用いられやすくなる」（Smith and Searle 2010: 345）。

この他にも、ＢＨＰＳデータの分析からは常識とは異なる結果が得られている。すなわち、居住継続型ローン商品をつうじたエクイティの現金化をもっともよく利用していたのは、古典的な「ライフサイクル」モデルがあてはまる高齢者ではなく若年層だった。二五〜三四歳のエクイティ引き出し利用率が四倍にのぼること、そして、エクイティ引き出しが退職間際の、またはすでに退職した世代ではなく、家族形成期の世代で頻繁に利用されていることが明らかになったのである。さらに、より詳細な分析によって、エクイティの現金化の主なきっかけは離婚、解雇、転職であり、もっとも多いのは出産であることがわかった。彼女らの結論は、住宅ローンのエクイティ引き出しは消費志向（「祝祭」型）というよりも、むしろ、「福祉のためのアセット・ベースとしての住宅資産の再定義と密接にかかわっている」というものである（Smith and Searle 2010: 349）。それは、並行してオーストラリアで進められた研究とも一致する結果であった。

この結論は、つづいて行なわれた自宅所有者に対する詳細なインタビューによって、さらに補強された。インタビューで明らかになったのは、人々が自らの住宅資産を生活上の問題と必要に備える保険と見なされるようになったということだ。人々が表明する、住宅が「盾」「毛布」「安全地帯」であるという考えは、彼らが自らの所有する住宅をどうとらえているかを雄弁に物語っている。それは、ケメニー（Kemeny 2005）やロー（Lowe 2004）らが提起した、政府による福祉水準の低さの許容と緊急時に備える経済的バッファーとしての持ち家が表裏一体になっており、これと年金との間にトレードオフの関係があるという想定と、ぴたりと符合するものである。このようなセーフティネット観は、「政府だけでなく、自宅所有者自身が、住宅資産が事実上、福祉のためのアセット・ベースとしての役割を担うようになったと認識していることを示唆している」（Smith and Searle 2010: 351）。この知見をふまえれば、ＢＨＰＳデータに見られた「その他の理由」というカテゴリーの増大も納得できる。

じっさい、「真に重大なトレードオフ」の噴出は、このデータの表面には現われていない。しかしわれわれは、現在進行中の事態の全容を把握する寸前のところまで来ている。さまざまな手段、とりわけ居住継続型のリモーゲジングによるエクイティ引き出しの規模、世帯の資産保有における住宅の重要性、そして「経済的バッファー」（前述）としての住宅についての知見を考慮するならば、「競争国家」の枢要な部分――とりわけ民間セクターから購入することが前提となっているサービス――が住宅由来の資金でまかなわれるというのは、かなり現実味のある想定である。あるいは控えめに見ても、家計のバランスは、金庫――必要なときには引き出せる資金源――としての自宅を組み込むことでかろうじて保たれており、高額で、他の手段では獲得できない民間供給サービスの購入や福祉ニーズの充足が可能となっている。このことが、ＢＨＰＳのデータで大きな部分を占めた「他の理由」というカテゴリーとつながっているのかもしれない。たとえば二〇〇九年には、第一次住宅購入者の八〇％が住宅ローンの頭金の一部または全額を家族、場合によっては友人から借りていた（Wilcox 2010b）。これはきわめて注目すべき数字で、おそらく、そのうちの相当な部分が、親世代が自分の所有する不動産でリモーゲジングを行ない、子世代の住宅ニーズに応えた結果である。本書でくり返し論じてきたように、ここには重大な世代間問題が存在する。この場合、「ベビーブーム」世代の親は、一九八〇年代以来の住宅価格上昇からもっとも大きな恩恵を受けた人々であり、彼らの住宅資産（実質価値）が子世代にゆずり渡されている。エピソード的な証拠が示すように、リモーゲジングをつうじて学校の授業料を援助するための資金を得る家族も少なくないだろう。とくに、後期中等学校を公立から私立に切り換えることが一般化している（後期中等学校の生徒のほぼ二割）が、これにはかなりの金がかかる。

国民保健サービス適用外の歯科診療、任意健康保険未加入者向けの自己負担手術、高額の薬物療法の利用等々が、直接的ではないにしても、住宅エクイティという「バッファー」装置を担保とする資金によって支えられていると推測することは、けっして荒唐無稽ではない。いまだ理論的な主張に重点が置かれ、経験的な根拠がともなっていないことは大きな弱点ではある。しかし、家計の重点が個人負担のサービス購入に置かれ、住宅エクイティがその手段となるというのは、かなり蓋然性の高い想定であるように思われる。

このことは、「真に重大なトレードオフ」が二つの鍵となる要素から構成されていることを意味する。第一に、ケメニー＝キャッスルズ論争での老後の資金計画と持ち家へのインセンティブという論点に関するものである。自宅所有者は、じつは退職後に限らず、ライフコースの全段階にわたって、自らの住宅エクイティを福祉のバッファーとして用いている。第二に、アセット・ベース型のシステムに向けた福祉の再編成、とりわけ民間サービスの購入能力〔の重視〕は、エクイティ借入れによって支えられるはずである。それゆえ、英国における福祉国家の変容に如実にあらわれているように、投票行動〔という政治現象〕から民間サービス購入というミクロ経済現象にいたるまで、あらゆる面で「ハウジング」が主要なプレイヤーであることが明らかになるだろう。それはもはや顧みられることなき福祉の「柱」ではない。われわれがここで明るみに出したのは、たんに出現しつつある「アセット・ベース型福祉国家」にとどまらない。むしろ、ここ数十年で、数多くの自宅所有者の福祉にかかわる家族内での意思決定に欠かせない、文字通り血液の役割を担うようになった、ひとつの有力なシステムである。むろん、これまでも何度か強調したように、古いベヴァリッジ型福祉国家が終焉したわけではない。とはいうものの、新しいパラダイムへの移行は、すでに猛烈な勢いで進んでいる。制度論の用語で言えば、住宅エクイティ引き出しと、これをとりまく諸過程は、既存の福祉国家のなかに、まったく新しく、独特の機会と決定的な発想――二一世紀における英国市民の福祉ニーズについての考え方、あるいは考えさせられ方――を差し挟んだのである。

5　結論

アセット・ベース型福祉という発想についての議論は、それほど目新しくはない。シャラーデンが影響力の大きい論文を書いたのは一九九一年のことで、ずいぶん時間が経っている。彼はこの論文で、福祉の提供を、直接の社会的移転をつうじたものと、アセットの蓄積に資する税体系という、あまり目立たないものとに分けた（Sherraden 1991）。米国の低所得世帯向けに個人開発口座（ＩＤＡｓ）を導入すべきという提案は論争を呼び起こしたが、彼のアイデアは一九九七年に、低所得家族向け個人債務保証証書のための政府積立金というかたちで取り入れられた。英国の文脈でこれにもっとも近い政策構想は、ブレア政権が導入した児童信託基金（Child Trust Funds）である。同基金により、英国のすべての児童に対して政府から少額の寄付が与えられた。この政策は連立政権で粛々と撤回され、二〇一〇年八月の歳出削減で廃止された。福祉のための資産形成という考え方は、東アジアの福祉モデルでは一般的であり（Holliday and Wilding 2003）、ハウジングがそれらのシステムで演じている重要な役割については、ドーリング（Doling 2002）やグローブズら（Groves et al 2007）によって議論されてきた。英国の場合、アセット・ベース型福祉についての論争は、明らかに住宅エクイティに集中した。これは、住宅が圧倒的に大きな、そしてもっとも幅広く行き渡った世帯資産だからである。

本章で概略を述べたような筋道で考えをすすめると、ハウジングは、二一世紀の競争国家の構造を左右する重要な要素として、福祉国家の変容に関する論争に組み込まれる。このモデルでは、シティズンシップは、貯蓄とアセット・ベースを保全する義務として〔再〕定義されるようになる。そして、アセット・ベースは、その価値増大にともない、家族の福祉にとっていっそう中心的なものとなる。シティズンシップの金融化は、ゴードン・ブラウン政権のもとでさらに明確となった。この戦略の核にあるのはハウジングを介した貯蓄であり、それが困窮に備えたり、有益なサービスを購入する必要に対処したりするための緩衝材であると考えられた。これはベヴァリッジ・モデルから競争国家に向けたパラダイム転換において大きな影響をおよぼす要素であり、持ち家には重要な戦略的役割が与えられている。住宅ローン市場の革命により、個人がグローバルな資本フローにアクセスできるようになった。この仕組みが、アセット・ベース型福祉という新たなモデルを可能にした。二〇〇七年までの三〇年間、おびただしい数の自宅所有者が、共稼ぎを前提とする〔家計〕戦略を立て、必要に応じて住宅エクイティを私的福祉に変換し（さらに大きな買い物にともなう出費を先送りし）てきた。それは、あれかこれかの二者択一ではなく、多くの自宅所有者は、柔軟な福祉計画——教育、保健、スポーツ、文化、年金等々——を立て、公共もしくは民間のサービスを組み合わせた「福祉の混合経済」を選択できるようになったのである。蓄積されつつあるデータによれば、こうした戦略的対応の結果、英国の自宅所有者の不動産に対する見方は大きく様変わりした。自宅は、たんなる居住の場以上のものとなったのである。

要約

⊙旧式のベヴァリッジ型福祉国家から「競争国家」へのパラダイム転換が始まった。そこでは、競争の激しさが増すグローバル市場で勝ち残るため、国の経済効率を上げることに福祉政策の重点が置かれる。

⊙日常生活の「金融化」が起こり、シティズンシップが貯蓄および資産形成の義務と結びつけられるようになる。その核に位置づけられるのが、価値の上昇が見込まれる住宅エクイティである。

⊙エスピン＝アンデルセンが描いた「三つの世界」のような異なった福祉国家レジームは、きわめて安定的で、「凍りついた地形」であるとされていたが、あらゆる国々での持ち家率の上昇、さらにはリベラル／開放的市場の拡大によって挑戦を受けつつあり、部分的に融解しはじめている。

⊙ケメニーとキャッスルズは、福祉国家の支出削減により、人々が退職後の貧困を避けるための手段を模索するため、持ち家へのインセンティブが高まると主張した。この「重大なトレードオフ」は広範な論争を呼んだ。

⊙しかしながら、グローバル住宅ローン市場が自宅所有者に与えた衝撃、すなわち、長い時間をかけて貯蓄する必要もなく、エクイティにアクセスできるようになったことにより、この論争の射程と本質が変わってきた。「真に重大なトレードオフ」が、ライフサイクルのあらゆる段階で生じており、増大したローン債務が商品やサービスの購入にあてられている。

⊙住宅エクイティの引き出しは一九八〇年代に一般化したが、主に転居と相続に結びついていた。しかしながら、状況は短期間のうちに変わった。住宅ローン市場の自由化により、二〇〇七年までに英国の自宅所有者は、住みつづけたままでエクイティを現金化できるようになった。

⊙調査データは、自宅所有者が、自らの不動産を一種の「金庫」と考えるようになったことを明らかにした。自宅は、予期せぬニーズの衝撃を和らげ、必要に応じて福祉サービスを購入するときの備えとして機能する。こうして、現代の持ち家は英国の福祉国家の再編成において、中心的な役割を演じるようになった。

【読書案内】

M・エヴァンズ／P・サーニー「グローバル化と社会政策」（N・エリソン／C・ピアソン編『英国社会政策の発展2』所収）（Evans and Cerny 2003）は、競争国家論の概略を簡潔に説いている。自宅所有者が自らの住宅資産を福祉ニーズとどう結びつけるかについて、早い時期の見解としてはS・ロー「持ち家における資本蓄積と家族福祉」（N・マニング／C・アンガーソン編『社会政策レビュー 一九八〇-九〇』所収）（Lowe 1990）がある。年金制度と持ち家に関するケメニーとキャッスルズの「重大なトレードオフ」論争は、*Housing, Theory and Society* の特集号（二二巻二号、二〇〇五年）を読めば把握できる。スーザン・スミスとビヴァリー・サールによる「金庫としての住宅」についての調査は、二人の編著『ブラックウェル版 住宅経済学必携——新国富論』（Smith and Searle eds 2010）で概略がつかめる。

第9章
結　論

本章はこれまで議論してきたテーマのうち、とくに重要なものを取り上げて検討する。本書の狙いは、ハウジングと比較福祉国家研究との再接続に貢献することであり、英国における持ち家社会の発展を、ひとつの物語として提示することであった。一方、持ち家と並行して拡大した公営住宅は、一九七〇年代には衰退局面に入り、消滅に向かうことになった。本章は、ハウジングと福祉国家の関係というテーマに立ち戻り、アセット・ベース型福祉の本質と意義について考察し、本書のまとめとしたい。

1　はじめに

これまでの各章で目指したのは、ハウジングを専攻する学生やこの分野の実務家に向けて、ハウジングと福祉国家の変容を結びつけて考えるための見取り図を提供することである。比較福祉国家論のなかで、「ハウジング」は長きにわたって隅に追いやられてきた。主要文献ではほとんど言及されることすらなかった。本書の冒頭で述べたように、このことは、住宅が社会権なのか、それとも商品なのかという論点をめぐる、ある種の混乱とつながっていると思われる。住宅は、多くの人々にとっては、市場をつうじて供給される商品である。たとえ政府による奨励や支援があるとしても、である。そしてこのような性質により、〔ハウジングは〕「ノーマルな」政府中心の社会政策の範囲を逸脱するものとされてきた。本書は政治学の立場で書かれており、具体的には新制度論のアプローチにもとづいている。その概略については第1章で述べた通りである。同章では、この視座から「ハウジング」に関する基本事項を再検討し、公共政策のなかでも独特な性質をもった領域であるハウジングについて考えるうえで欠かせない、いくつかの変数や概念を定義した。たとえば、住宅の戸数と形式に関連する人口構成とその動態、住宅ストックの性質、さらには、住宅保有形態とそれにかかわる制度構造の配置によって、ハウジング・レジームの差異――とりわけ持ち家社会と社会的市場／賃貸システムの差異――がいかに規定されるかを論じた。

こうした課題設定は、一九八〇年代に起きた金融システムの自由化と、その後のグローバル化によって現実味を増した。状況は急激に変化した。ＯＥＣＤ加盟の先進諸国ではほぼ例外なく、低金利環境のもとで、住宅価格が高騰するとともに住宅ローン債務が増大した。このことは、ハウジングの重要性についての評価を格段に引き上げる必要があることを意味している。もちろんハウジングだけが原因ではないとはいえ、数年前の、グローバル金融システムが破局寸前にまで立ちいたった危機を論じる人々は、その引き金を引いたのが米国住宅市場、とくに、ずさんなサブプライム住宅ローン取引であったと口をそろえる。この危機は、それまでに何が進行しつつあったのかを明るみに出した。つまり、世界規模の経済に組み込まれた住宅ローン市場に数兆ドルの新しい資本が注ぎ込まれることで、いたるところで市場が過熱し、あらゆるところに影響がおよんだのである。ここで重要なのは、住宅ローン商品が、グローバル資本を人々の自宅や家計に流し込む導水管の役割を果たすようになったことである。二〇〇七年まで、三〇年近くにわたる金融の津波にさらされた結果、ハウジングについての新しい考え方が登場した。

ここで、本書の当初の狙いを思い起こそう。それは、いま何が起きているのかを明らかにすることであった。とくに、社会政策や公共政策を学ぶ学生を念頭に、ハウジングと変容する福祉国家の関係をとらえようとするときに考えるべきことがどう変わるかを説くことだった。この目的には二つの次元があった。第一に、このグローバルな金融市場が、かつてはかなり堅固なものと見られていた福祉国家レジーム――エスピン＝アンデルセンの言う「凍りついた地形」――を、どう揺さぶっているか。政治学は、福祉国家レジームが変化に抵抗する性質をもつことを明らかにしている。つまり、レジームには制度的な粘着性があるのだが、部分的には、それが弱まりつつある。こうした事態をもたらすのは、住宅ローン市場のグローバル化と、これが自宅所有者、ひいては中核的なハウジング・システムの動揺による基本的なレジーム類型の変化に与える影響である。ともかく、こうした状況から明らかになったのは、福祉国家の変容について考える際に「ハウジング」を度外視できる時代は完全に過去のものとなったということである。今後取り組むべき研究課題は、たとえばシュウォーツとシーブルックの

「居住資本主義の多様性」についての考察を発展させ、福祉資本主義の三つの世界にどの程度のダメージが与えられたかを解明することであるが、一方で、福祉国家の変容についての考え方を転換することも必要である。

2　長期持続とハウジング

本書の第二の狙いは、少し意外だったかもしれないが、持ち家社会・英国の長期にわたる発展史に焦点を合わせ、これが福祉国家の変容におよぼす影響を明らかにすることであった。四六時中「ニュース」を生産しては消費する現代にあって、本書のような出版物には、政策と社会におけるごく最近の展開を概説することが求められがちである。しかし、短期的な視野の記述を中心とする解説には限界がある。スナップショットのように切り取られた時間幅のなかでは、本当に何が起きているのかを理解するのはむずかしいからだ。われわれは表面しか見ておらず、その限りにおいては詳しいことまで知っているかもしれないが、断層線や構造については、ほとんどあるいはまったく見ていない。ひとつの政権が始まってから次に交代するまで、通常四～五年はかかる。制度論は、分岐や政策転換を引き起こしうる要因として、まずはこのくらいの時間幅に注目する。とはいえ、まだまだ不十分である。たしかに、「立法者の注意持続期間」は、政治の時間的区切りを大きく左右する要素ではある。しかしそれだけでは、より深く長期にわたって政策形成に作用する諸力は見えてこない。

本書では、長い歴史をひもといた。その結果として、さまざまなテーマが浮かび上がった。最初に指摘したのは、起源と「誕生の瞬間」がこのうえなく重要であり、長期にわたって何が起きるかを左右する力をもつということであった。この点について、制度論者は「経路依存性」というテーマで議論してきた。その意味するところは、ひとたび特定の道をたどるかたちで決定がなされると、（経済学のいう収穫逓減の法則とは違って）同じ道を進みつづけることから得られる便益（容易さ）と、方向を転換することで生じるコストが、ともに増大する傾向があるというものである。ひとたび社会権が付与されると、それを覆すような決定をくだすのが困難になることがその一因である。福祉国家の諸制度が「粘着的」な性質をもち、変化に抗う傾向があるのはこのためである。本書前半の各章では、住宅市場に対する相当に強力な国家介入をともなう住宅政策の「立ち上がりの早さ」が、社会政策の他の領域とは異なる歩み――だいたい数十年先を行く――をもたらしたと主張した。このような差異は、一九世紀の民間家主制度の構造に端を発している。というのも、民間貸家はたいてい小規模投資家によって運営される、素人の家内産業だったからである。こうしたプチブル階級は、政府の住宅供給計画において指導力を発揮することはできなかった。せいぜい、家主に対する補助金制度が導入されたにすぎない。公営住宅は別の道をたどった。一九七〇年代には、持ち家が「正常」であるという考えが主流になってはいたが、全世帯の三分の一近くが公営住宅に住んでいた。しかし持ち家は、文化的にも社会的にも、一九二〇～三〇年代には英国社会に根付いていた。一九三九年までの英国におけるハウジングのパターンと方向は単純明快で、住宅市場の中層部および底辺部における民間賃貸セクターの衰退、地方自治体およびスラムクリアランス事業による公営賃貸セクターの拡大、新興ホワイトカラー階級における持ち家需要の急増と要約できる。ただし、こうした動きは、戦争によって中断される。

戦時期に生じた激しい住宅不足により、公営住宅セクターは想定以上の長期にわたって維持され、建設されつづけた。こうして形成された公営住宅セクターは欧州の共産主義諸国に匹敵する規模で、賃貸住宅の生産規模を見れば、多くの国を凌駕していた。もし戦争による中断がなければ、状況はまったく違ったものとなっただろう。一九三〇年代中盤、民間建設業者は持ち家住宅ストックを記録的なペースで増大させており、そこには民間家主向けに建てられた九〇万戸の住宅もふくまれていた（戦間期の公営住宅建設計画にも引けをとらない規模だった）。民間住宅建設の勢いは旺盛で、それが何をもたらしうるかを知る者たちはこの動きを持続させただろう。スラムクリアランスは、地方自治体の重要な任務でありつづけただろう。民間家主は市場の中・下層向けに自己の所有物件を売りに出したが、戦争がなければ、その時期が早まった可能性が高い。これが引き金となり、新しい世代の自宅所有者によって、このストックに対する投資や改善が盛んに行なわれただろう。むろん、それらはじっさいに起きたこととは異なる。しかし一瞬にせよ、起きたかもしれないことを考えることは有益である。第二次世界大戦が住宅政策にもたらした影響についての解釈を豊かにすることにつながるからである。はたしてわれわれは、二一世紀の初頭において、現在とさほど変わらない結果――「持ち家社会」――を手にしただろうか。そして、ルートは違ってもゴールは同じで、たんに戦争のせいで回り道をしたり面倒に巻き込まれたりしただけだったのだろうか。

では、この文脈のなかで公営住宅セクターという巨大な埋設物《インプラント》には何が起きたのだろうか。すでに見たように、公営住宅が建設されつづけたのは民間賃貸住宅の再生に失敗したからであり、ヴィクトリア朝以来の忌まわしきスラムに対処するという特別な役割が与えられていたからである。しかし、グローバル化の進行にともなって製造業が衰退し、鉱工業で働く「男性稼ぎ手」世帯に住宅を供給するという、公営住宅の重要な社会的役割がうしなわれた。ケメニーの言う「成熟危機」（第6章参照）も欠かすことのできない要素である。持ち家社会というアジェンダのもとで、公営住宅は、その状態――建設時点の費用に対する補助金、軽くかつ目減りする負債、そしてその結果として生じる、家賃の構造的な低下というきわめて魅力的な特徴をもつ――のままで存在することが許されなかったからである。英国のハウジングは、欧州諸国のなかでもっとも大規模で、かつ、財政面でももっとも成熟していたにもかかわらず、ついにドイツやスウェーデンのような統合的賃貸市場社会と同じコースをたどることはなかった。それらの国々では、まさに建設時点の費用に対する補助金がハウジング・システムに吸収されることで、公共セクターと民間セクターの間で調和がとれた賃料構造が形成される。そこでは、公共セクターが家賃の上限を定め、賃貸市場の舵取りを行なう。〔家賃は〕英国のように民間資本の現在価値ではない。英国では、持ち家社会の語りがあまりに深く浸透しているのだ。

歴史をさかのぼることで、どの時点においても、英国が、共通点をもつ他の国々――とくにドイツをはじめとする社会的市場経済の国々――と異なる道を歩みはじめる分岐点が存在していたことが明らかになる。一九世紀末、英独両国は「誰が労働者家族に住宅を与えるのか」という、同じ問題に直面していた。あたかも、一つの木の根元に立ち、空に伸びた枝を見上げていたかのように。最初の答えが示された段階では、一目見ただけではわからない程度の違いしかなかった。しかし、まもなく枝分かれがはじまり、やがては相当に異質なハウジング・レジームが形成された。とにかく最初が肝心である。欧州型の「社会的市場」の道を後追いすることは、歴史という木の上でいったん後戻りして、別の枝に登ることを意味しただろう。欧州の隣国は、英国が登った枝で発生した問題には直面せずにすんだ。あるいは問題が起きたとしても、英国ほど深刻ではなかった。それでは、持ち家社会の語りが古くから根づいていた社会のなかの巨大な公共賃貸セクターに対して、何がなされねばならなかったのだろうか。ひとつには、グローバル化と、それが英国にもたらした経済再編成に関連づけた答え方があり得る。別な答えは、有力な政治的利益集団の理念やイデオロギー――とりわけ持ち家社会プロジェクトの完遂を支持するもの――の貫徹というものである。

3　公営住宅の緩慢な死

物語の第一幕はグローバル化に関するものである。公営住宅の終焉とその「社会住宅」としての再出発は、大筋において経済改革のひとつの争点として扱われ、「福祉国家」にかかわる争点や「住宅政策」それ自体をどうするかという問題には結びつけられなかった。「低需要」住宅についての研究は、例外なく、この方向を指し示していた（Lowe et al 1998; Mumford and Power 1999; Bramley et al 2000）。一九九〇年代には、「古びた」工業都市から人口が流出したという理由で、数万戸の戸建て住宅やフラットが取り壊され、第5章で概観したような、過ぎ去った時代の理想の残骸だけが残された。むろん、公営住宅への政策的支援が欠けていたこと、とりわけ買い取り権の導入が、この部門に破壊的な影響をおよぼしたことは言うまでもない。しかし、ポスト工業化によって公営住宅の社会的役割がうしなわれてからそれほど時を置かずして、公営住宅の残余化と「社会」住宅への転換が議論されるようになった。ここでもまた、われわれは「タイミング問題」に遭遇する。グローバル化は、公営住宅が最盛期をむかえたまさにその時に、英国経済を再編成しはじめたのである。

残余化のプロセスは、他のところでもよく論じられている（Forrest and Murie 1988; Murie and Jones 2006; Hills 2007）。公営住宅セクターの規模は縮小し、周辺部の団地や高層集合住宅への住宅ストックの集中傾向が強まった。政府が定期的に実施する英国住宅調査の図表を見ると、長期にわたる衰退ぶりがよくわかる。団地の人口構成は、さまざまな年齢層や家族構成の混在から、高齢（世帯主のおよそ四分の一が、夫と死別した高齢の女性である）および若年の小家族、そしてひとり親世帯に大きく偏ったものへと変化した。もっとも驚くべきことは、社会住宅のテナントの三分の二以上が経済的に不活発で、働いている者であっても、その多くがきわめて低賃金の職についていることである。英国の最貧層の約半分が、いまや全人口の一五％に満たない、この公営住宅という住宅保有形態に集中している。残余化がもたらす主要な帰結のひとつは、転居率の高さである。公営住宅に転入し、転出してゆく世帯は、それを自らの住宅ニーズに対する長期的に有効な解決とは受け止めない。これは「かき混ぜ」と呼ばれる事態である。二一世紀の社会住宅は、かつての姿とは似ても似つかないものとなっている。つい最近までは、望ましい、安定した、手ごろな、さまざまな階層が隣り合って暮らす、魅力的な選択肢であったというのにである（Ravetz 2001）。

図9-1が示すように、二〇〇七年以来、地方自治体が所有する住宅は住宅協会より少なくなった。もはや公営住宅は、社会住宅ストックのなかで最重要の担い手ですらないのである。それは、大規模民間移管（LSVT）の進行によるものである。この仕組みは、一九八〇年代中盤に保守党政権が推進した、規制的財政レジームからストックを移行させるという構想に端を発する。一九八五年住宅法第三二項は、地方自治体に、土地および建物を処分する権限を与えた。資本収益による資金調達と、特別に設立された住宅協会やアームズ・レンクス管理組織（ALMOs）へのテナント移行が可能になった。公営住宅ストック移管のための民間資金の活用（PFI）は、もくろみ通りには進まなかった。ただし、このプロセスで民間資金が注入されたことにより、二〇一〇年までに計画を完了するという目標は達成できなかったとはいうものの、かなりの割合の社会住宅が優良居住水準（DETR 2000参照）をみたすようになったのも事実である。この計画では、良質で快適なストックの形成に重点が置かれていた。あまり注目されることはないのだが、それは新しい労働党《ニュー・レイバー》政権が実行した改革プログラムのなかでももっとも成功したもののひとつである。過密と近隣住民についての不満をのべる社会住宅のテナントは多い。しかし、ヒルズの調査によれば、社会住宅テナントの四〇％が、（持ち家をふくむ）選択肢のなかで、社会住宅は望ましい保有形態であると回答している。一方、民間賃貸のテナントのうち、民間賃貸住宅が望ましいと答えた人はわずか八％だった（Hills 2007）。

図9-1により、買い取り権による売却が二〇〇四年までの五年間で急減したことがわかる。二〇〇九～一〇年に八五〇〇件以上に増加しているのは、住宅協会（いわゆる登録供給者）に対する売却と、これらの供給者が提供する各種のスキーム——取得権、社会住宅購入をはじめとする、完全型（outright）もしくは共有型（shared）

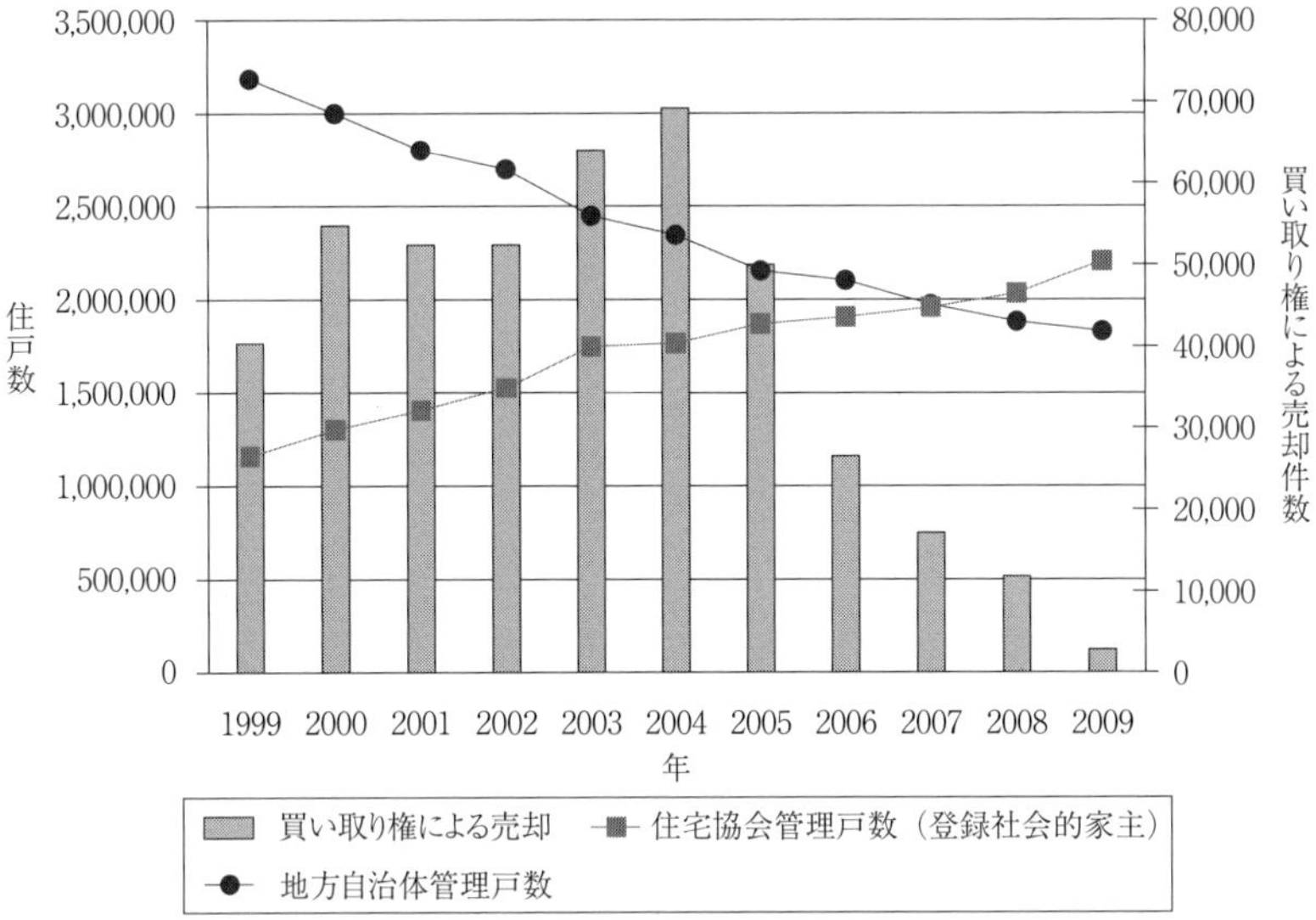

図9-1　公営住宅ストックと買い取り権による払い下げ（1999～2009年）

出典：Gilson（2011）　データはコミュニティ・地方自治省統計にもとづく

の入居者向け物件売却（これらは政府統計では売却にふくまれる）——が増えたからである。買い取り権のうち、地方自治体所有物件の払い下げという「伝統的」な売却は、三分の一にすぎなかった。二〇〇四年には七万戸が売却されている。これは住宅価格がピークに達していたときで、購入者は好条件で住宅ローンを借りることができた。それは自治体が所有する物件でもだいたい同じであった。この時期にみられた売却の停滞は、さまざまな要因によって起きた。同スキームのもとでの購入ルールは二〇〇五年に改訂され、新規入居者には、〔買い取り権の発生までに〕五年以上の賃借が必要という条件が設けられた。さらに、二〇〇四年一〇月以降に購入される物件については、ただちに自由市場で売りに出すことはできず、もとの地主に戻さなければならなくなった。買い取り権にもとづく割引には一六万ポンドという上限が設けられ、多くの物件では、市場価値に対する割引率は限定的なものにとどまり、所得が低い賃借人には手が届かないものとなった（二〇〇九～一〇年に購入された地方自治体所有物件の平均市場価格は一〇万一二六〇ポンドだった)。住宅市場の停滞、資金調達の困難、失業率の上昇、政府の売却方針の変化、そして全般的な経済不況が、買い取り権の縮小を加速させた。社会問題の山積と低所得世帯の集中によって公営住宅が不安定さを増すなか、購入できる入居者も、購入を希望する入居者も、ごく少数にとどまっている。

社会住宅の終焉

二〇一一年から一二年にかけて、二〇世紀の初頭から多くの政治家、社会改良主義者、建築家の支持を集めてきた公営住宅という先駆的なプロジェクトに幕が下ろされた。最後の処置を施したのは連立政権で、二〇一一年地域主権法では、「公営住宅」発足当初から掲げられていた、自治体が「生涯賃借権保障」、少なくとも「恒久的で安定的な住居」を提供すべしとの根幹的な理念が姿を消した。従来からの入居者はこの権利を保持しているが、新規入居者には適用されない。新しい「フレキシブル賃借」の保障期間は、わずか二年である。この転換の背景にあるのは、供給者は自ら所有する住宅ストックを最大限有効に活用すべきという考え方である。

新しいシステムのもとで、地方自治体は、入居希望者リストの順位付けや選定を自由に決められるようになった。これは、二〇一一年はじめの時点で一八〇万(図9-2参照)に達する入居待ち世帯に対応するものである。社会住宅のストックが三〇万戸以上削減されるなかで、入居待ち世帯数は一九九九年以来増えつづけている。ここまで待機者が増えた要因のひとつに、二〇〇二年ホームレス法による「開放型」待機者リストの導入を挙げることができる。連立政権の大臣たちは、これでは自ら入居できないことを知りつつも応募する人々があとをたたないだろうと主張した。新しい「権限移譲型」待機者リストの場合は、そのまま開放型リストをつづけることもできるが、需給逼迫地域では応募条件をきびしく、低需要地域では緩めることも可能となった。地域主権法は自

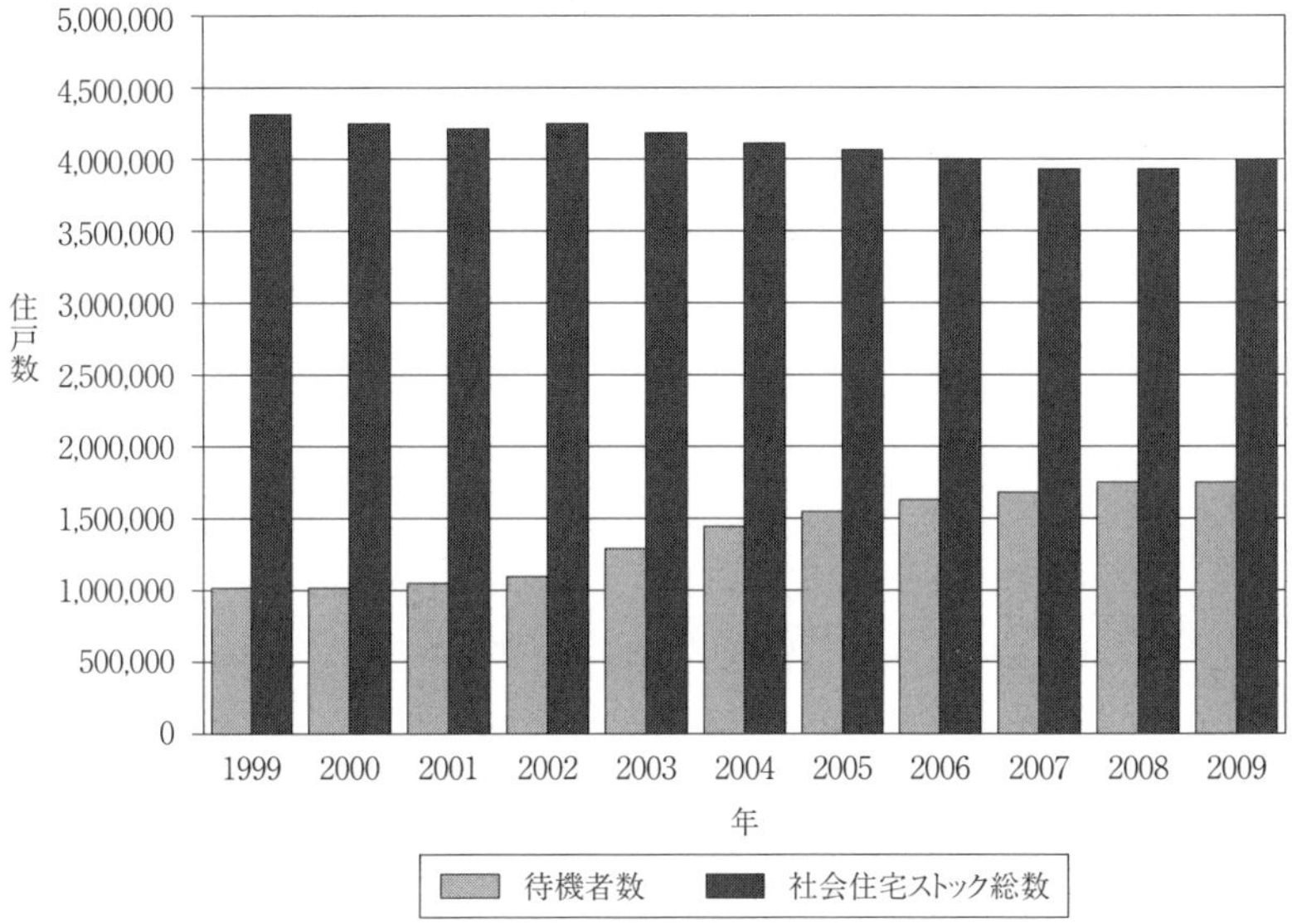

図9-2　社会住宅ストックと待機者リスト（1999〜2000年）

出典：コミュニティ・地方自治省住宅統計

治体に対し、必要度および困窮度がもっとも高い家族のために、「合理的優先」枠を設けることを義務づけた。さらに、こうした数字が示しているのは、アフォーダブルな社会住宅に対する需要が、潜在的かつ現実的に、大量に存在するということだ。二〇世紀のハウジング史に大きな痛手を負わせた、世帯数に対する住宅戸数の不足という問題は、じつは、まだ過去のものとはなっていないのかもしれない。

フレキシブル賃借方式

民間賃貸住宅の「短期保障つき」賃借〔家主の側の都合で契約解除ができる賃貸借契約。たんなる「保障つき」賃借だと、裁判所で認められないと家主の側からは解除できない〕と同様、社会住宅の「フレキシブル」賃借も誤解をまねく名称である。借り手の立場から見れば、前者は「保障つき」とは言えないし、後者はまったく「フレキシブル」ではない。ただし、新賃借方式を導入するかどうかは地方自治体の裁量である。最近の調査によれば、自治体の四二％が二年間賃借レジームを拒否する予定で、多くの場合、期間限定賃借そのものを導入する計画がないか、少なくとも、賃借期間を二年にとどまらず大幅に引き延ばす予定だという。こうした〔政府方針に対して〕「反抗的」な自治体のなかには、自由民主党が与党のところも数多くふくまれている。ニック・クレッグ副首相の選挙区を擁するシェフィールドもそのひとつである（Hardman 2011）。

決着のついていない争点がまだたくさん残っている。とりわけ重要なのは、地方自治体がフレキシブル賃借方式を検討するときに用いるであろう基準である。ロンドン特別区をはじめとする高需要地域では、かなり多数の退去が発生するだろう。政府は二〇一一年二月、入居者が退去を拒否したときの裁判費用として、地方自治体に総額五〇〇万ポンドを支給すると表明した。つまり、トラブルが発生することをあらかじめ見越しているのである。生涯賃借権保障の廃止は、実務的にもさまざまな混乱を招いたが、「公営住宅」がその歴史的役割を終えたことを告げる象徴的な意味があった。この出来事は、公営住宅の最期が、T・S・エリオットの一九二五年の著名な詩「うつろなる人間」を思い起こさせるような衰弱の過程であったことを如実に物語っている。

これがこの世の終わり方
これがこの世の終わり方
これがこの世の終わり方
ドーンとではなくメソメソと

二〇一〇年一〇月に発表された包括的歳出レビュー（CSR）で、アフォーダブル住宅の新規建設予算が八億四〇〇〇万ポンドから四億四〇〇〇万ポンドへと、六割も減額されたことが、社会住宅の衰弱にさらに追い打ちをかけた。このこと自体は驚くに値しない。なぜなら、第1章で述べたように、トルゲルセンの言う通り、資本支出計画は削減の対象になりやすく、ハウジングは格好の標的だからだ。ひとたび住宅建設計画が達成されれば、それ以上「社会住宅」が建てられることはない。そのかわり、住宅協会は新規入居者に対して地元相場の八割まで引き上げることができ、剰余分を開発計画の資金に回すことができる。じっさいのところ、住宅協会は、国内の多くの地域ですでに市場価格の七五％相当の家賃を徴収しており、上記のように変更したところで、低家賃地域ではほとんど資金源にならない。要するに、いわゆる「アフォーダブル」住宅の建設資金を自己調達するという発想は、とくに高家賃地域では、かなり皮肉な結果をもたらす可能性がある。すくなくとも表面上は、住宅協会が開発計画をすすめるために物件を上限ぎりぎりの高家賃で貸すことにより、低所得世帯が利用可能な住宅は減少したのである。

二〇一〇年代、一世紀近い蓄積をもつ「社会住宅」は、ついに民間賃貸セクターの亜種と化した。それらは依然として「社会的家主」（social landlords）によって運営されてはいるが、実質的には、いっそう市場順応的な保有形態となりつつある。低所得世帯は家賃補助を減らされ、民間賃貸住宅への転居を迫られることもある。社会住宅は、居住の場として、まったく安全でも恒久的でもない。それは、かつて政治的な立場や手法の違いをこえて――トーリー党政権のボールドウィン首相のような右派プラグマティストから急進左派のナイ・ベヴァンまで――思い描かれていた姿とは似ても似つかないものである。この点で、英国は例外的な事例でありつづけた。なぜなら、（ソ連を除く）欧州で、これだけ巨大な賃貸住宅ストックを地方自治体が建設・運営する国は見あたらないからである。以下は、本書の記述を終えるにあたっての結びの言葉である。公共政策には、始まりがあれば終わりがある。それまでには長い時間がかかり、結論が引き延ばされ、未整理のままであることがふつうである。

公営住宅にも同じことが言える。

そこで、持ち家社会

持ち家居住者が四〇％に満たない少数派だったにもかかわらず、一九四五年には、持ち家はすでに主流の住宅保有形態として、社会的にも、観念的にも、文化的にも、英国社会に組み込まれていた。物語のこの場面でとくに重要なのは、一九七〇年代にはじまったサービス業を基盤とする経済再編成の過程で、女性が労働市場に参入したことだった。一九八〇年代、新しい職の八〇％はパートタイムの女性被用者によって担われた。女性は男性のかわりに鉱工業労働者となったのではなく、小売、保険、銀行といった業種、および公共サービス部門の拡大を支えた。さらに、高等教育の拡張によって、技能の高い女性が男性と同じ数だけ輩出されるようになった。すでに見たように、サービス経済の中心地は北部工業地帯の大都市ではなく、中小都市や大都市郊外部であった。こうした地域では、新しい住宅のほとんどが持ち家市場によって供給された。じっさい、住宅ローンの支払いや自宅の整備のための資金を得ることが、女性が労働市場に参加するための主要な動機となった。共稼ぎ世帯はサービス経済の産物であるが、サービス経済は郊外化と持ち家社会を前提に形成された。準備ができた家族は公営住宅を脱出し、移った先で新しい生活をはじめた。

英国のようには住宅ローン市場が深く根づいていない国々では、持ち家が階層化に与える影響はずっと小さい。住宅ローン市場に対する規制が強いために、住宅価格の上昇が緩やかで、住宅ローン債務がかなり軽い。このことは女性の労働力人口率を押し下げる効果をもつ。イタリアやオーストリアなどでは、カトリック的価値観も作用しながら「家族主義」レジームを支えている。これらの国々では、既婚女性の労働力人口率が低くなる傾向がある。経済再構築、労働市場への女性の参入、そして持ち家社会の拡大の間の相補性が、ここでの主張の鍵である。何が起きたのかを理解するには、このように大きな見取り図をとらえる必要がある。本書をしめくくるにあたって、連立政権が公共セクターの赤字に対処するために提示した「大きな社会」という構想および戦略が、とくに女性に大きな影響を与えることを無視するわけにはいかない。下院の報告によれば、個人向け増税／給付金削減の純効果のうち、七二％が女性によって負担される見込みである（House of Commons Library 2010）。労働組合会議の調査によれば、公共セクターの歳出削減による雇用喪失は、男性よりも女性に深刻な打撃を与えると予想される（TUC 2009）。これらはいずれも、持ち家市場に負の影響を与える。

もうひとつの重要な階層化効果は、多くの持ち家社会で、住宅に由来する世代間亀裂が明らかになりつつあることである。住宅価格が上昇し、金融引き締めによって住宅ローンの貸し渋りが起きると、住宅資産の蓄積の差によってハウジングの地形《ランドスケープ》のなかに不均衡と裂け目が生み出され、その影響は長く尾を引く。最近数十年の住宅価格上昇によって、借家人と所有者の資産不平等は必然的に増大し、世代間の亀裂も広がった。たとえば英国では、親族間の資金援助のない第一次購入者の平均年齢は三八歳に達した。第8章で紹介したように、スティーブ・ウィルコックスによれば、三〇歳未満の第一次購入者数は、二〇〇六年には二一万一〇〇〇人だったが、二〇〇九年には一〇万九〇〇〇人に減った。この急減は、もっぱら援助を受けない購入者（つまりは親からの援助を受けない人々）の減少によるものである。二〇〇九年の第一次購入者のうち、八割が家族の資金に頼り、多くはローンの頭金にあてられた（Wilcox 2010b）。授業料（少なくない大学で年九〇〇〇ポンドを上回り、ラッセル・グループをはじめとする研究重視の大学はとくに高額である）を支払うための負債が増加するとともに、二〇〇八～〇九年の不況からの回復も遅れたことから、少しでも住宅価格の揺り戻しが来ると、安物の集合住宅でさえ若年層の専門職には手が届かなくなる。収入も、頭金のための貯蓄も追いつかないのである。そのかわり、民間賃貸が復活しつつあり、市場の最下層部では、第一次購入者向け物件のかなりの部分を、家主が投資用に購入している。民間家主から住宅を借りることは、若年層によってごくふつうの選択肢となった。ただし、このことがきびしさを増す状況を正当化する材料に使われている。家賃が収入に占める割合についてのデータは枚挙にいとまがなく、何が起きたのかを示している。大局的に見れば、これもまたタイミングの問題である。この点については、保守党幹部の国会議員デイヴィッド・ウィレッツの著書『ピンチ――ベビーブーム世代はいかにして子世代の未来を奪ったか、そしてなぜ彼らに返してやらねばならないのか』（Willetts 2010）が、ややセンセーショナルに取り上げている。ウィレッツが指摘するように、現在四五～六五歳のベビーブーム世代は、英国の可処分資産の半分にあたる三兆五〇〇〇億ポンドを所有している（そのうち住宅が一兆ポンド、年金基金が七五〇〇億ポンドである）。四五歳未満の資産は九〇〇〇億ポンドにすぎない。むろん加齢による効果もあるのだが、ウィレッツは、この不均衡から、ベビーブーム世代は子世代に対して寛大であるべきとの教訓を引き出す。

4　ハウジングと福祉国家

本書の核となるテーマは、ハウジングのシステム、経済の再構築、福祉国家の発展の間の相乗効果であった。ここでの要点は、ハウジングと福祉国家についての幅の狭い見方が、歴史と現状およびその背景の理解を妨げているということである。福祉国家を政府がサービスを供給するシステムと同一視するのは間違いであり、いつの時代においても間違いであった。じっさい、社会政策の研究者は、しばしば次のように指摘してきた。すなわち、戦後のベヴァリッジ型「男性稼ぎ手」の福祉モデルは、サービスと所得移転だけでなく、公共サービスの公営セクターへの囲い込み、男性の労働市場参加を保護・奨励する強力な労働市場政策に支えられてきた。こうした政策のもとで労働は保障されたが、既婚女性にとって労働市場への参入障壁は高かった（Schwartz 2003; Hudson and

Lowe 2004）。当時の公営住宅は、貧困の再生産の打破において重要な役割を果たした（Feinstein et al 2008）。この時代の前提条件は安定した雇用と所得であり、それを可能にしたのは団体交渉、市場統制、そして鉄鋼や石炭といった主要工業セクターの国有化であった。これにより、民間製造業セクターには手厚い支援が与えられた。公益事業、道路輸送、鉄道網、通信網は、大部分が国有化された。当然ながら、フォーマルな福祉国家がこうした混合経済を下支えした。ハウジングには戦前からかなり強力な市場統制が導入されていたとはいえ、公営住宅は、この混合経済の主要部分を担っていた。それは前半の各章で見た通りである。じっさい、公営住宅を推進した制度的モメンタムは相当なもので、製造業の拠点が衰退しつつあった経済状況のもとでさえ、公営住宅の建設はつづけられたのである。政府による住宅供給は、人口動態の変化によって生じたニーズ〔の増大〕と、民間賃貸セクター再生の失敗〔による供給不足〕に対応していた。政策課題には「ハウジング」特有の諸要素があり、「社会住宅」というアジェンダが浸透するまでにはかなり時間差があった。ほとんどの賃貸困難団地は、ハウジング・マネージャーが無能だったからではなく、経済再構築とポスト工業化による人口減少の産物である。

競争国家や、これに類する考え方の台頭は、サービスを中心とする新しい経済と、労働市場への女性の大量参入と符合している。第5章で見たように、公益事業や鉄道をはじめとする幅広い国営事業の民営化は、保護されてきた男性稼ぎ手モデルの根幹を揺るがした。かわって登場したのは、よりいっそう「軽量化」された政府である。福祉国家は、新しい経済的・社会的パラダイムを軸に再編成された。これまでの章で概観してきたように、そこでのハウジングの役割をどう理解するかは、これまで語ってきた長いストーリー――〔他の福祉制度に比べて〕早い立ち上がり、公営住宅の登場、そして持ち家社会の到来――によって見当がつく部分もあるが、それだけにとどまらず、福祉国家の勢力範囲の外で起きていたこととももつながっている。住宅資産が階層化におよぼす効果もまた重要な帰結であり、世代間および、もっとも価値の高い住宅資産を有する世帯の間の、かなり複雑な相互作用によって進行すると思われる。

そこで、アセット・ベース型福祉

もはやくり返すまでもないことだが、持ち家社会の登場、グローバル化、そして福祉国家の変容の相乗作用こそが重要である。本書の「ハウジング論」の終着点で提示したいのは、アセット・ベース型の福祉が、二一世紀の福祉制度の再編成においてどのような役割を果たすのかという問いである。すくなくとも英国に関して確実に言えるのは、自宅所有者が、苦境を乗り切るための緩衝材として、不動産を「金庫がわりに」しており、数十年にわたり、あらゆる年齢層が住宅エクイティを現金化し、たんなる消費だけでなく福祉ニーズを満たすために用いてきたということである。じっさい、最近の調査研究は、リモーゲジングが、とくに若年層の自宅所有者の間で広がっていることを明らかにしている。これは現代的シティズンシップの本質についての、近年の政府の考え方ともきわめて相性がよい。貯蓄と資産形成――とくに住宅取得――という責任を果たすことは、能動的市民としての基本信条である。ゴードン・ブラウン大臣のもとで大蔵省が発表したいくつかの報告は、この結びつきを明確にしている。有資格市民とは、資金を蓄え、資産形成によって将来の安泰を確実なものとする人々のことである。問題は持ち家かどうかではなく、各世帯が、グローバル資本の巨大なフローと接続されることが決定的に重要なのである。この接続をもたらすのは、住宅ローン市場の新たな制度構造をつうじた劇的な機会の拡大である。第8章で概観したように、これは英国に限られた傾向ではない。持ち家率の上昇、住宅価格の高騰、住宅ローン債務の増大は、どの先進諸国でも見られる現象であるが、とりわけ著しいのは、住宅ローン市場がきわめて開放的で、持ち家が幅広く普及した自由市場社会である。

こうした展開は、投票動向にも影響を与えてきたと思われる。自宅所有者は、エクイティという緩衝材があるために、高コストの公共サービス供給への支出に批判的で、低税率・低金利政策を強く支持する。これが政治にどのような影響をおよぼすかは、持ち家と住宅ローン市場の結びつきだけでなく、福祉レジーム全般と、その長期にわたる歴史、さらにはどれほど深く文化に埋め込まれているかによって変わる。たとえば英国の場合、自由主義的市場国家の原型ではあるのだが、国民健康保険に対する広範な支持に見られるように、ベヴァリッジ型合意の伝統は依然として残っている。本書で何度もくり返し指摘してきたように、福祉国家の諸制度はなかなかしぶとい。各世帯の福祉戦略は、こうした背景のもとで、年金をふくむ一部の政府サービスの緩衝効果を前提に組み立てられるのだが、公営住宅は明らかに度外視された。つまり、同じ政府による供給でも、制度的粘着性にもとづく持続的な支持の対象となるものとならないものがあるようだ。英国の自宅所有者が「責任ある市民」アプローチ、すなわちアセット・ベースの形成を支持していると主張することは理にかなっていると思われる。このアプローチは公共支出に批判的な態度を生み出すが、一方で、米国と比べれば、低税率／低歳出に対する支持には歯止めがかかった。英国には、米国よりはるかに発達した「福祉の混合経済」がある。ただし、その英国でさえ、健康保険スキームと、おそらくはリモーゲジングの収益によって支えられている、相当に大規模な民間医療セクターが存在することには注意しなければならない。現在は一時停止の状態にあるものの、（住宅）アセット・ベース型福祉国家は、新たな正統的言説の一角を占めるようになった。しかし、この理念の表明は、（福祉国家の）長い歴史、そして古い政治的パラダイムと照らし合わせたときに特別な意味を帯びる。「救済に値する人々」（自らの利害に配慮する、責任ある市民／資産保有者）と「救済に値しない人々」（長期失業者、社会住宅の住民）という、新しいタイプの救貧法的発想にみられるように、文化のかなり深い層に埋もれていた声が、最近になってふたたび聞こえるようになったのである。

それゆえ、アセット・ベース型福祉国家は、社会の中核部分に新しい社会的分断と構造的亀裂を持ち込む。大多数の自宅所有者は、数十年にわたって自ら所有する住宅の実質価値の上昇を経験してきた。その反面、不安定なかたちでしか自宅を所有できていない低所得者が一定数存在する。ひとつの世帯が二人の稼ぎ手に頼っていることが多いために、どちらかが病気になったり失業したりすると、とたんに家計がかたむき、ローンが返済できなくなる。貸し手に自宅を明け渡すまでにいたった借り手はごく少数にとどまるとはいえ、経験者が受ける精神的衝撃ははかりしれない。バロウズらが指摘した通り、世帯の七〇%は持ち家居住者であり、「貧困層の半分」は持ち家セクターで暮らしている（Burrows et al 2000）。ただし、この話にはつづきがある。貧困層のうち残りの半分は、縮小され、「残余化」された社会住宅セクターで、本章の前半で述べたような数多くの圧力にさらされながら暮らしている。生涯賃借権保障の廃止は、長きにわたる英国公営住宅史の重大な転換点である。家賃補助の支給上限額設定の影響で、数百万人の入居者の地位が不安定になるだろう。「ハウジング」およびこれに関連する福祉改革の全体パッケージが将来にわたってどのような影響をおよぼすかを見通すことは困難である。しかし細かいことを抜きにして言えば、この改革パッケージがきわめて劇的な結果をもたらすことは間違いない。かつて、新しい社会秩序、快適性、アフォーダビリティの構想であった公営住宅は、三〇年以上かけて、抜け殻のようになってしまった。アディソン、アンウィン、ウィートリー、ベヴァン、さらには保守党のなかでもマクミランのように高い見識をもった政治家が託した使命とは似ても似つかないものとなったのである。

伝統的に社会階級は、所得によって測定され、輪切り状に区分されてきた。おおざっぱに言えば、借家人と自宅所有者の分断は、これと同じくらい重要なものとなった。ハウジングは、年齢、ジェンダー、階級そして資産によって社会を分断する。二〇世紀をつうじて、持ち家は資産の不均衡を大幅に平準化した。そして、数多くの自宅所有者が、以前なら考えられなかったようなやり方で、アセット・ベースによる恩恵を受けてきた。住宅ローン市場がグローバル化されると、世代間の不均衡をつうじて、資産と負債の分配における新しい断層線が浮上してきた。そして、持ち家社会というプロジェクトが福祉国家を変容させるなかで、かつてはありえなかったようなかたちで、社会の隅々に影響がおよびつつある。グローバル化を原動力としつつ、戦後ベヴァリッジ型福祉合意から、ポスト工業化時代に登場したワークフェア国家／競争国家モデルへのパラダイム転換が進行する。眼前に現われてきたのは重大な歴史的岐路である。ここで見逃せないのが、公営住宅の残余化と、アセット・ベース型福祉構想の登場である。本書が多くのページを費やして述べてきたことは、ポスト・ベヴァリッジ型パラダイムへの転換において、「ハウジング」が重要な役割を演じてきたという点につきる。

金融危機後に不動産ブームが下火になり、自宅所有者には多額の債務が残されたことは言うまでもない。そして、公共支出の削減を埋め合わせるために住宅資産が必要とされるまさにそのときに、価格が低迷し、多数の住宅ローン商品が市場から姿を消し、居住継続型のリモーゲジングは大幅に縮小された。「持てる者」（富裕層）は苦もなく乗り切るだろう。彼らの子や孫も同様である。親世代は、（多くの場合、自宅のリモーゲジングを活用して）住宅ローンの頭金を提供してやったり、続々登場するリレー型住宅ローンの保証人を引き受けたりすることで、子世代の住宅取得願望を後押しする。世代をまたぐ重大な断層線が浮上してきた。前述の通り、（親族からの援助を受けない）第一次購入者の平均年齢は三八歳まで上昇している。女性は、公共部門の歳出削減の衝撃を真正面から受ける。給付金が減らされるだけではない。公共セクターで職をうしなう可能性も、女性労働者の方が高い（TUC 2010）。自宅所有者は、投票の際に、低金利政策や低歳出戦略を支持する傾向がある。すでに述べたように、年金政策は、貯蓄と高齢期の住居費の「重大なトレードオフ」によって、自宅所有者から著しい影響を受ける。

蓄積された資産しだいで、福祉の利用機会が左右される。そこにはたいへんな危険が潜んでおり、好不況の波にさらされやすくなる。持ち家パラダイムの力と、それをめぐって進行する日常生活の金融化は、一九八〇年代には、とてつもなく気まぐれなグローバル資本に奉仕するようになった。とはいえ、自宅をたんなる生活と自己回復の場としてではなく、必要に応じて現金化できる金融資源や金庫と見なすようになるという傾向は、今後もつづくだろう。ここにあるのは、巨大な、マクロレベルの「ハウジング」をめぐる相補性である。そのなかでもとくに重要なのは不動産担保証券と年金基金の結びつきであり、安全で安定した福祉国家レジームが、この金融市場の急展開によって大きく揺さぶられ、変化を余儀なくされてきたことである。持ち家がかつてないかたちで世界規模の資本のフローと接続されることにより、新しい福祉国家の地形がつくられつつある。当面、アセット・ベース型福祉は守勢に立たされるだろうが、その制度構造はすでに社会に根を張り、行動を変化させてきた。確実に言えるのは、多くの人々にとって、自宅はたんなるわが家《ホーム》をこえたものになるということだ。

訳者解説

住宅政策の「周縁性」

本書は、二〇一一年に発行されたStuart Lowe, *The Housing Debate* の全訳である。本書には次のような特色がある。第一に、ハウジングを社会現象として分析するための理論的な概念を導入したこと。第二に、住宅政策を幅広い社会政策、さらには福祉国家のなかに位置づけたこと。第三に、国際比較のなかで英国の特徴を見いだしたこと。そのうえで、著者自身が「物語」とも述べるように、英国の住宅政策がたどった歩みを、起伏に富んだストーリーとしてえがいている。

英国の住宅政策については、日本においても厚い研究蓄積があるが、これらをすべてそなえた書物はまだ登場していない。むろん、それぞれの論点を本格的に展開すれば、とてもこのサイズの書物には収まりきらない。あくまでも、本書は入門書である。しかし、本書がいざなう「門」の先には魅力的な研究のフィールドが広がっている。それが、本書を翻訳しようと考えた理由である。

原書は、英国を代表する社会政策学者マイケル・ヒルを編者とする「二一世紀の政策と政治」(Policy Press社)シリーズの一冊として刊行された。ヒルは、本書の「刊行にあたって」で、「住宅政策の責任主体は定まらず、長らく、ホワイトホールの諸省庁の間を行ったり来たりしてきた」と指摘している。これには、住宅政策を担当する省庁が移り変わったということだけでなく、関連する政策が複数の省庁にまたがっているという意味もふくまれている。いずれにせよ、住宅政策は福祉国家の諸政策のなかで周縁的な位置にある。

周縁的ということは、政策の分野として不安定ということでもある。住宅政策のそうした側面を指すときによく用いられるのは、「ぐらついた柱」の比喩である。医療や教育といった「柱」は住宅に比べれば堅固ということになるが、その理由は、これらの分野では公共支出のかなりの部分を人件費が占めるという点にある。歳出削減は、利用者だけでなく供給者（とくに専門職）の政治的な抵抗をまねく。一方、政府による住宅供給に関連する支出の多くは、土地や建物などに対する資本投資である。住宅の供給者の多くは、政府ではなく市場をつうじて報酬を得ているから、歳出削減に抵抗しない。そのため、緊縮財政の時期には削減の標的とされやすい。

福祉国家を構成する諸制度には、それぞれに特有の論理がある。たとえば医療と同じ論理が住宅に適用できるわけではない。もっとも、そのように言うだけでは、ハウジングは、数あるテーマのひとつという位置にとどまる。ローはもう一歩進んで、「柱」の比喩そのものに疑問を投げかける。すなわちハウジングは、「福祉国家の重要な柱のひとつであるだけでなく、いわば土台をなしている」（本書三六頁）。

この指摘の秀逸さは、ハウジングが、福祉国家の土台あるいは基礎にあるからこそ、周縁的であるかのように見えるという、われわれの認識上の罠を喝破している点にある。基礎部分は、構築物の内部と外部の境界に位置している。土台は最初につくられる。そして、ふだんは見えにくい。さらに、改造がもっとも困難である。住宅政策は、周縁的であるからこそ、福祉国家の分析にとって要となるのである。

なぜ歴史が重要なのか

居住空間は、長期にわたって、多様な主体によって、さまざまな資源を用いながら形成される。積み上げられたストックは、徐々にしか更新されない。それゆえ、ハウジングを理解するためには、長期にわたるプロセスを見わたす必要がある。ローは本書で、歴史を把握すること、とくに住宅政策のはじまりの時期に着目することの意義をくり返し説いている。

政策草創期の重要性を如実に示すのは、英国とドイツの住宅政策の分岐である。両国はともに、一九世紀末から二〇世紀初頭にかけて、大都市で深刻な住宅難を経験した。産業の発展にともなって労働者が都市に集中し、住環境が悪化した。そのとき英国で切り札とされたのは、地方自治体による公営住宅の供給だった。これに対してドイツでは、民間の供給主体を政府が間接的に支援するというアプローチがとられた。

当時、住宅難は英独両国に共通する社会問題であった。にもかかわらず、問題への対処のしかたは異なっていた。この要因について、ローは民間家主の政治的影響力の違いを挙げる。英国ではもともと零細な家主が多く、彼らの政治力は弱かった。大地主の利害を代表する保守党の基盤は農村にあり、産業資本家の代弁者である自由党は不動産課税に積極的だった。そして借家層の支持を受ける労働党は、自治体による住宅供給の拡大を求めていた。民間家主は、どの主要政党からも有力な支持基盤とは見なされなかった。折しも、植民地経営とも結びつくかたちで小口投資家向けの金融商品の開発がすすんだ英国では、多くの資産家は貸家業に見切りをつけはじめていた。こうして英国では、かつては都市住宅の大部分を占めていた民間賃貸セクターが衰退し、かわって公営住宅と持ち家が拡大することになった。

これに対してドイツでは民間家主の発言力が強く、自分たちの事業の競合相手になる公営住宅の導入に抵抗した。労働組合は、ブルジョア階級が支配する行政への不信から、自治体による直接供給を支持しなかった。両者の挟み撃ちにあった公営住宅は、主要な選択肢から外された。かわりに有力な供給主体となったのは、労働組合、共済組合、住宅協同組合など、民間の非営利団体であった。これらの団体は、年金や疾病などの社会保険の基金から、有利な条件で建設資金を借入れて住宅を建設し、管理を行なった。

このように、諸集団の勢力分布や戦略の違いが住宅政策の「分岐」をもたらした。注意すべきは、この分岐が、福祉制度が本格的に整備される前に起きたものである点、そして、その後の福祉国家の展開を先取りしている点である。英国では、第二次世界大戦後の保守党と労働党の「福祉合意」と呼ばれる妥協が成立する。住宅政策については、一九二〇年代には（暗黙の）とり決めが成立していた。保守党政権のもとでも公営住宅の旺盛な建設がつづけられ、一九三〇年代末には、人口の約一割が公営住宅に居住するにいたった。住宅政策は、ほかの福祉制度に先行して拡充されたのである。

もっとも、住宅政策にはこれとは逆の性質もある。第二次世界大戦後の住宅難への対策の遅さについて、ローは次のように述べている。「〔戦後の〕住宅不足に取り組むには、二〇年以上の時間を要した。その間に、人類は月面を歩いていた」（本書一一六頁）。

ハウジングにかかわる制度の時間の流れ方は、他の制度とは異なるのかもしれない。それは、ハウジングが社会の基礎部分にあることと密接にかかわっている。ハウジングの変化は、ある面では他の制度より早く、別の面では遅い。こうした足並みのズレがあるために、視野を広げて長期にわたる動きを追わなければ、ハウジングと社会の関係は見えないのである。

ケメニーの再評価と継承

世の中に住宅ほどありふれたものはないが、研究対象としてはなかなか手ごわい。それゆえ、対象をとらえるための道具立てが重要となる。この点を、おそらく初めて自覚的に説いたのが、本書でも何度か言及される社会学者J・ケメニーである。ローは、最大限の敬意をこめて、ケメニーの慧眼を称える。その功績については、ハウジングと福祉国家の構造的な関係を論じた第6章を中心にくわしく述べられているので、最小限の範囲で、あらためてケメニーの議論を振り返ってみよう。

社会変動論――収斂と分岐

ケメニーの主著『ハウジングと福祉国家』（Kemeny 1992=2014）の原題は直訳すると「ハウジングと社会理論」である。彼のいう「社会理論」は、社会現象を記述・説明するための基本的な視角を指している。とくに重要と思われるのは社会の変化についての理論（社会変動論）である。

社会変動論には、大きく分けて「収斂論」（または「単線論」）と「分岐論」がある。前者は、さまざまな社会が、おおむね同一の発展経路をたどるという見方である。ケメニーは、ハウジング研究では収斂論が優勢であったとしている。そのうえで、先進資本主義国の間に、収斂論が説くような発展段階の違いでは説明できない差異が存在するとして、「分岐論」の立場をとる。

諸国間の差異は、ハウジングにとどまらず、福祉国家のあり方と相関している。たとえばスウェーデンでは持ち家率が低く、福祉への政府支出が大きい。逆に、オーストラリアでは持ち家率が高く、福祉支出が小さい。英国は両者の中間に位置している。ケメニーは、これが偶然の一致ではなく、持ち家の拡大が、高率の税や高水準の社会保障に対する抑止力として働くためであると主張した（「持ち家と社会保障のトレードオフ」仮説）。

イデオロギー論――私事主義と協同主義

住宅の保有形態は、都市の土地利用とも密接にかかわっている。ストックホルムでは住宅のかなりの部分を集合賃貸住宅が占めているが、シドニーでは戸建ての持ち家が中心であるという。こうした都市空間の構造は、働き方と社会サービスの供給に大きな影響を与える。一戸あたりの宅地が広く、人口密度が低いシドニーでは、自家用車の利用が前提であり、公共サービスの水準は低く、市場や家族の役割が重視される。逆に、集合住宅が優勢で人口密度が高いストックホルムでは、保育・介護などの共同利用施設や公共交通機関が充実しており、女性の労働力率が高い。

ある社会のハウジングのあり方は、地理的条件や経済の発展段階で決まるわけではない。そこには、各社会の歴史的文脈のなかで展開される交渉の過程が介在している。それは、基本的には言葉をつうじた説得のプロセスであり、イデオロギー間の争いである。ただし、建造環境は長期にわたって存続するために、ある時期に優勢だったイデオロギーにもとづいて住宅や都市がつくられると、その社会が将来とりうる選択肢を、かなりの程度、左右してしまう。こうして、スウェーデンでは協同主義（collectivism）が、オーストラリアでは私事主義（privatism）が支配的なイデオロギーとして根づいていったという。ケメニーは、イデオロギーと建造環境と制度の間に、循環的な相互規定関係があることを示したのである。

ハウジング・レジーム論——供給源の混合

「福祉ミックス」あるいは「福祉多元主義」の考え方をハウジングと結びつけた点も、ケメニーの重要な貢献である。福祉は、政府だけでなく、市場／ボランタリー・セクター（民間・非営利組織）／インフォーマル・セクター（家族・近隣など）という供給源からも提供される。これらの供給源がどのように混合しているかによって、それぞれの地域や時期に、独特の供給体制（レジーム）がかたちづくられる。ケメニーの『公的住宅から社会的市場へ』（Kemeny 1995）は、欧州諸国の賃貸住宅の供給体制を比較し、「二元的賃貸システム」（デュアリズム）と「統合的賃貸市場」（ユニタリズム）という類型を見出した。

デュアリズムの特徴は、賃貸住宅のなかに、民間・営利と公共・非営利という、まったく異質な方式が併存している点である。公共・非営利賃貸住宅（公営住宅など）は家賃が市場価格より安価であるかわりに、入居にはきびしい必要審査が課せられ、対象は困窮層に限定される。民間賃貸住宅は営利を目的としているので、価格は需給関係で決まり、購買力や信用力が乏しい者は住宅を得にくい。一方、ユニタリズムでは、民間かつ非営利の供給者が大きな位置を占めている。さまざまな供給者が、政府からの補助や規制を受けながら、民間の営利とともにひとつの住宅市場に参入する。結果として、全体としての家賃水準が引き下げられ、多様な利用者に向けた住宅が確保される。

この類型論は、無自覚なままにデュアリズムを前提に議論をすすめる傾向の強かった英国のハウジング論に反省をせまるものであり、その後の研究に大きな影響を与えた。

＊

ローは本書で、ケメニーという（孤独な）先駆者の再評価と継承を強く意識している。本書の立場は、いうまでもなく分岐論であるが、それを九〇年代以降に発展した新制度論の概念によって補強している。また、本書は住宅政策をささえるイデオロギーを重視する。本書の随所で文化史・社会史への言及がみられるのはそのためである。そして、「居住資本主義の多様性」というアイデアは、ケメニーが構想したハウジング・レジーム論の現代的な展開にほかならない。デュアリズム諸国では住宅の商品化と公営住宅の残余化が徹底される一方で、ユニタリズム諸国でも市場に適合的な改革が進んだ。金融技術によって住宅の換金性が高まり、グローバル化が政府の軽量化（福祉支出の削減）への圧力を強めるなかで、家族はますます住宅という資産に頼るようになる。政府もまた、住宅をあてにして（banking on housing）福祉制度の再編を狙う。それこそが、「アセット・ベース型福祉国家」である。

日本社会への示唆

本書には、日本に直接言及した記述はほとんどない。しかし、日本のハウジングを考えるうえでも有益な視点が数多くふくまれている。とくに興味深いのは、多様な「居住資本主義」のなかでの日本の位置である。シュウォーツとシーブルックによる類型では、日本は「政府主導の開発主義」に分類される。同じグループには、オーストリア、フランス、スウェーデンなどがふくまれている。ローの解説によれば、このハウジング・レジームでは、住宅は「社会権」と見なされ、賃貸市場は政府によってきびしく管理されているという。「政府主導の開発主義」の国々では、賃貸住宅の割合が高く、住宅ローン残高が低い。それは、ケメニーの分類ではユニタリズムの特徴と合致する。

しかし日本の賃貸住宅は、典型的なデュアリズムの性格を有する。大都市圏では、公営住宅（公共非営利賃貸セクター）の戸数が足りず、高倍率が常態化している。しかも、老朽化や財政難を理由に既存ストックの削減傾向がつづいている。乏しい供給量を固定したまま対象者を絞り込むため、公営住宅には、より困窮の度合いの高い人（独居高齢者、障害者、ひとり親世帯など）しか入居できなくなっている。それはまさに公営住宅の残余化にほかならない（平山 2009）。これに対して、民間の賃貸住宅は営利目的で建設されており、非営利の賃貸住宅はほとんど見られない。

居住資本主義の概念は、あまりにおおざっぱで、信頼に足りぬ類型論なのだろうか。この点について、佐藤岩夫『現代国家と一般条項』（佐藤 1999）がきわめて示唆的である。佐藤は、ケメニー（Kemeny 1995）の枠組みにもとづいて日・英・独の借家法の歴史的展開を詳細に比較したうえで、次のように指摘する。

日本は、デュアリズムの住宅政策に立脚しつつも、――イギリスとは異なり――住宅問題を緩和するために強い借家規制を維持し，しかし，――ドイツとは異なり――借家建設援助や住居費援助，あるいは行政的な土地利用規制制度などが未整備であるがゆえに，本来それらの制度のなかで処理されるべき問題をも借家規制のなかで扱わざるをえなくなった。（佐藤 1999: 310）

ドイツ（ユニタリズム）は，民間賃貸住宅への建設費の助成，利害関係者が参加する適正家賃水準の決定，住居費負担能力の乏しい世帯への公的家賃補助，効率的な土地利用をうながす都市計画制度などを整備してきた。住宅の公正な分配――「社会権」としての住宅――を実現するための負担を社会で共有する仕組みと言ってもよい。これに対して英国（デュアリズム）では，借家に関する規制を緩和し，住宅を「商品」として流通させやすくする。そのかわりに，所得保障の一環としての公的家賃補助を充実させてきた。日本のハウジング・レジームは，英独のどちらにも似ているようで，どちらとも違う。佐藤によれば，その鍵をにぎるのが借家法である。

現行の借地借家法（一九九一年）にも受け継がれているように，日本の借家法には，契約の更新は「正当の事由」がなければ拒絶できない，家賃の増額についての協議が成立しないときには「相当と認める額」を支払えばよい，といった規定が設けられてきた。重要なのは，「正当事由」や「相当賃料」が内容のはっきりしない概念だという点である。その解釈をめぐって，所有者（賃貸人）と借家人（賃借人）の立場が分かれやすく，両者の交渉が決裂すれば裁判に持ち込まれることになる。佐藤は，裁判所がどのような判断を下してきたかを検討し，借家人に有利な運用が行なわれてきたと結論づけている。

たとえば裁判所は，借家人の事情と家主のそれを比較して「正当」な事由かどうかを判断したり，借家人の支払い能力を考慮して「相当」な額を決めたりする。この点に注目すれば，日本では，司法によって借家人の居住権が守られているとも言える。ただしこの場合、居住権は、所有者と借家人という私人間の契約関係のなかで保護される。要するに、所有者に借家人を保護する義務を負わせているのである。そこには基本的に行政は介在しない。

借りる側の権利が、貸す側の権利を制限することによって保障される。こうした特徴は、敗戦直後に制定された罹災都市借地借家臨時処理法（一九四六年）に、やや極端なかたちであらわれている。同法により、戦災等によって消滅した建物に住んでいた借家人には、その建物が建っていた土地を優先的に借りる権利が与えられた。「この法律により、戦災後にバラックが数多く建築され、都市の中心部に新たに借地が設定されることになった」（稲本・小柳・周藤 2016: 55）。いわば、被災者を救済するため、借家権が借地権に格上げされたのである。

資産を所有する恵まれた者に、資産をもたない借家人を保護させるというのは、一種の富の再分配である。しかし、政府が税を集めたり現金や現物を給付したりしているわけではないので、その規模は測定されない（潜在性）。また、所有者は、自らの権利に対して、いつ、どの程度の制限が加えられるのか予測できない（偶発性）。そのため所有者は、新規の借家人に対して、きびしい入居審査を行なったり、リスクを織り込んだ割高の家賃を要求したり、住宅の質を切り下げたりするだろう。すでに住宅を借りている者の居住権はある程度保護されるが、これから借りようとする者への入居差別には規制がおよばない。

日本のハウジング・レジームが単純なデュアリズムではなく混合的な性質をもっていることを示した点で、居住資本主義論にはするどい検出力がある。本書は、さらにその先に、このようなレジームがどのようなイデオロギーに支えられ、いかなる政治的交渉をへて形成されたのか、そして、こうしたハウジングのあり方が福祉制度とどのような関係にあるのか、という問いをわれわれ読者に投げかけている。

＊

翻訳を進めるにあたり、関連領域の日本語文献や邦訳書、ウェブサイトを参照した。また試訳原稿をテキストとして用いた二〇一三・一四年度の大学院演習では、訳文の改善に役立つ貴重なヒントをもらうことができた。とはいえ、本書に含まれる誤訳や事実誤認の責任が訳者にあることは言うまでもない。編集の最終段階では、文献リストの邦語文献の検索、索引の作成について、堀江和正さん（東京大学大学院人文社会系研究科修士課程）に手伝ってもらった。ミネルヴァ書房の涌井格さんには、本書を日本の読者にとって読みやすいものにするための行き届いた配慮をいただいた。本書の刊行までには、このほかにも多くの方々の力をお借りした。記して感謝申し上げたい。

文献

平山洋介 二〇〇九『住宅政策のどこが問題か』光文社新書。

稲本洋之助・小柳春一郎・周藤利一 二〇一六『日本の土地法　第3版』成文堂。

Kemeny, J., 1992, *Housing and Social Theory*, Routledge.（＝二〇一四、祐成保志訳『ハウジングと福祉国家――居住空間の社会的構築』新曜社。）

Kemeny, J., 1995, *From Public Housing to the Social Market*, Routledge.

佐藤岩夫 一九九九『現代国家と一般条項』創文社。

イギリスはいかにして持ち家社会となったか

——住宅政策の社会学——

2017年9月10日　初版第1刷発行　〈検印省略〉

定価はカバーに
表示しています

訳　者　祐　成　保　志
発行者　杉　田　啓　三
印刷者　藤　森　英　夫

発行所　株式会社　ミネルヴァ書房
607-8494　京都市山科区日ノ岡堤谷町1
電話代表（075）581-5191
振替口座　01020-0-8076

亜細亜印刷

ISBN978-4-623-07910-0

Printed in Japan

《執筆者紹介》

スチュアート・ロー（Stuart G. Lowe）
1978年　シェフィールド大学博士課程修了（政治学専攻），Ph. D.
1982-2015年　ヨーク大学社会政策・ソーシャルワーク学科上級講師
現　在　ヨーク大学名誉フェロー
主　著　*Housing Policy Analysis*, 2004, Palgrave Macmillan.
Urban Social Movements, 1986, Macmillan.（山田操・吉原直樹訳『都市社会運動』恒星社厚生閣，1989年）

《訳者紹介》

祐成保志（すけなり　やすし）
1974年　大阪府生まれ
2005年　東京大学大学院人文社会系研究科博士課程修了，博士（社会学）
現　在　東京大学大学院人文社会系研究科准教授
主　著　『〈住宅〉の歴史社会学』新曜社，2008年。
訳　書　Ｊ・ケメニー著『ハウジングと福祉国家』新曜社，2014年。

人名索引

あ 行

アディソン（Addison, Christopher）
66-70, 97
アトキンソン（Atkinson, A.B.） 239
アンウィン（Unwin, Raymond） 69, 78, 79
ウィートリー（Wheatley, John） 72-74, 101
ウィルコックス（Wilcox, Steve） 220, 269
ウィルソン（Wilson, Harold） 113, 115
ウィレッツ（Willettts, David）
『ピンチ』 270
ウィレンスキー（Wilensky, H.L.） 5, 164
ウェッブ（Webb, Beatrice） 66
ウェヒター（Wachter, S. M.） 196, 206
ウェブスター（Webster, D.） 139
ウッズ（Woods, N.） 127
エヴァンズ（Evans, M.） 127, 230
エスピン＝アンデルセン（Esping-Andersen, G.） 156, 231, 232
『福祉資本主義の三つの世界』 6, 167, 168, 186, 187
エッジ（Edge, N.） 133, 134
エリオット（Eliot, T. S.）
「うつろなる人間」 266
エルジンガ（Elsinga, M.） 184, 236
オーウェル（Orwell, George） 77
『ウィガン波止場への道』 82, 83, 89
『空気をもとめて』 77, 89

か 行

ガーニー（Gurney, C） 241-243
カーペンター（Carpenter, Edward） 79
カステル（Castells, M.） 124
キーナン（Keenan, P.） 139, 140
ギデンズ（Giddens, Anthony） 20, 125
キム（Kim, K.-H.） 198, 214
キャッスルズ（Castles, F.G.） 7, 234, 235, 237, 238
クラウチ（Crouch, C.） 176
グリーン（Green, R.K.） 196
グリーンスパン（Greenspan, Alan） 158, 219
グローブズ（Groves, R.） 236, 250
クロスマン（Crossman, Richard） 115
ゲイツケル（Gaitskell, Hugh） 104
ケメニー（Kemeny, Jim） 7, 8, 30, 145, 146, 156, 161, 162, 164, 186, 232, 234, 235, 237
ケンプ（Kemp, P.） 85, 105, 109

さ 行

サーニー（Cerny, P.） 127, 138, 230
サール（Searle, Beverley） 8, 194, 245-247
ザヴィスカ（Zavisca, J.） 213
シーブルック（Seabrooke, L.） 176, 178-182, 221, 232
ジェソップ（Jessop, B.） 127, 128, 229, 230
シミアン（Simiand, François） 14
シャラーデン（Sherraden, M.） 236, 249
シュウォーツ（Schwartz, H.M.） 132, 176, 178-182, 221, 232
ショー（Shaw, Richard Norman） 78, 80
ジルアード（Girouard, N.） 204, 216
スタインモ（Steinmo, S.） 9, 10
スミス（Smith, Susan） 8, 194, 245-247
スワンク（Swank, D.） 11, 127
セーレン（Thelen, K.） 9, 10
ソスキス（Soskice, D.） 176

た 行

ターキントン（Turkington, I.） 135

は　行

ま　行

ら　行

わ　行

事項索引

さ　行

た　行

な 行

は 行

ま 行

や　行

ら　行

文献一覧

Atkinson, A.B., Gordon, J.P. and Harrison, A.J. (1989) 'Trends in the shares of top wealth-holders in Britain, 1923–1981', *Oxford Bulletin of Economics and Statistics*, vol 51, no 3, pp 315–32.

Bachelard, G. (1964) 'Poetics of Space', in *Rethinking Architecture*, New York: Routledge. (＝1969, 岩村行雄訳『空間の詩学』思潮社。)

Baldwin, P. (1990) *The Politics of Social Solidarity: Class Bases of the European Welfare State, 1875–1975*, Cambridge: Cambridge University Press.

Bank of England (2007) 'Financial Stability Report' , 15 October. Available at: www.bankofengland.co.uk/publications/fsr

Barker, K. (2004) *Review of Housing Supply: Delivering Stability - Securing Our Future Housing Needs*, London: HMSO/HM Treasury.

Belsky, E.S. (2010) 'Housing Wealth Effects and Course of the US Economy: Theory, Evidence and Policy Implications' , in S.J. Smith and B.A. Searle (eds) *The Blackwell Companion to the Economics of Housing: The Housing Wealth of Nations*, Chichester: Wiley-Blackwell.

Beveridge, W. (1942) *Social Insurance and Allied Services*, London: HMSO. (＝2014, 一圓光彌監訳, 森田慎二郎・百瀬優・岩永理恵・田畑雄紀・吉田しおり訳『ベヴァリッジ報告——社会保険および関連サービス』法律文化社。)

Boddy, M. (1980) *The Building Societies*, Houndmills: Macmillan.

Bosanquet, N. (1980) 'Labour and Public Expenditure: an Overview' , in N. Bosanquet and P. Townsend (eds) *Labour and Inequality*, London: Heinemann.

Bowley, M. (1945) *Housing and the State 1919–1944*, London: Allen and Unwin.

Bramley, G. (1998) 'Housing Surpluses and Housing Need' , in S. Lowe, S. Spencer and P. Keenan (eds) *Housing Abandonment in Britain: Studies in the Causes and Effects of Low Demand Housing*, York: Centre for Housing Policy.

Bramley, G., Pawson, H. and Third, H. (2000) *Low Demand Housing and Unpopular Neighbourhoods*, London: DETR.

Bramley, G., Munro, M. and Pawson, H. (2004) *Key Issues in Housing: Policies

and Markets in the 21st Century, Basingstoke: Palgrave/Macmillan.
Burnett, J. (1986) *A Social History of Housing*, 2nd edn, London: Methuen.
Burrows, R., Ford, J. and Wilcox, S. (2000) 'Half the Poor? Policy Responses to the Growth of Low-Income Home-Ownership', in S. Wilcox (ed) *Housing Finance Review 2000/2001*, York: Joseph Rowntree Foundation.
Campbell, J. (1987) *Nye Bevan and the Mirage of British Socialism*, London: Weidenfeld and Nicolson.
Case, K.E. and Quigley, J.M. (2010) 'How Housing Busts End: Home Prices, User Cost and Rigidities During Down Cycles' , in S.J. Smith and B.A. Searle (eds) *The Blackwell Companion to the Economics of Housing: The Housing Wealth of Nations*, Chichester: Wiley-Blackwell.
Castles, F.G. (1998) *Comparative Public Policy: Patterns of Post-war Transformation*, Cheltenham: Edward Elgar.
Castles, F.G. (2005) 'The Kemeny Thesis Revisited' , *Housing, Theory and Society*, vol 22, no 2, pp 84–6.
Castles, F.G. and Ferrera, M. (1996) 'Home Ownership and the Welfare State: is Southern Europe Different?', *South European Society and Politics*, vol 1, pp 163–85.
Castells, M. (1996) *The Rise of the Network Society: The Information Age: Economy, Society and Culture Vol I*, Oxford: Blackwell.
Clapham, D., Kemp, P. and Smith, S. J. (1990) *Housing and Social Policy*, Basingstoke: Macmillan.
Clery, E., McKay, S., Phillips, M. and Robinson, C. (2007) *Attitudes to Pensions: The 2006 Survey*, London, DWP/HMRC.
Crouch, C. (1977) *Class Conflict and the Industrial Relations Crisis*, London: Heinemann.
Daunton, M. J. (1990) *Housing the Workers*, Leicester: Leicester University Press.
DCLG (Department for Communities and Local Government) (2010) *Review of Social Housing Regulation*, London: DCLG.
DETR (Department of the Environment, Transport and the Regions) (2000) *Quality and Choice: A Decent Home for All: The Housing Green Paper*, London: DETR.
Department of the Environment and Welsh Office (1995) *Our Future Homes: Op-*

portunities, Choice, Responsibility, Cm 2901, London: HMSO.

Dewilde, C. and Raeymaeckers, P. (2008) 'The Trade-Off between Home-Ownership and Pensions: Individual and Institutional Determinants of Old-Age Poverty', *Ageing and Society*, vol 28, pp 805–30.

Dickens, C. (1854) *Hard Times*, London: Bradbury and Evans. (=2009, 田辺洋子訳『ハード・タイムズ——新訳』あぽろん社。)

DoE (Department of the Environment) (1977) *Housing Policy: A Consultative Document*, Cmnd 6851, London: HMSO.

Dolan, C. and Barrientos, S. (2003) 'Labour Inflexibility in African Horticulture', *Insights: Development Research*, no 47. Brighton: Institute of Development Studies, University of Sussex.

Doling, J. (2002) 'The South and East Asian Housing Policy Model', in M.R. Agus, J. Doling and D.S. Lee (eds) *Housing Policy Systems in South and East Asia*, Basingstoke: Palgrave/Macmillan.

Doling, J. (2006) 'A European Housing Policy', *European Journal of Housing Policy*, vol 6, no 3, pp 335–49.

Donnison, D. (1967) *The Government of Housing*, Harmondsworth: Penguin.

Elsinga, M. Haffner, M. and Van Der Heyden (2008) 'Threats to the Dutch Unitary Rental Market', *European Journal of Housing Policy*, vol 8, no 1, pp 21–37.

England, R. (2006) 'The Rise of Private Label', *Mortgage Banking*. Available at: www.Robertstoweengland.com/document/MBM.10-06EnglandPrivateLabel.pdf

Esping-Andersen, G. (1990) *The Three Worlds of Welfare Capitalism*, Cambridge: Polity Press. (=2001, 岡沢憲芙・宮本太郎監訳『福祉資本主義の三つの世界——比較福祉国家の理論と動態』ミネルヴァ書房。)

Esping-Andersen, G. (1996) *Welfare States in Transition*, London: Sage. (=2003, 埋橋孝文監訳『転換期の福祉国家——グローバル経済下の適応戦略』早稲田大学出版部。)

Evans, M. and Cerny, P. (2003) 'Globalization and Social Policy', in N. Ellison and C. Pierson (eds) *Developments in British Social Policy 2*, Basingstoke: Palgrave.

Feiling, K. (1970) *The Life of Neville Chamberlain*, London: MacMillan.

Feinstein, L., Lupton, R., Hammond, C., Mujtaba, T., Salter, E. and Sorhaindo, A. (2008) *The Public Value of Social Housing: A Longitudinal Analysis of the Relationship between Housing and Life Chances*, London: Smith Institute.

Fitzpatrick, S. and Stephens, M. (eds) (2009) *The Future of Social Housing*, London: Shelter.

Forrest, R. and Murie, A. (1988) *Selling the Welfare State: The Privatisation of Council Housing*, London: Routledge.

Forrest, R. and Murie, A. (1990) *Moving the Market*, Aldershot: Avebury.

Forster, E. M. (1910) *Howards End*, London: Edward Arnold.（＝1994，小池滋訳『E.M. フォースター著作集 3』みすず書房。）

Fraser, D. (2003) *The Evolution of the British Welfare State since the Industrial Revolution*, Basingstoke: Palgrave.

Gauldie, E. (1974) *Cruel Habitations*, London: George Allen & Unwin.

Giddens, A. (1989) *Sociology*, Oxford: Polity Press.（＝1992，松尾精文ほか訳『社会学』而立書房。）

Giddens, A. (1990) *The Consequences of Modernity*, Cambridge: Polity Press.（＝1993，松尾精文・小幡正敏訳『近代とはいかなる時代か？——モダニティの帰結』而立書房。）

Giddens, A. (1999) *Runaway World: How Globalization is Reshaping Our Lives*, London: Profile Books.（＝2001，佐和隆光訳『暴走する世界——グローバリゼーションは何をどう変えるのか』ダイヤモンド社。）

Gilson, C. (2011) 'An end to "tenancy for life" in the social housing sector will not solve current acute shortages', Blog. Available at: http://blogs.lse.ac.uk/politicsandpolicy/2010/08/27.

Girouard, N. (2010) 'Housing and Mortgage Markets: an OECD Perspective', in S.J. Smith and B.A. Searle (eds) *The Blackwell Companion to the Economics of Housing: The Housing Wealth of Nations*, Chichester: Wiley-Blackwell.

Gladstone, D. (1995) *British Social Welfare: Past, Present and Future*, London: UCL Press.

Glennester, H. (1995) *British Social Policy since 1945*, Oxford: Blackwell.

Green, R.K. and Wachter, S. M. (2010) 'The Housing Finance Revolution', in S. J. Smith and B. A. Searle (eds) *The Blackwell Companion to the Economics of Housing; the Housing Wealth of Nations*, Chichester: Wiley-Blackwell.

Greenspan, A. and Kennedy, J. (2007) 'Sources and Uses of Equity Extracted from Homes', *Finance and Economics*, vol 20, Federal Reserve Board.

Greenspan, A. and Kennedy, J. (2008) 'Estimates of Home Mortgage Originations, Repayment and Debt on One-to-Four Family Residences', *Finance and Economics Discussion Series*, no 41, Washington DC: Federal Reserve Board, Division of Research & Statistics and Monetary Affairs.

Groves, R., Murie, A. and Watson, C. (2007) *Housing and the New Welfare State*, Aldershot: Ashgate.

Gurney, C. (1999a) 'Lowering the Drawbridge: a Case Study of Analogy and Metaphor in the Social Construction of Home Ownership' , *Urban Studies,* vol 36, pp 1705–22.

Gurney, C. (1999b) 'Pride and Prejudice: Discourses of Normalisation in Public and Private Accounts of Home Ownership' , *Housing Studies*, vol 14, pp 163–83.

Hall, P. (1993) 'Policy Paradigms, Social Learning and the State: the Case of Economic Policymaking in Britain', *Comparative Politics*, vol 25, pp 275–96.

Hall, P. A. and Soskice, D. (eds) (2001) *Varieties of Capitalism*, Oxford: Oxford University Press.（＝2007，遠山弘徳・安孫子誠男・山田鋭夫・宇仁宏幸・藤田菜々子訳『資本主義の多様性――比較優位の制度的基礎』ナカニシヤ出版。）

Hamnett, C. (1991) 'A Nation of Inheritors? Housing Inheritance, Wealth and Inequality in Britain', *Journal of Social Policy*, vol 20, no 4, pp 509–36.

Hamnett, C. (1999) *Winners and Losers - Home Ownership in Modern Britain*, London: UCL Press.

Hardman, I. (2011) 'Nearly Half of Councils to Reject New Tenure', *Inside Housing*, 28 April.

Harloe, M. (1985) *Private Rented Housing in the United States and Europe*, London: Croom Helm.

Harris, B. (2004) *The Origins of the British Welfare State: Social Welfare in England and Wales, 1800–1945*, Basingstoke: Palgrave/Macmillan.

Harvey, D. (1973) *Social Justice and the City*, Oxford: Blackwell.（＝1980，竹内啓一・松本正美訳『都市と社会的不平等』日本ブリタニカ。）

Heffernan, R. (2002) 'The Possible as the Art of Politics: Understanding Consensus Politics' , *Political Studies*, vol 50, pp 742–60.

Heidenheimer, A.J., Heclo, H. and Adams, T.C. (1990) *Comparative Public Policy, the Politics of Social Choice in America, Europe and Japan*, New York: St Martin's Press.

Held, D. and McGrew, A. (eds) (2000) *The Global Transformations Reader*, Cambridge: Polity Press.

Held, D., McGrew, A., Goldblatt, D. and Perraton, J. (1999) *Global Transformations: Politics, Economics and Culture*, Cambridge: Polity Press. (＝2006, 古城利明・臼井久和・滝田賢治・星野智訳者代表『グローバル・トランスフォーメーションズ――政治・経済・文化』中央大学出版部。)

Hennigan, M. (2008) *International House Price Comparison 1970–2006*, Finfacts. Available at: www.finfacts.ie/irishfinancenews/article_1012464.shtml

Hill, M. (1993) *The Welfare State in Britain: A Political History since 1945*, Aldershot: Edward Elgar.

Hill, M. (2003) *Understanding Social Policy*, Oxford: Blackwell. (＝2015, 埋橋孝文・矢野裕俊監訳『イギリス社会政策講義――政治的・制度的分析』ミネルヴァ書房。)

Hills, J. (2007) *Ends and Means: The Future Roles of Social Housing in England*, ESRC Research Centre for Analysis of Social Exclusion (CASE) Report 34, London: London School of Economics and Political Science.

Hirst, P. and Thompson, G. (1990) *Globalization in Question*, 2nd edn, Cambridge: Polity Press.

HM Treasury (2001a) *Savings and Assets: The Modernisation of Britain's Tax and Benefits System, Number Nine*, London: HMSO.

HM Treasury (2001b) *Delivering Savings and Assets for All: the Modernisation of Britain's Tax and Benefits System, Number Eight*, London: HMSO.

Holliday, I. and Wilding, P. (2003) 'Social Policy in the East Asian Tiger Economies: Past, Present and Future', in C. Bochel, N. Ellison and M. Powell (eds) *Social Policy Review 15*, Bristol: The Policy Press, pp 155–72.

Holmans, A.E. (1987) *Housing Policy in Britain*, London: Croom Helm.

Holmans, A.E. (2000) 'British Housing in the Twentieth Century: an End-of-Century Overview' , in S. Wilcox (ed) *Housing Finance Review 1999–2000*, York: Published for the Joseph Rowntree Foundation by the Chartered Institute of Housing and the Council of Mortgage Lenders.

Holmans, A.E. and Frostzega, M. (1994) *House Property and Inheritance in the UK*, London: HMSO.

House of Commons Library (2010) 'Gender Audit of the Budget, 2010'. Available at: www.yvettecooper.com/women-bear-bruntof-budget-cuts

Howlett, M. and Cashore, B. (2009) 'The Dependent Variable Problem in the Study of Policy Change: Understanding Policy Change as a Methodological Problem', *Journal of Comparative Policy Analysis*, vol 11, no 1, pp 33–46.

Hudson, J. and Lowe, S. (2004) *Understanding the Policy Process: Analysing Welfare Policy and Practice*, Bristol: The Policy Press.

Hudson, J. and Lowe, S. (2009) *Understanding the Policy Process: Analysing Welfare Policy and Practice*, 2nd edn, Bristol: The Policy Press.

Hughes, D. (1991) 'Tenants' Rights', in S. Lowe and D. Hughes (eds) *A New Century of Social Housing*, Leicester: Leicester University Press.

Hutton, W. and Giddens, A. (eds) (2001) *On the Edge: Living with Global Capitalism*, London: Vintage.

Immergut, E. (1992) *Health Politics: Interests and Institutions in Western Europe*, Cambridge: Cambridge University Press.

Jessop, B. (1994) 'The Transition to Post-Fordism and the Schumpeterian Welfare State', in R. Burrows and B. Loader (eds) *Towards a Post-Fordist Welfare State*, London: Routledge.

Jessop, B. (2000) 'From the KWNS to the SWPR', in G. Lewis, S. Gewirtz and J. Clarke (eds) *Rethinking Social Policy*, London: Sage Publications.

Jones, C. and Murie, A. (2006) *The Right to Buy*, Oxford: Blackwell.

Jones, K. (2000) *The Making of Social Policy in Britain: from the Poor Law to New Labour*, London: Athlone.（=1997, 美馬孝人訳『イギリス社会政策の形成――1830～1990年』梓出版社。）

Jonsson, I. (1999) 'Women and Education in Europe', *International Journal of Contemporary Sociology*, vol 36, no 2, pp 145–62.

Keenan, P. (1998) 'Residential Mobility and Low Demand: a Case History from Newcastle', in S. Lowe, P. Keenan and S. Spencer (eds) *Housing Abandonment in Britain: Studies in the Causes and Effects of Low Demand Housing*, York: Centre for Housing Policy, University of York.

Kemeny, J. (1980) 'Home Ownership and Privatisation', *International Journal of*

Urban and Regional Research, vol 4, no 3, pp 372–88.
Kemeny, J. (1981) *The Myth of Home Ownership: Public versus Private Choices in Housing Tenure*, London: Routledge.
Kemeny, J. (1992) *Housing and Social Theory*, London: Routledge. (＝2014, 祐成保志訳『ハウジングと福祉国家――居住空間の社会的構築』新曜社。)
Kemeny, J. (1995) *From Public Housing to the Social Market*, London: Routledge.
Kemeny, J. (2005) '"The Really Big Trade-Off" between Home Ownership and Welfare: Castles' Evaluation of the 1980 Thesis, and a Reformulation 25 Years on', *Housing, Theory and Society*, vol 22, no 2, pp 59–75.
Kemeny, J. and Lowe, S. (1998) 'Schools of Comparative Housing Research: from Convergence to Divergence', *Housing Studies*, vol 13, no 2, pp 161–76.
Kemp, P. A. (1991) 'From Solution to Problem? Council Housing and the Development of National Housing Policy', in S. Lowe and D. Hughes (eds) *A New Century of Social Housing*, Leicester: Leicester University Press.
Kemp, P. A. (2004) *Private Renting in Transition*, Coventry: Chartered Institute of Housing.
Kim, K.-H. and Renaud, B. (2009) 'The Global House Price Boom and its Unwinding: an Analysis and a Commentary', *Housing Studies*, vol 24, no 1, pp 7–24.
Kincaid, J., Samuel, R. and Slater, E. (1962) 'But Nothing Happens: the Long Pursuit: Studies in the Government's Slum Clearance Programme', *New Left Review*, nos 13–14.
Levi, M. (1997) 'A Model, a Method and a Map: Rational Choice in Comparative Historical Analysis', in M.I. Lichbach and A.S. Zuckerman (eds) *Comparative Politics: Rationality, Culture and Structure*, Cambridge: Cambridge University Press.
Linden, G., Kraemer, J. and Dedrick, J. (2007) *Who Captures Value in a Global Innovation System? The Case of Apple's iPod*, California, CA: Personal Computing Industry Center.
Lowe, S. (1988) 'New Patterns of Wealth: The Growth of Owner Occupation', in R. Walker and G. Parker (eds) *Money Matters*, London: Sage.
Lowe, S. (1990) 'Capital Accumulation in Home Ownership and Family Welfare', in N. Manning and C. Ungerson (eds) *Social Policy Review 1989–90*, Harlow: Longman.

Lowe, S. (1992a) 'Home Ownership, Wealth and Welfare: New Connections', in A. Corden, E. Robertson and K. Tolley (eds) *Meeting Needs in an Affluent Society*, Aldershot: Avebury.

Lowe, S. (1992b) 'The Social and Economic Consequences of the Growth of Home Ownership', in J. Birchall (ed) *Housing Policy in the 1990s*, London: Routledge.

Lowe, S. (2004) *Housing Policy Analysis: British Housing in Cultural and Comparative Context*, Houndmills: Palgrave/Macmillan.

Lowe, S. and Watson, S. (1989) *From First-time Buyers to Last-time Sellers: An Appraisal of the Social and Economic Consequences of Equity Withdrawal from the Housing Market 1982–1988*, York: Joseph Rowntree Memorial Trust/University of York.

Lowe, S., Keenan, P. and Spencer, S. (eds) (1998) *Housing Abandonment in Britain: Studies in the Causes and Effects of Low Demand Housing*, York: Centre for Housing Policy, University of York.

Lowe, S., Searle, B.A. and Smith, S.J. (2011) 'From Housing Wealth to Mortgage Debt: the Emergence of Britain's Asset-Shaped Welfare State', *Social Policy and Society*, vol 11, no 1, pp 105–16.

Lundquist, L.J., Elander, I. and Danermark, B. (1990) 'Housing Policy in Sweden - Still a Success?', *International Journal of Urban and Regional Research*, vol 14, pp 445–67.

Macpherson, C.B. (1962) *The Political Theory of Possessive Individualism: Hobbes to Locke*, Oxford: Oxford Paperbacks.（＝1980，藤野渉ほか訳『所有的個人主義の政治理論』合同出版。）

Malpass, P. (1990) *Reshaping Housing Policy: Subsidies, Rents and Residualisation*, London: Routledge.

Malpass, P. (2000) *Housing Associations and Housing Policy*, Basingstoke: Macmillan Press.

Malpass, P. (2005) *Housing and the Welfare State*, Basingstoke: Palgrave/Macmillan.

Malpass, P. and Murie, A. (1999) *Housing Policy and Practice*, 5th edn, Houndmills: Macmillan.

Malpezzi, S. and Wachter, S. (2005) 'The Role of Speculation in Real Estate Cy-

cles' , *Journal of Real Estate Literature*, vol 13, pp 143–65.

Marshall, T.H. (1950) 'Citizenship and Social Class' , in T.H. Marshall (ed) *Citizenship and Social Class and Other Essays*, Cambridge: Cambridge University Press. (=1993, 岩崎信彦・中村健吾訳『シティズンシップと社会的階級——近現代を総括するマニフェスト』法律文化社。)

Merrett, S. (1979) *State Housing in Britain*, London: Routledge and Kegan Paul.

Merrett, S., with Gray, F. (1982) *Owner Occupation in Britain*, London: Routledge and Kegan Paul.

MHLG (Ministry of Housing and Local Government) (1961) *Housing in England and Wales*, Cmnd 1290, London: HMSO.

Mian, A. and Sufi, A. (2009) 'The Household Leverage-Driven Recession of 2007–2009', University of Chicago Booth School of Business and NBER. Available at: http://ssrn.com/abstract=1463596.

Miles, D. (2004) *The Miles Review of the UK Mortgage Market: Taking a Long-Term View*, Final Report, London: HMSO/HM Treasury.

Miles, D. and Pillonca, V. (2007) *Financial Innovation and European Housing and Mortgage Markets*, Morgan Stanley Research Europe, 18 July.

Ministry of Housing and Local Government (1965) *The Housing Programme 1965–70*, Cmnd 2838, London: HMSO.

Ministry of Housing and Local Government (1968) *Old Houses into New Homes*, Cmnd 3602, London: HMSO.

Mishel, L., Bernstein, J. and Boushey, H. (2003) *The State of Working America 2002/2003*, Ithaca: ILT Press.

Morgan Grenfell (1987) *Housing Inheritance and Wealth*, Morgan Grenfell Economic Review 45, London.

Mortensen, J.L. and Seabrooke, L. (2008) 'Housing as Social Right or Means to Wealth? Comparing the Politics of Property Booms in Australia and Denmark', *Comparative European Politics*, vol 6, no 3, pp 305–24.

Morton, J. (1991) 'The 1890 Act and Its Aftermath - the Era of the "New Model Dwellings"', in S. Lowe and D. Hughes (eds) *A New Century of Social Housing*, Leicester: Leicester University Press.

Muellbauer, J. (2008) 'Housing, Credit and Consumer Expenditure', CEPR Discussion Paper no 6782.

Muellbauer, J. and Murphy, A. (2008) 'Housing Markets and the Economy: the Assessment', *Oxford Review of Economic Policy*, vol 24, no 10, pp 1–33.

Murie, A. (1997) 'The social rented sector, housing and the welfare state in the UK' , *Housing Studies*, vol 12, no 3, pp 457–61.

Murie, A. and Jones, C. (2006) *The Right to Buy: Analysis and Evaluation of a Housing Policy*, Oxford: Blackwell.

Myles, J. and Pierson, P. (2001) 'The Comparative Political Economy of Pension Reform' , in P. Pierson (ed) *The New Politics of the Welfare State*, Oxford: Oxford University Press.

Myners, P. (2001) *Myners Review of Institutional Investment: Final Report*, London: HM Treasury.

Nadvi, K. and Thoburn, J. (2004) 'Vietnam in the Global Garment and Textile Chain: Impacts on Firms and Workers', *Journal of International Development*, vol 16, no 1, pp 111–23.

ONS (Office of National Statistics) (2009) *Wealth in Great Britain: Main Results from the Wealth and Assets Survey 2006/08*. Available at: www.statistics.gov.uk/downloads/theme_economy/wealthassets-2006-2008/Wealth_in_GB_2006_2008.pdf

Orwell, G. (1937) *The Road to Wigan Pier*, London: Victor Gollancz. (＝1978, 高木郁朗・土屋宏之訳『ウィガン波止場への道』ありえす書房。)

Orwell, G. (1939) *Coming up for Air*, London: Victor Gollancz. (＝1995, 大石健太郎訳『空気をもとめて』彩流社。)

Pawson, H. (1998) 'The Growth of Residential Instability and Turnover', in S. Lowe, P. Keenan and S. Spencer (eds) *Housing Abandonment in Britain: Studies in the Causes and Effects of Low Demand Housing*, York: Centre for Housing Policy, University of York.

Pierson, P. (1994) *Dismantling the Welfare State? Reagan, Thatcher and the Politics of Retrenchment*, Cambridge: Cambridge University Press.

Pierson, P. (2001) *The New Politics of the Welfare State*, Oxford: Oxford University Press.

Pierson, P. (2004) *Politics in Time: History, Institutions and Social Analysis*, Princeton, NJ: Princeton University Press. (＝2010, 粕谷祐子監訳『ポリティクス・イン・タイム——歴史・制度・社会分析』勁草書房。)

Power, A. and Mumford, K. (1999) *The Slow Death of Great Cities? Urban Abandonment or Urban Renaissance*, York: York Publishing Services/Joseph Rowntree Foundation.

Priemus, H. (1995) 'How to Abolish Social Housing? The Dutch Case', *International Journal of Urban and Regional Research*, vol 19, no 1, pp 145–55.

Quilgars, D. and Jones, A. (2010) 'Housing Wealth: a Safety Net of Last Resort? Findings from a European Study' , in S.J. Smith and B.A. Searle (eds) *The Blackwell Companion to the Economics of Housing: The Housing Wealth of Nations*, Chichester: Wiley-Blackwell.

Ravetz, A., with Turkington, R. (1995) *The Place of Home: English Domestic Environments, 1914–2000*, London: E & FN Spon.

Ravetz, A. (2001) *Council Housing and Culture: the History of a Social Experiment*, London: Routledge.

Renaud, B. and Kim, K.-H. (2007) 'The Global Housing Price Boom and its Aftermath', *Housing Finance International*, vol XXII, no 2, pp 3–15.

Rhodes, R.A.W. (1994) 'The Hollowing out of the State' , *Political Quarterly*, vol 65, pp 138–51.

Royal Commission on the Housing of the Working Class (1885) *First Report (England and Wales)*, BPP (HC), 1884–5 (c 4402).

Schwartz, H.M. (2003) 'Globalisation/Welfare: What's the Preposition? And, or, versus, with?', in C. Bochel, N. Ellison and M. Powell (eds) *Social Policy Review 15*, Bristol: The Policy Press, pp 71–89.

Schwartz, H.M. (2009) *Subprime Nation: American Economic Power, Global Capital Flows and Housing*, Ithaca, NY: Cornell University Press.

Schwartz, H.M. and Seabrooke, L. (2008) 'Varieties of Residential Capitalism in the International Political Economy: Old Welfare States and the New Politics of Housing' , *Comparative European Politics*, vol 6, pp 237–61.

Schwartz, H.M. and Seabrooke, L. (2010) *The Politics of Housing Booms and Busts*, Basingstoke: Palgrave/Macmillan.

Seabrooke, L. (2006) *The Social Sources of Financial Power: Domestic Legitimacy and International Financial Orders*, Ithaca, NY: Cornell University Press.

Sherraden, M. (1991) *Assets and the Poor: A New American Welfare Policy*, New York: M.E. Sharpe Inc.

Skocpol, T. (1992) *Protecting Soldiers and Mothers: The Political Origins of Social Policy in the United States*, Cambridge, MA: Harvard University Press.

Smith, S.J. and Searle, B.A. (2007) 'Banking on Housing: Spending the Home', ESRC End of Award Report, Available at www.esrc.ac.uk

Smith, S.J. and Searle, B.A. (2008) 'Dematerialising Money? Observations on the Flow of Wealth from Housing to Other Things' , *Housing Studies*, vol 23, no 1, pp 21–43.

Smith, S.J. and Searle, B.A. (2010) 'Housing Wealth as Insurance: Insights from the UK' , in S.J. Smith and B.A. Searle (eds) *The Blackwell Companion to the Economics of Housing: The Housing Wealth of Nations*, Chichester: Wiley-Blackwell.

Smith, S.J., Searle, B.A. and Powells, G. (2010) 'Introduction', in S.J. Smith and B.A. Searle (eds) *The Blackwell Companion to the Economics of Housing: The Housing Wealth of Nations*, Chichester: Wiley-Blackwell.

Swank, D. (2002) *Global Capital, Political Institutions and Policy Change in Developed Welfare States*, Oxford: Oxford University Press.

Szelenyi, I. (1983) *Urban Inequalities under State Socialism*, Oxford: Oxford University Press.

Thelen, K. and Steinmo, S. (1992) 'Historical Institutionalism in Comparative Politics' , in S. Steinmo, K. Thelen and F. Longsteth (eds) *Structuring Politics: Historical Institutionalism in Comparative Perspective*, Cambridge: Cambridge University Press.

Torgersen, U. (1987) 'Housing: the Wobbly Pillar under the Welfare State' , in B. Turner, J. Kemeny and L. Lundqvist (eds) *Between State and Market: Housing in the Post-Industrial Era*, Stockholm: Almqvist and Wicksell International.

Toussaint, J. and Elsinga, M. (2009) 'Exploring "Housing Asset-Based Welfare". Can the UK Be Held Up as an Example for Europe?', *Housing Studies*, vol 24, no 5, pp 669–92.

TUC (Trades Union Congress) (2010) *Women and the Recession - One Year On*, London: TUC.

Turok, I. and Edge, N. (1999) *The Jobs Gap in Britain's Cities: Employment Loss and Labour Market Consequences*, Bristol: The Policy Press.

UNGA (United Nations General Assembly) (1948) *Universal Declaration of Human Rights*, Lake Success, NY: UN Department of Public Information.

Watson, M. (2009) 'Planning for a Future of Asset-Based Welfare? New Labour, Financialized Economic Agency and the Housing Market', *Planning, Practice and Research*, vol 24, no 1, pp 41–56.

Webster, D. (1998) 'Employment Change, Housing Abandonment and Sustainable Development: Structural Processes and Structural Issues' , in S. Lowe, P. Keenan and S. Spencer (eds) *Housing Abandonment in Britain: Studies in the Causes and Effects of Low Demand Housing*, York: Centre for Housing Policy, University of York.

Wilcox, S. (2000) *Housing Finance Review 2000/2001*, York: Joseph Rowntree Foundation.

Wilcox, S. (2010a) *Financial Barriers to Home Ownership*, York: Genworth Financial and Centre for Housing Policy, University of York.

Wilcox, S. (2010b) *Housing Finance Review 2009/2010*, York: Joseph Rowntree Foundation.

Wilensky, H.L. (1975) *The Welfare State and Equality: Structural and Ideological Roots of Public Expenditure*, Berkeley, CA: University of California Press. (=1984, 下平好博訳『福祉国家と平等――公共支出の構造的・イデオロギー的起源』木鐸社。)

Willetts, D. (2010) *The Pinch: How the Baby Boomers Took Their Children's Future, and Why They Should Give It Back*, London: Atlantic Books.

Woods, N. (2000) 'The Political Economy of Globalization', in N. Woods (ed) *The Political Economy of Globalization*, Basingstoke: Macmillan.

Zavisca, J. (2008) 'Property without Markets: Housing Policy and Politics in Post-Soviet Russia, 1992–2007', *Comparative European Politics*, vol 6, pp 365–86.